Jiaotong Hangye Biaozhun Huibian

交通行业标准汇编

·汽车类计量检定规程卷·

本社汇编

人民交通出版社

内容提要

本书是《交通行业标准汇编》之汽车类计量检定规程卷。它收录了2007年底前发布的、目前在用的汽车计量检定规程共39种。其中,国家计量检定规程15种,交通行业计量检定规程24种。

本书是汽车维修和检测企业和从业人员必备的工具书。

图书在版编目(CIP)数据

交通行业标准汇编.汽车类计量检定规程卷/人民交通出版社编.—北京:人民交通出版社,2008.10

ISBN 978-7-114-07415-8

Ⅰ.交… Ⅱ.人… Ⅲ.①交通工程-标准-汇编-中国②汽车-计量-检定-标准-汇编-中国 Ⅳ.U-65 U46-65

中国版本图书馆CIP数据核字(2008)第149177号

书　　名:交通行业标准汇编·汽车类计量检定规程卷·
著 作 者:本社汇编
责任编辑:李　萍
出版发行:人民交通出版社
地　　址:(100011)北京市朝阳区安定门外外馆斜街3号
网　　址:http://www.ccpress.com.cn
销售电话:(010) 59757969, 59757973
总 经 销:北京中交盛世书刊有限公司
经　　销:各地新华书店
印　　刷:北京密东印刷有限公司
开　　本:880×1230　1/16
印　　张:26.75
字　　数:852千
版　　次:2008年10月第1版
印　　次:2008年10月第1次印刷
书　　号:ISBN 978-7-114-07415-8
印　　数:0001—1500册
定　　价:82.00元
(如有印刷、装订质量问题的图书由本社负责调换)

目　录

第一部分　国家计量检定规程

第二部分　行业计量检定规程

第一部分
国家计量检定规程

中华人民共和国国家计量检定规程

JJG 517—1998

出租汽车计价器

TAXIMETER

1998－12－28 发布　　　　1999－05－01 实施

国 家 质 量 技 术 监 督 局 发布

出租汽车计价器检定规程

本规程适用于新制造、使用中和修理后的各类出租汽车计价器的检定。

一 概 述

1 出租汽车计价器(简称计价器)

出租汽车计价器是一种专用的计量仪器,它安装在出租汽车上,能连续累加,并指示出行程中任一时刻乘客应付费用的总数,其金额值是计程和计时时间的函数。

二 定 义

2 本规程采用下列定义

2.1 本机

未装车使用的计价器。

2.2 计价器的常数 K

计价器的常数“K”,是表示计价器为正确指示 1 公里行程而必须接受到的信号数,单位为每公里的转数(r/km)。

2.3 时距并计

重车时等候时间和里程同时收费。

2.4 时距分离

重车时等候时间和里程分开收费。

2.5 空车

车辆处于候租状态。

2.6 重车

车辆处于租用状态。

2.7 计程

重车时计价的里程。

2.8 起程

租用车辆的最低计价里程。

2.9 续程

起程后,最小计价里程。

2.10 计时

重车低速状态时计价的时间。

2.11 起始时间

与起程相对应的计价时间。

2.12 后续时间

起程后,最小计价时间。

2.13　昼间

按运营规定的白天起止时间(不含终止时间)。

2.14　夜间

按运营规定的夜晚起止时间(不含终止时间)。

2.15　加价

规定条件下加收的租金。

2.16　切换速度

计价器从计程收费转换为时距并计收费的切换点车速。

2.17　低速

车辆等于或低于切换速度的状态(含车速为零)。

2.18　等距法

以单位里程为定值,租金为变量的设计方法。

三　技术要求

3　计价器的误差分为本机和使用两部分。

3.1　本机部分:

a) 计程误差 +0.5% ~ -1.0%

b) 计时误差 +0.5% ~ -1.0%

c) 切换速度误差 ±0.5km/h

d) 永久时钟误差 ±10 s/d

3.2　使用部分:

使用误差 +1.0% ~ -4.0%

4　计价器的附件及相关文件

4.1　计价器附件应齐全,并应有相应的使用调整说明和当地政府规定的出租汽车收费标准。

4.2　计价器必须具有"空车"牌。计价器在空车状态时不得有金额显示。"空车"牌应与本机联动。通过"空车"牌实现空、重车状态的转换,应翻倒"空车"牌即进入重车状态。

5　计价器的标志

5.1　计价器必须以金属铭牌标明生产厂家、制造计量器具许可证标记、商标、型号、出厂日期、器号,字迹应清晰牢固。

5.2　计价器必须具有参数标牌,标明基本单价、起程、续程、加价等主要参数。

6　计价器的外观及工作正常性

6.1　计价器壳体表面不应有明显的凹痕、划伤、裂缝、变形等现象,表面涂镀层不应起泡、龟裂和脱落,金属零件不应有锈蚀及影响其正常工作和读数的机械损伤。

6.2　计价器的开关、按键操作应灵活可靠,各按键、旋钮应接触良好。零部件应紧固无松动。

6.3　计价器面板、字盘和各功能键上应标注汉字,字迹应工整清楚、含义明确。现行工作状态应透光显示汉字,并与当地政府规定的出租汽车收费项目符合。

6.4 计价器的显示屏应按计价项目设置,并应自左至右或自上而下依次排列单价、计程、计时。金额屏应位于接近中间的位置。

6.5 计价器显示屏的字码应清晰醒目,使乘客易于读数。

6.6 出租汽车倒行时,计价器的显示应正常。

7 计价器的功能

7.1 计价器的计价功能必须符合当地政府规定的出租汽车收费标准,其显示金额应以人民币“元”为单位。

7.2 计价器的计价功能应由三部分组成:

7.2.1 基本收费:每公里租金。

7.2.2 加价收费:在不同条件下,按比例增加的每公里租金。

7.2.3 计时收费:等候时单位时间的租金。

7.3 时距分离式计价器必须具有等候功能按钮。

7.4 计价器必须具有断电和关机后的累计存储功能。计价器的累计功能至少应包括下列项目:

7.4.1 总行驶里程。

7.4.2 总营业里程。

7.4.3 总营业金额。

7.4.4 总营业次数。

7.4.5 总计时时间。

7.5 被检计价器接通电源后,各功能应工作正常,并有相应的显示。

8 计价器的铅封

8.1 计价器壳体应有铅封耳(孔),须加铅封。

8.2 计价器的各种改变计价数值的调整机构必须置于机壳内,在操作方便之处开设专用窗,并加铅封。在不打开铅封的情况下,不能调整计价器的内设参数。

9 带有附属设备(如打印机、IC 卡、语音报话器等)的计价器工作时不得影响计价功能,检定时连同附属设备一起检定。

四 检定条件

(一)环境条件

10 计价器本机应在温度(20 ± 10)℃,湿度不大于 85% RH 的实验室中进行检定。

11 计价器安装在车辆上,对使用误差进行检定时,应在下列条件下进行:

11.1 检定场地应清洁平整,备有轮胎充气设备和冲洗设施。

11.2 被检出租汽车的轮胎应清洁、干燥,不得沾有污物和金属碎屑。

11.3 车辆的载荷为两个成年人的重量,其中之一为司机。

11.4 车辆轮胎充气至制造厂所规定的压力,并处在良好状态。无出厂规定的压力值时,应以计量检定机构的规定为准。

（二）检定用标准设备

12　检定用标准设备如表 1：

表　1

名　　称	主要技术指标
计价器本机检定标准装置	1. 转速范围(50～1 500)r/min 2. 计数显示范围(0.1～99 999.90)r 3. 转数误差 ±0.1% ×读数 ±1r 4. 必须具有单转调速键和正反向开关
计价器使用误差检定标准装置	1. 主滚轮周长误差 ±0.2% 2. 主滚轮转数误差 ±0.1% ×读数 ±1r 3. 车速 40km/h 或 60km/h 误差 ±3km/h
秒表	日差 0.5 s/d
轮胎压力表	2.5 级

13　使用带有计算机控制的检定设备，其技术指标应符合表 1 的要求。

五　检定项目及检定方法

（一）计价器本机的检定

14　凡新制造、修理后并改变了软、硬件的计价器，在安装到车辆上以前必须进行本机检定。

15　被检计价器的附件及相关文件，经检查应符合本规程 4.1 和 4.2 条的规定。

16　被检计价器的标志，经检查应符合本规程 5.1 和 5.2 条的规定。

17　被检计价器的外观和工作正常性的检查

用目测和通电方法检查，检查结果应符合本规程 6.1～6.6 条的规定。

18　被检计价器功能的检查

按照当地政府规定的出租汽车收费标准对应检查，检查结果应符合本规程 7.1 至 7.5 条的规定。

19　被检计价器的铅封，经检查应符合本规程 8.1 和 8.2 条的规定。

20　计程误差的检定

20.1　检定起程转数和续程转数。

20.2　检定步骤

20.2.1　将被检计价器转轴或传感器转轴连接到本机检定标准装置的检测轴上，并确认没有滑动现象。

20.2.2　计价器接通电源，电压调至(12 ±0.5)V，计价器置“空车”状态，并将计价器 K 值设置为 K_n（K_n——表示被检计价器 K 值，单位为 r/km）。

20.2.3　将本机检定装置调到计数位置，转速调至适当值。

20.2.4　翻倒“空车牌”至“重车”状态后，立即启动本机检定标准装置，当计价器至起程或起程+续程变价瞬间，停止本机检定装置计数并读数，计价器的变价金额，应符合当地政府规定的收费标准。

20.2.5　计程误差按(1)式计算

$$R_w = \frac{(K_n \times Q) - R_b}{R_b} \times 100\% \tag{1}$$

式中：R_w——计程误差；

Q——计价器被检点，km；

R_b——检定装置计数值，r。

20.2.6　计程误差 R_w，应符合本规程 3.1a)条的要求。

20.2.7　续程转数的检定次数不得少于 2。

20.3　计价器计程加价收费功能的检定按本规程 20.2.1～20.2.7 条款进行，其加价金额应符合当地政府规定的收费标准。

21　计时误差的检定

21.1　检定起始时间、后续时间。

21.2　检定步骤

21.2.1　计价器的计程误差经检定合格后，空车牌翻到“空车”位置。

21.2.2　在同一时刻起动秒表(或检定装置上的专门开关)和计价器的等候时间开关(时距并计式计价器，翻倒计价器的空车牌至“重车”状态)，等到计价器到达起始时间或起始时间+后续时间的变价瞬间，停止秒表并读数，计价器的变价金额应符合当地政府规定的收费标准。

21.2.3　计时误差按(2)式计算：

$$T_w = \frac{(T_d - T_b)}{T_b} \times 100\% \tag{2}$$

式中：T_w——计时误差；

T_d——计价器计时被检点，s；

T_b——秒表读数，s。

21.2.4　计时误差 T_w 应符合本规程 3.1b)条的规定。

21.2.5　计时误差的检定不得少于 2 个后续时间。

22　切换速度误差的检定

22.1　对具有切换速度功能的计价器应检定此项误差。

22.2　按本规程 20.2.1 条所述方法连接本机检定标准装置与被检计价器。

22.3　按被检计价器的 K 值，设计本机检定标准装置，并将本机检定标准装置车速设定为切换点车速 12.0km/h。

22.4　开启本机检定标准装置，将车速调至被检计价器切换点的车速，当计价器低速显示屏显示与不显示瞬间，读取车速值，根据 3.1c)规定，此值应在 11.5～12.5km/h 的范围内。

22.5 若本机检定标准装置无自动计算功能，可用读取转速的方法进行换算，即转速应在 $K\times0.1917$r/min 至 $K\times0.2083$r/min 范围内。

23 永久时钟误差的检定

23.1 对具有永久时钟功能的计价器应检定此项误差。

23.2 检定方法

按被检计价器说明书所述方法，以广播电台报时为准，调整计价器至正点，到满 24h 观测结果。

23.3 永久时钟误差按(3)式计算

$$Y_w = Y_d - 86\,400\text{s} \tag{3}$$

式中：Y_w——永久时钟误差；

Y_d——计价器以秒计的 24h 读数，s。

23.4 永久时钟误差应符合本规程第 3.1d)条的规定。

（二）计价器使用误差的检定

24 经本机检定合格的计价器安装到出租汽车上以后，必须在专门场所连同车辆一起，在计价器使用误差检定标准装置上进行使用误差的检定，检定条件应符合本规程 11.1～11.4 条的规定。

25 进行使用误差检定的计价器，其标志、外观和铅封应符合本规程第 5 条、第 6 条和第 8 条的相关规定。

26 计价器的使用误差只在基本收费挡进行检定。

27 计价器的起程和起程＋续程使用误差的检定：

27.1 起程的使用误差按公式(4)计算

$$D_w = \frac{D\times(1+C)-J_d}{J_d}\times100\% \tag{4}$$

式中：D_w——起程误差；

D——起程，m；

C——轮胎修正系数；

J_d——检定起程时标准装置的计数器读数，m。

27.2 起程＋续程的使用误差按公式(5)计算：

$$D_{nw} = \frac{(D+N\times d_x)\times(1+C)-J_{dn}}{J_{dn}}\times100\% \tag{5}$$

式中：D_{nw}——起程＋续程误差；

J_{dn}——检定起程＋续程时标准装置的计数器读数，m；

d_x——续程，m；

N——续程的次序（1,2,3……）。

27.3 检定方法

27.3.1 记录车辆驱动轮轮胎规格、型号，根据附录 2 查出轮胎修正值 C 或根据附录 1 测出修正值 C。

27.3.2　检定员指挥被检车辆，沿黄色引导线驶向计价器使用误差检定标准装置，使汽车驱动轮正好落在装置的主、副滚轮之间。慢速起动汽车驱动轮，以调整其在装置上的位置，然后以适当方法固定车位。

27.3.3　检定员手持遥控开关，坐在司机旁边，请司机关闭汽车发动机，并置“空挡”，松开制动器，开启计价器，记录计价器的累计数据，将计价器由“空车”挡调到“重车”的基本收费挡。

27.3.4　启动装置使滚轮转速达到适当值，注视计价器，在其金额显示值递增的时刻按装置计数器停止钮，记录计数器数值。当接近起程加第1续程时，注视计价器在其金额显示值递增的时刻再按计数器停止钮，以此类推，续程序数不得小于2。

27.3.5　记录的起程和续程数值按公式(4)、(5)计算的误差应符合本规程3.2条的规定，并且计价器金额按规定递增，则该计价器合格。

28　当计价器单设计程显示屏时，所检里程按当地政府计量行政部门的规定检定。

29　经过较多轮胎修正值的测定后，可统计出实用的经验值。每次检定时调整到误差接近于零。

(三)检定项目表

30　新制造、使用中和修理后的各类计价器的检定项目应按表2进行。

表　2

检定项目	技术要求(按本规程以下条款)	新制造	使用中	修理后
附件	4.1和4.2	○	—	—
标志	5.1和5.2	○	○	—
外观	6.1~6.6	○	○	—
功能	7.1~7.5	○	—	—
铅封	8.1和8.2	○	○	○
计程误差	3.1a)	○	—	○
计时误差	3.1b)	○	—	○
切换速度误差	3.1c)	○	—	○
永久时钟误差	3.1d)	○	—	○
使用误差	3.2	—	○	○

注：“○”表示应进行的检定项目；
“—”表示不进行的检定项目。

六　检定结果处理和检定周期

31　计价器本机

31.1　经检定合格的，开具出租汽车计价器本机检定证书，注明符合当地政府规定的出租车收费标准(见附录5)。

31.2 经检定不合格的,开具检定结果通知书,通知书背面注明不合格项目。

32 使用中的计价器

32.1 经检定合格的计价器

a) 在计价器和传感器的规定位置上进行铅封,并将合格标记贴于计价器醒目之处以示乘客(见附录3、4)。

b) 开具出租汽车计价器使用误差检定证书(见附录6)。

32.2 经检定不合格的,开具出租汽车计价器使用误差检定结果通知书(见附录7)。

32.3 正常使用的计价器检定周期最长为1年。经修理、调整后的计价器,以及车辆更换驱动轮胎后必须及时检定。

附录 1

轮胎修正值测定方法

1 在一段平直的路面上,画两条平直线,其间距与出租汽车轮距相等,约 10m 长并标出起点线。

2 被测轮胎的汽车左右驱动轮各画一标记与路面起点线重合。

3 慢慢开动汽车,使轮胎转动 5 周,量出左右驱动轮行走距离。

4 安装被测轮胎的汽车,开到检定装置上,使驱动轮转 5 周,按装置滚轮圆周算出该距离。

5 轮胎修正值按下式计算:

$$C = \left(\frac{A}{B} - 1\right) \times 100\%$$

式中:C——轮胎修正值;

A——滚轮测量出的左右轮胎转 5 周的平均值,m;

B——地面测量出的左右轮胎转 5 周的平均值,m。

附录 2

轮胎修正值表

检定装置型式	轮　　胎	修　正　值(%)		
		普通型	雪花型	放射型
滚轮式	5.60—13	-0.5	-1.0	/
	6.40—14	-0.5	-1.5	-3.5
	7.00—13	-1.0	-1.5	/
	6.95—14	-1.0	/	/
	165SR—13			-2.5
	175SR—14	/	/	-3.5

附录 3

合 格 证

出租汽车计价器检定合格证规格、式样由计量行政部门规定。应包括:检定单位名称、有效日期。

附录 4

铅 封 标 记

正面	反面
京 01 1998	TAXI 12

说明:京 01 是北京市的代码,各地可按规定刻印。

附录 5

出租汽车计价器本机检定证书

（背面）

检 定 结 果

一、计价器附件及相关文件、标志、外观、功能、铅封等各项符合规程规定，并符合________省________市________字________号文出租汽车收费标准。

二、被检计价器具有________屏________键，传感器________。

三、带有附属设备________________。

四、误差

<table>
<tr><th>项目</th><th>规程规定误差</th><th colspan="2">实 测 误 差</th><th>结 果</th></tr>
<tr><td rowspan="4">计程误差</td><td rowspan="4"></td><td>单程</td><td></td><td></td></tr>
<tr><td>往返</td><td></td><td></td></tr>
<tr><td>夜单</td><td></td><td></td></tr>
<tr><td>夜返</td><td></td><td></td></tr>
<tr><td>计时误差</td><td></td><td></td><td></td><td></td></tr>
<tr><td>切换速度</td><td></td><td></td><td></td><td></td></tr>
<tr><td>永久时钟</td><td></td><td></td><td></td><td></td></tr>
<tr><td colspan="5">注：上表按当地政府规定的收费标准项目填写。</td></tr>
</table>

附录 6

出租汽车计价器使用误差检定证书

（背面）

检定用指数证明

车公里租价	元
营业次数	1,2,3,4,5,6,7,8,9,10
营业公里	1,2,3,4,5,6,7,8,9,10
11,12,13,14,15,16,17,18,19,20	
营业金额	元

注 意 事 项

1 出租汽车在营业中必须携带本证书。
2 本证书不得涂改污染和破损。
3 本证书在检定周期内有效，检定周期内发现计价器有异常情况，应立即到指定地点进行检定。
4 更换驱动轮胎时应重新进行检定。
5 上表指数，结算时应在累计数中扣除。
6 下次检定请携带此证书。

附录 7

出租汽车计价器使用误差检定结果通知书

（背面）

检定用指数证明

<table>
<tr><td>车公里租价</td><td>元</td></tr>
<tr><td>营业次数</td><td>1,2,3,4,5,6,7,8,9,10,11</td></tr>
<tr><td>营业公里</td><td>1,2,3,4,5,6,7,8,9,10,11</td></tr>
<tr><td colspan="2">12,13,14,15,16,17,18,19,20</td></tr>
<tr><td>营业金额</td><td>元</td></tr>
</table>

注 意 事 项

1 上表指数,结算时应在累计数中扣除。

2 本通知书不得涂改污染和破损。

附录 8

出租汽车计价器本机检定记录

送检单位__________ 地址__________ 联系人__________

制造厂__________ 型号__________ 器号__________

被检计价器按照______省______市______字______号文件规定的出租汽车收费标准设置

生产日期__________ 制造计量器具许可证号__________

标准设备型号__________ 器号__________

检定温度______℃,湿度______%RH,检定证书或通知书编号______字______

附件及相关文件__________ 标志__________ 铅封__________

外观______ 屏______ 显示______键,传感器型式______ 功能______

附属设备__________

1 计程检定:*K* 值______r/km,单价______元/公里

<table>
<tr><th rowspan="2">状态</th><th rowspan="2">单价
元/公里</th><th rowspan="2" colspan="2">项 目</th><th colspan="7">计 程 km</th></tr>
<tr><th>起程</th><th>起程+
1续程</th><th>起程+
2续程</th><th>起程+
3续程</th><th>加价
里程</th><th>加价
里程</th><th>加价
里程</th></tr>
<tr><td rowspan="5"></td><td rowspan="5"></td><td rowspan="2">金额
元</td><td>标准</td><td></td><td></td><td></td><td></td><td></td><td></td><td></td></tr>
<tr><td>实测</td><td></td><td></td><td></td><td></td><td></td><td></td><td></td></tr>
<tr><td rowspan="2">转数
r</td><td>标准</td><td></td><td></td><td></td><td></td><td></td><td></td><td></td></tr>
<tr><td>实测</td><td></td><td></td><td></td><td></td><td></td><td></td><td></td></tr>
<tr><td colspan="2">误差</td><td></td><td></td><td></td><td></td><td></td><td></td><td></td></tr>
<tr><td rowspan="5"></td><td rowspan="5"></td><td rowspan="2">金额
元</td><td>标准</td><td></td><td></td><td></td><td></td><td></td><td></td><td></td></tr>
<tr><td>实测</td><td></td><td></td><td></td><td></td><td></td><td></td><td></td></tr>
<tr><td rowspan="2">转数
r</td><td>标准</td><td></td><td></td><td></td><td></td><td></td><td></td><td></td></tr>
<tr><td>实测</td><td></td><td></td><td></td><td></td><td></td><td></td><td></td></tr>
<tr><td colspan="2">误差</td><td></td><td></td><td></td><td></td><td></td><td></td><td></td></tr>
<tr><td rowspan="5"></td><td rowspan="5"></td><td rowspan="2">金额
元</td><td>标准</td><td></td><td></td><td></td><td></td><td></td><td></td><td></td></tr>
<tr><td>实测</td><td></td><td></td><td></td><td></td><td></td><td></td><td></td></tr>
<tr><td rowspan="2">转数
r</td><td>标准</td><td></td><td></td><td></td><td></td><td></td><td></td><td></td></tr>
<tr><td>实测</td><td></td><td></td><td></td><td></td><td></td><td></td><td></td></tr>
<tr><td colspan="2">误差</td><td></td><td></td><td></td><td></td><td></td><td></td><td></td></tr>
<tr><td rowspan="5"></td><td rowspan="5"></td><td rowspan="2">金额
元</td><td>标准</td><td></td><td></td><td></td><td></td><td></td><td></td><td></td></tr>
<tr><td>实测</td><td></td><td></td><td></td><td></td><td></td><td></td><td></td></tr>
<tr><td rowspan="2">转数
r</td><td>标准</td><td></td><td></td><td></td><td></td><td></td><td></td><td></td></tr>
<tr><td>实测</td><td></td><td></td><td></td><td></td><td></td><td></td><td></td></tr>
<tr><td colspan="2">误差</td><td></td><td></td><td></td><td></td><td></td><td></td><td></td></tr>
<tr><td colspan="2">结 论</td><td colspan="9"></td></tr>
</table>

2　计时检定

金　额	标准				结论
	实测				
计时	标准				
	实测				
	误差				

3　切换速度检定

标准值	12.0km/h		误差	结论
实测值	1			
	2			
	3			

4　永久时钟检定

开始时间	年　月　日　时　分　秒	误差	结论
开始时间	年　月　日　时　分　秒		

检定员＿＿＿＿＿＿　校核员＿＿＿＿＿＿　检定日期＿＿＿＿年＿＿＿＿月＿＿＿＿日

附录 9

出租汽车计价器使用误差检定记录

检定编号：______

<table>
<tr><td colspan="2">送检单位名称</td><td></td><td>司机签字</td><td></td></tr>
<tr><td rowspan="3">被检车辆</td><td>牌照号</td><td></td><td>基本收费</td><td>元/公里</td></tr>
<tr><td>车型</td><td></td><td>轮胎修正值</td><td></td></tr>
<tr><td>轮胎</td><td>前　后</td><td>驱动轮胎气压</td><td></td></tr>
<tr><td rowspan="3">被检计价器</td><td>制造厂</td><td></td><td>计价器器号</td><td></td></tr>
<tr><td>型号</td><td></td><td>外观</td><td>合格　不合格</td></tr>
<tr><td>传感器</td><td>霍尔、光电、干簧管、其他</td><td>设定 K 值(r/km)</td><td></td></tr>
<tr><td rowspan="4">检定数据</td><td>起程</td><td>m</td><td></td><td>m</td></tr>
<tr><td>加第一续程</td><td>m</td><td></td><td>m</td></tr>
<tr><td>加第二续程</td><td>m</td><td></td><td>m</td></tr>
<tr><td colspan="4">共检　次　km　元</td></tr>
<tr><td colspan="2">检定结果</td><td colspan="3">合格　不合格</td></tr>
<tr><td colspan="2">检定日期</td><td>年　月　日</td><td>检定员</td><td></td></tr>
<tr><td colspan="2">有效期至</td><td>年　月　日</td><td>核验员</td><td></td></tr>
<tr><td colspan="2">检定用标准台号</td><td></td><td>备注</td><td></td></tr>
</table>

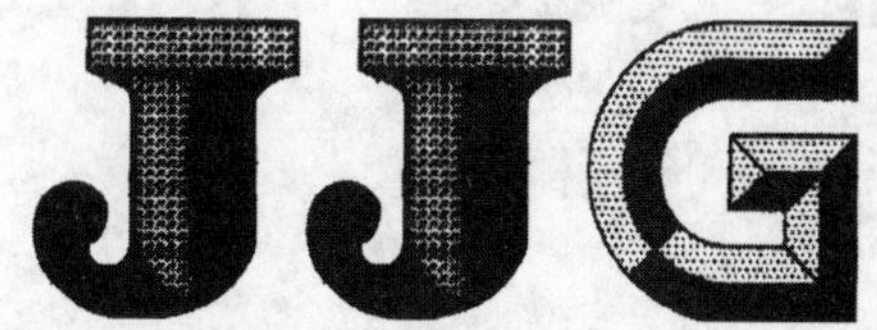

中华人民共和国国家计量检定规程

JJG 528—2004

机动车雷达测速仪

Vehicles Radar Measuring Speedometers

2004－09－21 发布　　2005－03－21 实施

国家质量监督检验检疫总局 发布

机动车雷达测速仪检定规程

1 范围

本规程适用于机动车雷达测速仪(以下简称测速仪)的型式评价、样机试验、首次检定、后续检定和使用中检验。

2 引用文献

本规程引用下列文献:

JJF 1015—2002 计量器具型式评价和型式批准通用规范

JJF 1016—2002 计量器具型式评价大纲编写导则

GB/T 6587.1—1986 电子测量仪器 环境试验总纲

GB/T 6587.2—1986 电子测量仪器 温度试验

GB/T 6587.3—1986 电子测量仪器 湿度试验

GB/T 6587.4—1986 电子测量仪器 振动试验

GB/T 6587.5—1986 电子测量仪器 冲击试验

使用本规程时,应注意使用上述引用文献的现行有效版本。

3 术语和定义

3.1 机动车雷达测速仪

是指应用多普勒原理对机动车进行速度测量的仪器,一般分为手握式动态雷达测速仪、手握式静态雷达测速仪以及发射天线和数显装置分体而组成的动态雷达测速仪等三种类型。

3.2 动态测速仪

有两种工作模式:动态工作模式,能在车载运动中同时对目标车速和自身车速(即装载测速仪的巡逻车车速)进行测量的仪器,具有反向和同向测速的能力;静态工作模式,即只对目标车速进行测量的仪器。

3.3 静态测速仪

只能以静态模式对目标车速进行测量的仪器。

3.4 反向测速状态

能同时对巡逻车和目标车的速度测量,且巡逻车和目标车运动方向相反。

3.5 同向测速状态

能同时对巡逻车和目标车的速度测量,且巡逻车和目标车运动方向相同。

3.6 相对速度(或称合速度)

巡逻车与目标车的相对速度。

3.7 标准速度值

通常由测速仪检定装置给出,且标准速度值误差的绝对值应小于或等于被检测速仪测速误差绝对值的1/3。

3.8 测速误差

测速仪速度测量值与对应的标准速度值之差。

3.9 最大作用距离

在规定的检测条件下,能够准确捕捉到最远目标车速度时,测速仪测试端面到被测目标车的直线距离。

3.10 测试通道

由铜箔和微波吸收材料等按一定设计而构成的微波暗室,并装有混频二极管,能对测速仪发射的微波信号进行频率调制,再反射给测速仪接收,它是连续波测速仪调试检测的一种专用设备。

4 概述

测速仪是指应用多普勒原理,对运动目标速度和自身速度进行测量的仪器。该测速仪主要用于机动车速度的测量。

5 计量性能要求

5.1 微波发射频率的最大允许误差

X 波段:$(f_0 \pm 25)$MHz;

K 波段:$(f_0 \pm 45)$MHz;

K_a 波段:$(f_0 \pm 100)$MHz。

f_0 为测速仪微波发射频率标称值,MHz。

5.2 测速范围

静态测速仪:至少满足(20~150)km/h。

动态测速仪:

自身测速:至少满足(20~120)km/h;

目标测速:反向至少满足(20~150)km/h;

同向至少满足(50~150)km/h。

5.3 测速的最大允许误差

静态测速仪:±1km/h;

动态测速仪:±1km/h(自身测速);±2km/h(目标测速)。

5.4 最大作用距离

静态测速仪:≥500m;

动态测速仪反向:>300m;

动态测速仪同向:>200m。

6 通用技术要求

6.1 外观及功能

6.1.1 测速仪应有铭牌,标明产品名称、规格型号、制造厂家、出厂日期及编号,并应标有计量器具制造许可证标志及其编号。

6.1.2 测速仪所有标志应清晰,各紧固件不应松动,功能正常。

6.1.3 测速仪主机与电源的连接应可靠,连接导线及接插件应齐全,应有使用说明书。

6.1.4 接通电源后,显示器应能正常清晰地显示。

6.1.5 在有强电磁场干扰使测速仪不能正常工作时,测速仪应有干扰提示,同时停止速度测量。

6.2 测速仪微波安全

距测速仪操作部位和显示窗 5cm 处的漏能功率密度值应不大于 $50\mu W/cm^2$。

6.3 测速仪环境适应性

6.3.1 测速仪正常工作环境条件:

温度:(-20~60)℃;

湿度:(5~90)%RH(50℃);

6.3.2 环境适应性试验要求

测速仪的环境试验要求,按 GB/T6587.1—1986 中Ⅲ组要求进行。测速仪在环境试验中或试验后,微波发射频率误差和测速误差应符合本规程第 5.1 条和第 5.3 条的要求。

7 计量器具控制

计量器具控制包括:型式评价或样机试验、首次检定、后续检定和使用中检验。

7.1 型式评价或样机试验

7.1.1 型式评价或样机试验应按 JJF1015—2002《计量器具型式评价和型式批准通用规范》及 JJF1016—2002《计量器具型式评价大纲编写导则》的要求进行。

7.1.2 型式评价或样机试验的项目见表 2。

7.1.3 型式评价或样机试验的方法

7.1.3.1 表 2 中第 1~3 项技术要求分别按本规程等 7.2 条中规定的各项方法进行试验。

7.1.3.2 最大作用距离的检查

试验道路要求清洁、干燥、平直,用沥青或混凝土铺成;道路长(2~3)km,宽不小于 8m,纵向坡度在 0.1%以内。保持单车工作,以小型汽车为目标。测速仪处于工作状态,目标车往返 5 次,测速仪的最大作用距离应符合本规程中第 5.4 条的要求。

7.1.3.3 测速仪微波安全的检查

测速仪在工作状态下,用微波漏能仪检测距测速仪操作部位和显示窗 5cm 处的漏能值,检测结果应符合本规程中第 6.2 条的要求。

7.1.3.4 测速仪环境适应性试验

1)温度试验

按 GB/T6587.2—1986 的方法进行。在额定工作高(低)温测试中或在高(低)温贮存试验后检查测速仪,应符合本规程第 5.1 条和 5.3 条的要求。

2)湿度试验

按 GB/T6587.3—1986 的方法进行。在额定工作湿度测试中或在湿度贮存试验后检查测速仪,应符合本规程第 5.1 条和 5.3 条的要求。

3)振动试验

按 GB/T6587.4—1986 的方法进行。试验后检查测速仪,应符合本规程第 5.1 条和 5.3 条的要求。

4)冲击试验

按 GB/T6587.5—1986 的方法进行。试验后检查测速仪,应符合本规程第 5.1 条和 5.3 条的要求。

7.2　首次检定、后续检定和使用中检验

7.2.1　检定条件

7.2.1.1　环境温度:(20 ± 5)℃。

7.2.1.2　环境湿度:< 80%RH。

7.2.1.3　检定系统周围应无影响正常工作的机械振动和电磁场干扰。

7.2.2　检定用设备(见表 1)

表 1　检定用设备

序号	检定项目	主要检定设备		检定装置最大允许误差
		名称	技术要求	
1	微波发射频率误差	微波数字频率计	频率范围:(8 ~ 40)GHz 频率准确度:$\pm 2\times10^{-4}$ 频率稳定度:2×10^{-5}/s	
		接收喇叭天线	3cm,1.25cm,8mm	
2	测速范围及测速误差	数字频率计	频率范围:1Hz ~ 10MHz 周期测量:0.4μs ~ 10s 灵敏度:优于 30mV 晶振波动:$\leqslant 1\times10^{-8}$/d	± 0.3km/h
		低频信号发生器	频率范围:(0 ~ 40000)Hz 频率误差:± 1Hz 频率稳定度: $\sigma(\tau) < 3\times10^{-4}$ 10525MHz τ = 103ms 24150MHz τ = 45ms 35100MHz τ = 31ms 频率波动:$< 1\times10^{-3}$/h	
		衰减器	~ 100MHz (0 ~ 100)dB ± 1dB	
		测试通道	3cm,1.25cm,8mm 混频二极管	

表 1(续)

序号	检定项目	主要检定设备		检定装置最大允许误差
		名　称	技术要求	
3	测速仪 微波安全	微波漏能仪	频率范围:(8～40)GHz (～100)μW 误差:±3dB	
4	最大作用 距离	卷尺	0.1～50m 误差:±0.01m	

7.2.3　检定项目和检定方法

7.2.3.1　型式评价或样机试验、首次检定、后续检定和使用中检验的检定项目(见表2)。

表 2　型式评价或样机试验、首次检定、后续检定和使用中检验的检定项目

序号	项目	型式评价或样机试验	首次检定	后续检定	使用中检验
1	外观及功能	+	+	+	+
2	微波发射频率误差	+	+	+	+
3	测速范围及测速误差	+	+	+	+
4	测速仪微波安全	+	-	-	-
5	最大作用距离	+	-	-	-
6	环境适应性试验	+	-	-	-
注:表中带“+”为必须检定或试验的项目,“-”为不需要检定或试验的项目。					

7.2.3.2　检定方法

1)外观及功能检查

a)测速仪的外观和正常工作状态,应符合本规程第6.1.1条～6.1.5条的规定进行检查。

b)测速仪通电后置于“自校”时,其显示值应符合出厂技术要求。

2)微波发射频率误差的检定

a)按图1连接检定系统。

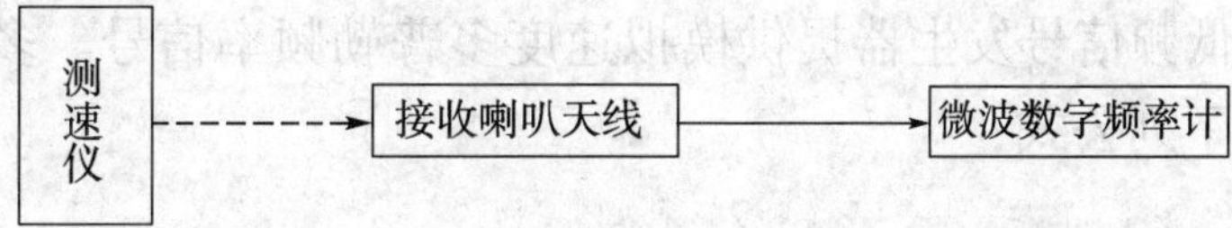

图1　微波发射频率检定框图

b)置测速仪与接收喇叭天线约 1m 处，相对架设并使它们在同一轴线上。

c)接通微波数字频率计电源，开机预热 30min。

d)接通测速仪电源后开机，使测速仪向接收喇叭天线发射信号。开机 15min 后，按微波数字频率计使用说明书规定的使用方法，对测速仪微波发射频率进行检定。

e)按照上述方法对微波发射频率测量 3 次。微波发射频率的误差 Δf_x 按(1)式计算：

$$\Delta f_x = f_0 - f_x \qquad (\mathrm{MHz}) \tag{1}$$

式中：Δf_x——测速仪微波发射频率误差，MHz；

f_x——测速仪微波发射频率的测量值，MHz；

f_0——测速仪微波发射频率的标称值，MHz。

3 次测量值中微波发射频率的最大误差应符合本规程第 5.1 条规定。

3)测速范围及测速误差的检定

a)按图 2 连接检定系统。

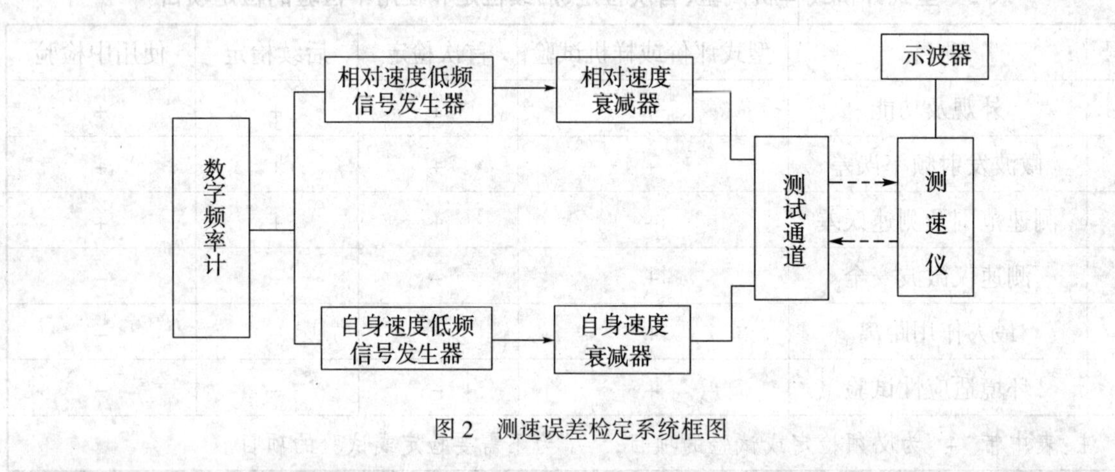

图 2 测速误差检定系统框图

b)接通测速误差检定系统电源，开机预热 30min。将测速仪置于图 2 所示的测试通道前，并使它们在同一轴线上，开启测速仪电源，用示波器监视测速仪放大器输出端，调整测速仪位置使示波器上的正弦波幅度最大、无畸变。在此位置上进行测速误差的检定。

c）动态测速仪

①自身测速范围及测速误差的检定

ⓐ将测速误差检定系统中的相对速度衰减器置于最大，自身速度衰减器调到适当位置。

ⓑ由自身速度低频信号发生器提供模拟速度多普勒频率信号。多普勒频率 f_d 与速度设定值 v 应满足下列公式：

$$f_d = \frac{2}{c} K f_0 v \qquad \mathrm{Hz} \tag{2}$$

式中： f_d——多普勒频率，Hz；

c——电磁波的传播速度〔3×10^5（km/s)〕；

K——单位换算系数（$10^3/3.6$）；

f_0——测速仪微波发射频率的标称值，MHz；

v——速度设定值，km/h。

ⓒ在（20～120）km/h 范围内速度值检定不少于 5 点（20km/h，60km/h，120km/h 各点必须检定）。每点检定 3 次，每次测速误差应符合第 5.3 条的规定，其测速范围应符合本规程第 5.2 条的规定。

②同向或反向测速状态的目标测速范围及测速误差的检定

ⓐ同向测速状态的目标测速范围及测速误差的检定

首先要根据被检测速仪的测速方式选择下面两种方法之一（见表 3 或表 4）。

表 3　方法一：测速方式为自身车速低于目标车速的测速仪

模拟自身速度设定值/（km/h）	模拟相对速度设定值/（km/h）	测速仪目标速度测量值/（km/h）
35	15	50
40	20	60
70	30	100
80	40	120
100	50	150

表 4　方法二：测速方式为自身车速高于目标车速的测速仪

模拟自身速度设定值/（km/h）	模拟相对速度设定值/（km/h）	测速仪目标速度测量值/（km/h）
70	20	50
80	20	60
120	20	100
140	20	120
170	20	150

检定时，将相对速度衰减器置为最大衰减量，先由自身速度低频信号发生器提供模拟自身速度值，要求自身速度低频信号发生器的输出幅度比相对速度低频信号发生器的输出幅度要大 10dB 左右并允许可调；然后再调整相对速度衰减器和相对速度低频信号发生器的频率提供模拟相对速度值，最终测速仪应显示相应的目标速度值。按照上述检定方法，在规定目标测速范围内速度值检定点不少于 5 点，每点检定 3 次，其目标速度的测速范围和测速误差应符合本规程第 5.2 条和第 5.3 条的要求。

ⓑ反向测速状态的目标测速范围及测速误差的检定

检定时，将相对速度衰减器置为最大衰减量，先由自身速度低频信号发生器提供模拟自身速度值 40km/h，要求自身速度低频信号发生器的输出幅度比相对速度低频信号发生器的输出幅度要大 10dB 左右并允许可调；然后再调整相对速度衰减器的衰减量和相对速度低频信号发生器的频率使模拟速度从（60 ~ 190）km/h 之间连续变化，而测速仪目标速度值应在（20 ~ 150）km/h 之间连续变化。在规定目标测速范围内速度值检定点不少于 5 点，每点检定 3 次，其目标速度的测速范围和测速误差应符合本规程第 5.2 条和第 5.3 条的要求。

d）静态测速仪

①测速范围及测速误差的检定

ⓐ将测速误差检定系统中的自身速度衰减器置于最大，相对速度衰减器调到适当位置。由相对速度低频信号发生器提供模拟速度多普勒频率信号。

ⓑ在（20 ~ 150）km/h 范围内速度值检定不少于 5 点（60km/h，120km/h，150km/h 各点必须检定）。每点检定 3 次，每次测速误差应符合第 5.3 条的规定，其测速范围应符合本规程第 5.2 条的规定。

e）频偏对速度值影响的检定

对动态测速仪和静态测速仪在 150km/h 对应的 f_d 点上增加频偏 $\pm mf_d$ 的检定，m 按下式计算：

$$m = \left|\frac{\Delta f_0}{f_0}\right| \times 100\% \tag{3}$$

式中：Δf_0——测速仪微波发射频率的最大允许误差，MHz；

f_0——测速仪微波发射频率的标称值，MHz。

上述检定应进行 3 次，每次测速误差应符合本规程等 5.3 条的规定。

7.2.4 检定结果的处理

经检定合格的测速仪发给检定证书，并在其明显部位贴有计量部门出具的检定合格证；检定不合格的发给检定结果通知书，并注明不合格项目。

7.2.5 检定周期

测速仪的检定周期为 1 年，必要时可提前送检。经过维修过的测速仪必须重新送检。

附录 A

检定证书及检定结果通知书内页格式

A.1 检定证书内页格式

微波发射频率误差检定结果　　单位：MHz

标称值	测量值 $f_{x\max}$（或 $f_{x\min}$）	误差

自身测速范围及测速误差检定结果　　单位：km/h

速度标准值	速度测量值 $\Delta v_{\max}$（或 $\Delta v_{\min}$）	误　差

目标测速范围及测速误差检定结果　　单位：km/h

速度标准值	速度测量值 $\Delta v_{\max}$（或 $\Delta v_{\min}$）	误　差

频偏对速度值影响的检定　　单位：km/h

<table>
<tr><td rowspan="3">目标速度标准值</td><td colspan="2">目标速度测量值
$\Delta v_{\max}$（或 $\Delta v_{\min}$）</td><td>误　差</td></tr>
<tr><td>上频偏</td><td></td><td rowspan="2"></td></tr>
<tr><td>下频偏</td><td></td></tr>
</table>

A.2 检定结果通知书内页格式

要求同上，注出不合格项目。

附录 B

检定记录（推荐）格式

证书编号____字第____号

送检单位			联系人		电 话	
地 址					邮 编	
制造厂			型号规格		出厂编号	
外观检查	□合格 □不合格		环境温度 （℃）		相对湿度 （%）	
检定员		核验员		检定日期	年 月 日	

微波发射频率误差的检定 单位：MHz

标 称 值	测 量 值	误 差 Δf_{max}（或 Δf_{min}）

自身测速范围及测速误差的检定 单位：km/h

速度标准值	速度测量值			误 差 Δv_{max}（或 Δv_{min}）
	1	2	3	

目标测速范围及测速误差的检定

单位：km/h

速度标准值	速度测量值			误差 Δv_{max}（或 Δv_{min}）
	1	2	3	

频偏对速度值影响的检定

单位：km/h

目标速度标准值	目标速度测量值				误差 Δv_{max}（或 Δv_{min}）
	上频偏				
	下频偏				

附录 C

多普勒频率/速度对照表

表 C.1 （$f_0 = 10525$MHz）

v/（km/h）	f_d/Hz	v/（km/h）	f_d/Hz
20	390	115	2241
25	487	120	2339
30	585	125	2436
35	682	130	2534
40	780	135	2631
45	877	140	2729
50	975	145	2826
55	1072	150	2924
60	1169	155	3021
65	1267	160	3119
70	1364	165	3216
75	1462	170	3313
80	1559	175	3411
85	1657	180	3508
90	1754	185	3606
95	1852	190	3703
100	1949	195	3801
105	2047	199	3879
110	2144		

注：f_0 为测速仪微波发射频率的标称值；
v 为速度设定值；
f_d 为多普勒频率。

在 150km/h 相应的频率上增加 $\pm m f_d$ 后，多普勒频率为：

$$f_d + m f_d = 2931\text{Hz}$$

$$f_d - m f_d = 2917\text{Hz}$$

表 C.2 （$f_0 = 24150$MHz）

v/（km/h）	f_d/Hz	v/（km/h）	f_d/Hz
20	894	115	5143
25	1118	120	5367
30	1342	125	5590
35	1565	130	5814
40	1789	135	6037
45	2012	140	6261
50	2236	145	6485
55	2460	150	6708
60	2683	155	6932
65	2907	160	7156
70	3131	165	7379
75	3354	170	7603
80	3578	175	7826
85	3801	180	8050
90	4025	185	8274
95	4249	190	8497
100	4472	195	8721
105	4696	199	8900
110	4919		

注：f_0 为测速仪微波发射频率的标称值；
v 为速度设定值；
f_d 为多普勒频率。

在 150km/h 相应的频率上增加 $\pm m f_d$ 后，多普勒频率为：

$$f_d + m f_d = 6720\text{Hz}$$

$$f_d - m f_d = 6696\text{Hz}$$

表 C.3 （$f_0 = 35100\text{MHz}$）

v/（km/h）	f_d/Hz	v/（km/h）	f_d/Hz
20	1300	115	7475
25	1625	120	7800
30	1950	125	8125
35	2275	130	8450
40	2600	135	8775
45	2925	140	9100
50	3250	145	9425
55	3575	150	9750
60	3900	155	10075
65	4225	160	10400
70	4550	165	10725
75	4875	170	11050
80	5200	175	11375
85	5525	180	11700
90	5850	185	12025
95	6175	190	12350
100	6500	195	12675
105	6825	199	12935
110	7150		

注：f_0 为测速仪微波发射频率的标称值；
v 为速度设定值；
f_d 为多普勒频率。

在 150km/h 相应的频率上增加 $\pm m f_d$ 后，多普勒频率为：

$$f_d + m f_d = 9778\text{Hz}$$

$$f_d - m f_d = 9722\text{Hz}$$

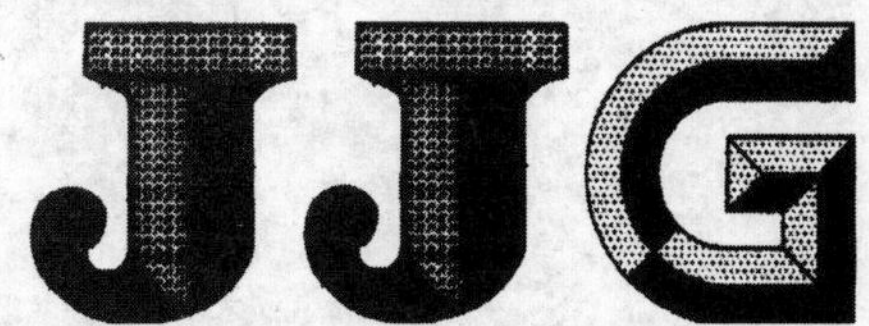

中华人民共和国国家计量检定规程

JJG 688—2007

汽车排放气体测试仪

Vehicle Exhaust Emissions Measuring Instruments

2007-08-02 发布　　2008-02-02 实施

国家质量监督检验检疫总局 发布

中华人民共和国国家计量检定规程

JJG 688—2007

汽车排放气体测试仪

Vehicle Exhaust Emissions Measuring Instruments

2007-02-02 发布　　2008-02-02 实施

国家质量监督检验检疫总局 发布

汽车排放气体测试仪检定规程

1 范围

本规程适用于汽车排放气体测试仪（以下简称测试仪）的首次检定、后续检定和使用中的检验，型式评价试验的相关项目可参照本规程执行。

2 引用文献

JJF 1001—1998《通用计量术语及定义》

JJF 1059—1999《测量不确定度评定与表示》

ISO 3930：2000（E） Instruments for measuring vehicle exhaust emissions

GB 18285—2005《点燃式发动机汽车排气污染物排放限值及测量方法》

3 术语

3.1 示值允许误差的模 absolute value of indication permissible error

示值允许误差的绝对值。

3.2 零位漂移 zero drift

测试仪通入清洁空气时各通道在规定的时间内的零位变化。

3.3 示值漂移 indication drift

测试仪通入规定的标准气体时各通道在规定的时间内的示值变化。

4 概述

测试仪采用不分光红外法测量汽车排放气体中 HC、CO 和 CO_2的摩尔分数，采用电化学法或其他等效方法测量汽车排放气体中 O_2和 NO 的摩尔分数。

测试仪通常包括取样探头、水分离器、过滤器、检测器、数据处理系统、显示器件和控制调节装置。

5 计量性能要求

5.1 测试仪测量范围、准确度等级及示值允许误差

测试仪摩尔分数测量范围、准确度等级及示值允许误差见表 1、表 2、表 3 和表 4。

表 1 00 级测试仪测量范围及示值允许误差

气体种类	测量范围	示值允许误差	
		绝对误差	相对误差
HC	$(0\sim2000)\times10^{-6}$	$\pm4\times10^{-6}$	±3%
	$(2001\sim5000)\times10^{-6}$	—	±5%
	$(5001\sim9999)\times10^{-6}$	—	±10%

表 1（续）

气体种类	测量范围	示值允许误差	
		绝对误差	相对误差
CO	$(0.00 \sim 10.00) \times 10^{-2}$	$\pm 0.02 \times 10^{-2}$	±3%
	$(10.01 \sim 14.00) \times 10^{-2}$		±5%
CO_2	$(0.0 \sim 16.0) \times 10^{-2}$	$\pm 0.3 \times 10^{-2}$	±3%
	$(16.1 \sim 18.0) \times 10^{-2}$	——	±5%
NO	$(0 \sim 4000) \times 10^{-6}$	$\pm 25 \times 10^{-6}$	±4%
	$(4001 \sim 5000) \times 10^{-6}$	——	±8%
O_2	$(0.0 \sim 25.0) \times 10^{-2}$	$\pm 0.1 \times 10^{-2}$	±5%
注：表中所列绝对误差和相对误差，满足其中一项要求即可。			

表 2　0 级测试仪测量范围及示值允许误差

气体种类	测量范围	示值允许误差	
		绝对误差	相对误差
HC	$(0 \sim 5000) \times 10^{-6}$	$\pm 10 \times 10^{-6}$	±5%
	$(5001 \sim 9999) \times 10^{-6}$	——	±10%
CO	$(0.00 \sim 10.00) \times 10^{-2}$	$\pm 0.03 \times 10^{-2}$	±5%
	$(10.01 \sim 14.00) \times 10^{-2}$	——	±10%
CO_2	$(0.0 \sim 18.0) \times 10^{-2}$	$\pm 0.5 \times 10^{-2}$	±5%
NO	$(0 \sim 4000) \times 10^{-6}$	$\pm 25 \times 10^{-6}$	±4%
	$(4001 \sim 5000) \times 10^{-6}$	——	±8%
O_2	$(0.0 \sim 25.0) \times 10^{-2}$	$\pm 0.1 \times 10^{-2}$	±5%
注：表中所列绝对误差和相对误差，满足其中一项要求即可。			

表 3　Ⅰ级测试仪测量范围及示值允许误差

气体种类	测量范围	示值允许误差	
		绝对误差	相对误差
HC	$(0 \sim 2000) \times 10^{-6}$	$\pm 12 \times 10^{-6}$	±5%
	$(2001 \sim 9999) \times 10^{-6}$	——	±10%
CO	$(0.00 \sim 10.00) \times 10^{-2}$	$\pm 0.06 \times 10^{-2}$	±5%
	$(10.01 \sim 16.00) \times 10^{-2}$	——	±10%
CO_2	$(0.00 \sim 18.00) \times 10^{-2}$	$\pm 0.5 \times 10^{-2}$	±5%

表 3（续）

气体种类	测量范围	示值允许误差	
		绝对误差	相对误差
NO	$(0 \sim 4000) \times 10^{-6}$	$\pm 25 \times 10^{-6}$	±4%
	$(4001 \sim 5000) \times 10^{-6}$	——	±8%
O_2	$(0.0 \sim 25.0) \times 10^{-2}$	$\pm 0.1 \times 10^{-2}$	±5%
注：表中所列绝对误差和相对误差，满足其中一项要求即可。			

表 4 Ⅱ级测试仪测量范围及示值允许误差

气体种类	测量范围	示值允许误差	
		绝对误差	相对误差
HC	$(0 \sim 9999) \times 10^{-6}$	$\pm 30 \times 10^{-6}$	±10%
CO	$(0.00 \sim 16.00) \times 10^{-2}$	$\pm 0.2 \times 10^{-2}$	±10%
CO_2	$(0.0 \sim 18.0) \times 10^{-2}$	$\pm 1 \times 10^{-2}$	±10%
NO	$(0 \sim 5000) \times 10^{-6}$	$\pm 40 \times 10^{-6}$	±10%
O_2	$(0.0 \sim 25.0) \times 10^{-2}$	$\pm 0.2 \times 10^{-2}$	±10%
注：表中所列绝对误差和相对误差，满足其中一项要求即可。			

5.2 测试仪分辨力

测试仪分辨力见表 5。

表 5 测试仪分辨力

气体种类	测试仪准确度等级			
	00 级	0 级	Ⅰ级	Ⅱ级
HC	1×10^{-6}	1×10^{-6}	1×10^{-6}	5×10^{-6}
CO	0.01×10^{-2}	0.01×10^{-2}	0.01×10^{-2}	0.05×10^{-2}
CO_2	0.1×10^{-2}	0.1×10^{-2}	0.1×10^{-2}	0.1×10^{-2}
NO	1×10^{-6}	1×10^{-6}	1×10^{-6}	5×10^{-6}
O_2	0.02×10^{-2}	0.02×10^{-2}	0.02×10^{-2}	0.1×10^{-2}

5.3 零位漂移

测试仪 1 h 的零位漂移应不超过测量仪示值允许误差。

5.4 示值漂移

测试仪 1 h 的示值漂移应不超过测量仪示值允许误差。

5.5 重复性

00 级测试仪各通道和 0 级、Ⅰ级测试仪的 NO、O_2通道示值重复性应不大于其示值允许误差的模的 1/2；0 级、Ⅰ级测试仪的 HC、CO、CO_2通道和Ⅱ级测试仪各通道示值重复性应不大于示值允许误差的模的 1/3。

5.6 响应时间

CO、HC 和 CO_2通道：不大于 8 s（00 级和 0 级）、不大于 12 s（Ⅰ级和Ⅱ级）；O_2通道：不大于 12 s；NO 通道：不大于 15 s。

6 通用技术要求

6.1 外观

6.1.1 测试仪应有下列标志：测试仪名称、型号、编号、制造厂名（或商标）、出厂日期和电源电压、制造计量器具许可证号和丙烷/正己烷当量系数（P.E.F）。

6.1.2 外观不应有明显的机械损伤，通电后测试仪显示屏应显示清晰，各调节旋钮、按键和开关均能正常工作，无松动现象。电缆线的接插件应接触良好。

6.2 绝缘电阻

对于使用交流电源供电的测试仪，电源线的相、中线与机壳间绝缘电阻在试验电压为 500 V 时应大于 20 MΩ。

7 计量器具控制

计量器具控制包括：首次检定、后续检定和使用中检验。

7.1 检定条件

7.1.1 检定环境条件

7.1.1.1 环境温度：5℃～40℃。

7.1.1.2 环境相对湿度：≤85%。

7.1.1.3 供电电源：额定电压 220 V ± 22 V；频率 50 Hz ± 1Hz。

7.1.1.4 环境大气压：86 kPa～106 kPa。

7.1.2 检定用设备

7.1.2.1 检定用标准物质和设备通用要求

标准气体应具有国家质量监督检验检疫总局批准的标准物质证书，并具备有效证书。

测量仪器必须经计量检定部门检定合格，并具备有效证书。

7.1.2.2 标准气体

应符合附录 A 的规定。

7.1.2.3 秒表

分辨力不大于 0.1 s。

7.1.2.4 绝缘电阻测试仪

输出电压 500V，准确度 10 级。

7.1.2.5 用计算机编程进行数据采集，用时间-数值曲线进行分析得到响应时间数据。数据采集的时间间隔不大于 1s。

7.2 检定项目和检定方法

表 6 检定项目一览表

检定项目	首次检定	后续检定	使用中检验
外观及通电检查	+	+	+
示值允许误差	+	+	+
稳定性	+	+	–
重复性	+	+	+
响应时间	+	–	–
绝缘电阻测定	+	–	–
注：1 表中“+”表示应检项目，“–”表示可不检项目。 2 型式评价参照附录 E 执行。			

7.2.1 外观及通电检查

通过目测和功能操作进行。

7.2.2 示值允许误差

7.2.2.1 接通电源，按测试仪说明书规定的时间预热测试仪。

7.2.2.2 预热完成后启动气泵，调好测试仪的零位后将气泵关闭。

7.2.2.3 向测试仪通入符合附录 A 表 A1 中规定的 4 号标准气体，调整测试仪的示值，使其与标准气体的标称值相符。

7.2.2.4 依次向测试仪通入符合附录 A 表 A1 中规定的 1 号、2 号、3 号和 4 号标准气体，待示值稳定后，记录测试仪相应示值。共测量 3 次。

7.2.2.5 按公式（1）和（2）计算示值误差。

$$\Delta_i = \overline{x}_{di} - x_s \tag{1}$$

$$\delta_i = \frac{\overline{x}_{di} - x_s}{x_s} \times 100\% \tag{2}$$

式中：Δ_i——第 i 检定点的示值绝对误差；

$\overline{x}_{di}$—— 第 i 检定点 3 次测量结果的平均值；

x_s——标准气体的标称值；

δ_i——第 i 检定点的示值相对误差。

7.2.3 零位漂移和示值漂移

7.2.3.1 测试仪完成预热后启动气泵，通入清洁的空气。对测试仪进行零位调整后，记录测试仪相应示值。

7.2.3.2 关闭气泵，向测试仪通入符合附录 A 表 A1 中规定的 3 号标准气体。待示值稳定后，记录测试仪相应示值。

7.2.3.3 重新启动气泵，使测试仪继续运行。每隔 15 min 记录 1 次零位示值和通入标准气体时测试仪示值。零位示值应在开泵时读取，通入标准气体时应先关闭气泵。

7.2.3.4 按公式（3）计算 HC、CO、CO_2、NO 零位漂移的绝对误差，按公式（4）计算

O_2零位漂移的相对误差。按公式（5）和（6）计算各通道示值漂移的绝对误差和示值漂移的相对误差。

$$\Delta Z_j = Z_j - Z_0 \tag{3}$$

式中：ΔZ_j——第 j 次零位漂移的绝对误差；

Z_j——第 j 次的零位示值；

Z_0——检定开始时的零位示值。

$$\delta Z_j = \frac{Z_j - Z_0}{Z_0} \times 100\% \tag{4}$$

式中：δZ_j——第 j 次的零位漂移的相对误差。

$$\Delta S_j = (M_j - Z_j) - (M_0 - Z_0) \tag{5}$$

式中：ΔS_j——第 j 次示值漂移的绝对误差；

M_j——第 j 次通入标准气体时测试仪的示值；

M_0——检定开始时，通入标准气体时测试仪的示值。

$$\delta S_j = \frac{(M_j - Z_j) - (M_0 - Z_0)}{(M_0 - Z_0)} \tag{6}$$

式中：δS_j—— 第 j 次示值漂移的相对误差。

7.2.4　重复性

7.2.4.1　启动气泵，通入清洁的空气，对测试仪进行零位调节。

7.2.4.2　关闭气泵。通入按附录 A 表 A1 规定的 1 号标准气体，待示值稳定后，记录测试仪相应示值。重复上述操作 6 次。

7.2.4.3　按公式（7）和（8）计算重复性。

$$s_A = \sqrt{\frac{1}{n-1}\sum_{i=1}^{n}(x_i - \overline{x})^2} \times 100\% \tag{7}$$

式中：s_A——重复性（以实验标准偏差表示）；

x_i——第 i 次通入标准气体时的示值；

$\overline{x}$——6 次测量值的算术平均值；

n——检定的次数，$n = 6$。

$$s_a = \frac{s_A}{\overline{x}} \times 100\% \tag{8}$$

式中：s_a—— 重复性（以相对标准偏差表示）。

7.2.5　响应时间

7.2.5.1　接通电源，按测试仪说明书规定的时间预热测试仪，对测试仪进行调零和示值调整。用流量计测量测试仪的采样流量。

7.2.5.2　如图 1 所示，连接标准气体钢瓶、减压阀、节流阀、流量计、三通接头、气袋及 5 米采样管等。开启标准气体钢瓶的阀门，先给电磁阀通电，再启动气泵。调节流量计的节流阀，使通入的标准气体的流量能够维持图 1 中的气囊不要处于真空，也不要充盈。待测试仪示值稳定后，记下各通道的示值。断开电磁阀电源，使清洁空气通入测试仪，调零。重新打开钢瓶阀门，然后给电磁阀通电，使标准气体进入测试仪。同时，用秒表分别测量从电磁阀接通至测试仪各通道的示值达到其稳定值的90%时的时间间隔。记录秒表的读数。

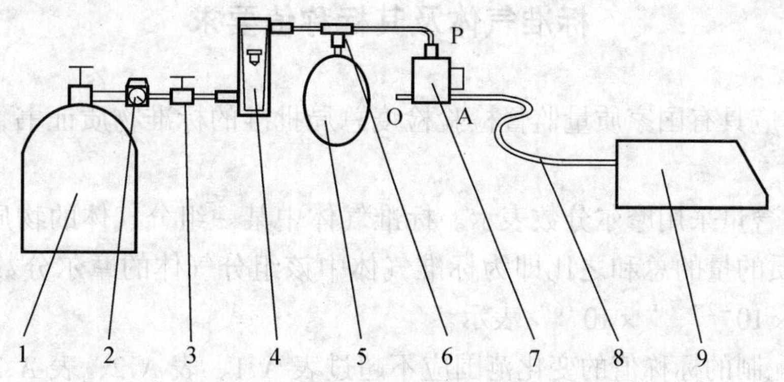

图1 响应时间检定装置

1—标准气体钢瓶；2—减压阀；3—节流阀；4—流量计；5—气囊；
6—三通接头；7—二位三通电磁阀；8—5米采样管；9—测试仪

7.2.5.3 重复7.2.5.2的操作2次，并计算3次测量结果的算术平均值。

7.2.6 绝缘电阻测定

对于直接使用交流电供电的测试仪，使测试仪处于非工作状态，电源开关置于接通位置。用绝缘电阻表在测试仪电源插头的相、中线端与机壳或保护接地端之间施加500 V直流电压，稳定5 s后测量测试仪的绝缘电阻值。

7.3 检定结果的处理

经检定合格的测试仪，发给检定证书；检定不合格的测试仪，发给检定结果通知书，并注明不合格项目。

7.4 检定周期

汽车排放气体测试仪的检定周期一般不超过一年。在此期间内，测试仪经修理后按首次检定规定进行。

附录 A

标准气体及其标称值要求

A.1 标准气体应具有国家质量监督检验检疫总局批准的标准物质证书，并应在有效期内使用。

A.2 标准气体含量采用摩尔分数表示。标准气体中某一组分气体的物质的量与标准气体中各组分物质的量的总和之比即为标准气体中该组分气体的摩尔分数。其量纲为 1，通常用“%或$\times 10^{-2}$”、“$\times 10^{-6}$”表示。

标准气体配制的标称值的变化范围应不超过表 A.1、表 A.2、表 A.3 所规定标准值的 ±15%。

A.3 按照检定规程对测试仪的计量性能规定，要求氮中丙烷标准气体、氮中一氧化碳标准气体、氮中二氧化碳标准气体、氮中氧气标准气体的标称值的扩展不确定度应不大于 1%，氮中一氧化氮标准气体的扩展不确定度应不大于 2%。

A.4 示值允许误差、重复性和示值漂移检定用标准气体的标准值见表 A.1，按照实际需要可以配制成单组分标准气体或多组分标准气体，但不允许气体之间发生反应。

表 A.1 示值允许误差、重复性和示值漂移检定用标准气体的标准值

气体名称	1号	2号	3号	4号
	物质的摩尔分数			
氮中丙烷气体标准物质	200×10^{-6}	960×10^{-6}	1920×10^{-6}	3200×10^{-6}
氮中一氧化碳气体标准物质	0.5×10^{-2}	2.4×10^{-2}	4.8×10^{-2}	8.0×10^{-2}
氮中二氧化碳气体标准物质	3.6×10^{-2}	6.0×10^{-2}	7.2×10^{-2}	12.0×10^{-2}
氮中氧气气体标准物质	0.5×10^{-2}	5×10^{-2}	10×10^{-2}	20.9×10^{-2}
氮中一氧化氮气体标准物质	300×10^{-6}	900×10^{-6}	1800×10^{-6}	3000×10^{-6}

A.5 测试仪响应时间检定用标准气体见表 A.2。

表 A.2 响应时间检定用标准气体的标准值

气体名称	物质的摩尔分数
氮中丙烷气体标准物质	1920×10^{-6}
氮中一氧化碳气体标准物质	4.8×10^{-2}
氮中二氧化碳气体标准物质	12.0×10^{-2}
氮中氧气气体标准物质	0.5×10^{-2}
氮中一氧化氮气体标准物质	900×10^{-6}

A.6 进行丙烷/正己烷当量系数（P.E.F）试验时采用的标准气体见表 A.3。

表 A.3 丙烷/正己烷当量系数（P.E.F）试验用标准气体的标准值

气体名称	1号	2号
	物质的摩尔分数	
氮中丙烷气体标准物质	200×10^{-6}	2000×10^{-6}
氮中正己烷气体标准物质	100×10^{-6}	1000×10^{-6}

A.7 检定过程中对测试仪调零应按照实际需要采用纯度不低于99.99%的高纯氮气、含氧量为（20.9%±0.1%）的配制空气或清洁空气。

附录 B

汽车排放气体测试仪检定记录

送检单位：________________仪器名称：________________
型号规格：________________制 造 厂：________________
出厂编号：________________环境温度：______℃ 相对湿度：______%
测试仪的丙烷/正己烷当量系数（P.E.F）：________________
检定结论：________________

1 外 观

2 示值误差

气体种类	标准值	测量值			平均值	示值误差	
		1	2	3		绝对误差	相对误差
HC ($\times 10^{-6}$)							
CO ($\times 10^{-2}$)							
CO_2 ($\times 10^{-2}$)							
O_2 ($\times 10^{-2}$)							
NO ($\times 10^{-6}$)							

3　稳定性

时间		0min	15min	30min	45min	60min	最大绝对漂移	最大相对漂移
HC $(\times10^{-6})$	Z_i						ΔZ_{max} =	——
	M_i						ΔS_{max} =	δS_{max} = %
CO $(\times10^{-2})$	Z_i						ΔZ_{max} =	——
	M_i						ΔS_{max} =	δS_{max} = %
CO_2 $(\times10^{-2})$	Z_i						ΔZ_{max} =	——
	M_i						ΔS_{max} =	δS_{max} = %
O_2 $(\times10^{-2})$	Z_i						ΔZ_{max} =	——
	M_i						ΔS_{max} =	δS_{max} = %
NO $(\times10^{-6})$	Z_i						ΔZ_{max} =	——
	M_i						ΔS_{max} =	δS_{max} = %

4　重复性

气体种类	测量值						平均值	标准偏差	相对标准偏差
	1	2	3	4	5	6			
HC $(\times10^{-6})$									
CO $(\times10^{-2})$									
CO_2 $(\times10^{-2})$									
O_2 $(\times10^{-2})$									
NO $(\times10^{-6})$									

5　响应时间

气体种类	测量值（s）			平均值（s）
	1	2	3	
HC $(\times10^{-6})$				
CO $(\times10^{-2})$				
CO_2 $(\times10^{-2})$				
O_2 $(\times10^{-2})$				
NO $(\times10^{-6})$				

6　绝缘电阻：＿＿＿＿＿＿＿＿＿＿MΩ

检定员：　　　　　　　　　核验员：　　　　　　　　　检定日期：

附录 C

检定证书内页格式

<table>
<tr><th>序号</th><th>检定项目</th><th colspan="2">检定结果</th><th>技术指标</th></tr>
<tr><td>1</td><td>外 观</td><td colspan="2"></td><td></td></tr>
<tr><td rowspan="7">2</td><td colspan="4">示值允许误差</td></tr>
<tr><td>通 道</td><td>绝对误差</td><td>相对误差</td><td></td></tr>
<tr><td>HC</td><td></td><td></td><td></td></tr>
<tr><td>CO</td><td></td><td></td><td></td></tr>
<tr><td>CO_2</td><td></td><td></td><td></td></tr>
<tr><td>NO</td><td></td><td></td><td></td></tr>
<tr><td>O_2</td><td></td><td></td><td></td></tr>
<tr><td rowspan="7">3</td><td colspan="4">重复性</td></tr>
<tr><td>通 道</td><td></td><td></td><td></td></tr>
<tr><td>HC</td><td></td><td></td><td></td></tr>
<tr><td>CO</td><td></td><td></td><td></td></tr>
<tr><td>CO_2</td><td></td><td></td><td></td></tr>
<tr><td>NO</td><td></td><td></td><td></td></tr>
<tr><td>O_2</td><td></td><td></td><td></td></tr>
<tr><td rowspan="7">4</td><td colspan="4">零位漂移</td></tr>
<tr><td>通 道</td><td></td><td></td><td></td></tr>
<tr><td>HC</td><td></td><td></td><td></td></tr>
<tr><td>CO</td><td></td><td></td><td></td></tr>
<tr><td>CO_2</td><td></td><td></td><td></td></tr>
<tr><td>NO</td><td></td><td></td><td></td></tr>
<tr><td>O_2</td><td></td><td></td><td></td></tr>
<tr><td rowspan="7">5</td><td colspan="4">示值漂移</td></tr>
<tr><td>通 道</td><td></td><td></td><td></td></tr>
<tr><td>HC</td><td></td><td></td><td></td></tr>
<tr><td>CO</td><td></td><td></td><td></td></tr>
<tr><td>CO_2</td><td></td><td></td><td></td></tr>
<tr><td>NO</td><td></td><td></td><td></td></tr>
<tr><td>O_2</td><td></td><td></td><td></td></tr>
<tr><td>6</td><td>绝缘电阻</td><td colspan="2"></td><td></td></tr>
</table>

附录 D

检定结果通知书内页格式

序号	检定项目	检定结果		技术指标
1	外 观			
2	示值允许误差			
	通 道	绝对误差	相对误差	
	HC			
	CO			
	CO_2			
	NO			
	O_2			
3	重复性			
	通 道			
	HC			
	CO			
	CO_2			
	NO			
	O_2			
4	零位漂移			
	通 道			
	HC			
	CO			
	CO_2			
	NO			
	O_2			
5	示值漂移			
	通 道			
	HC			
	CO			
	CO_2			
	NO			
	O_2			
6	绝缘电阻			

不合格项目:

附录 E

型式评价相关项目的试验方法

E.1 非被测气体的干扰影响试验

E.1.1 接通电源，按测试仪说明书规定的时间预热测试仪。启动气泵，通入清洁的空气进行调零。

E.1.2 关闭气泵，从测试仪标准气体入口通入非被测干扰标准气体，测试仪测量标准气体的时间不少于 1 min，记录测试仪各通道的示值。

E.1.3 用导管将含饱和水蒸气的热空气发生器的出口和测试仪进气口连接起来，然后开泵，抽入含饱和水蒸气的热空气，测试仪测量热空气的时间不少于 1 min，记录测试仪各通道的示值。

E.2 测试仪取样系统的气密性试验

E.2.1 按图 E.1 所示连接好测量系统，启动气泵，并使电磁阀处于导通状态，待压力表的示值超过 – 11.768 kPa 时再关闭气泵和电磁阀。压力表的示值稳定后，记录示值。5 min后再读取压力表的示值，计算压力表两次示值之差。

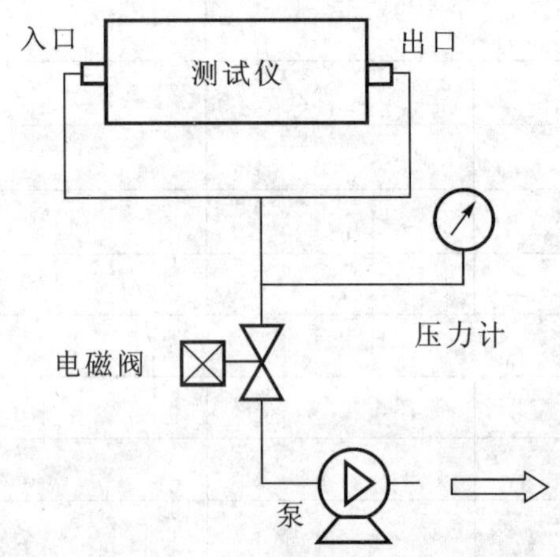

图 E.1 排气取样系统的气密性试验装置

E.3 流量敏感性试验

E.3.1 接通电源，按测试仪说明书规定的时间预热测试仪，对测试仪进行调零和示值调整。

E.3.2 按产品标准的规定选择标准气体。如图 E.2 所示，连接标准气体钢瓶、减压阀、节流阀、三通接头、气囊和流量计，并用导管将流量计的出口与测试仪取样口连接起来。

E.3.3 打开钢瓶的阀门，关闭测试仪气泵，使标准气体流入气囊。待气囊内有标准气体但不充满时重新开泵。

E.3.4 调节流量计上的节流阀，使标准气体的流量为 4 L/min，并注意调节标准气体进入气囊的流量，使气囊始终保持有标准气体但不充满的状态。待测试仪示值稳定后，记录其示值。

E.3.5 调节流量计上的节流阀，使标准气体的流量为 2 L/min，并注意调节标准气体进入气囊的流量，使气囊始终保持有标准气体但不充满的状态。待测试仪的示值稳定后，记录其示值。

E.3.6 重复 E.3.4 和 E.3.5 的操作 2 次。记录 3 次数据。

E.3.7 按公式 E.1 和 E.2 计算测试仪示值变化量。

$$\Delta_f = \left|\overline{x}_{4L} - \overline{x}_{2L}\right| \tag{E.1}$$

$$\delta_f = \frac{\left|\overline{x}_{4L} - \overline{x}_{2L}\right|}{\overline{x}_{4L}} \times 100\% \tag{E.2}$$

式中：Δ_f——流量敏感性的绝对变化量；

δ_f——流量敏感性的相对变化量；

$\overline{x}_{4L}$——4 L/min 流量时的 3 次测量结果的平均值；

$\overline{x}_{2L}$——2 L/min 流量时的 3 次测量结果的平均值。

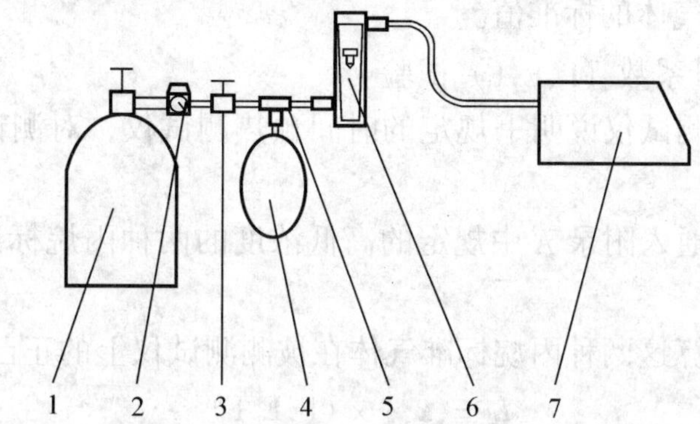

图 E.2 流量敏感性检定和样气低流量警告指示试验装置

1—标准气体钢瓶；2—减压阀；3—节流阀；4—气囊；
5—三通接头；6—流量计；7—被测测试仪

E.4 样气低流量警告指示试验

E.4.1 接通电源，按测试仪说明书规定的时间预热测试仪。

E.4.2 使用图 E.2 中的试验装置，将流量计上的节流阀开到最大，并注意使气囊始终保持有标准气体但不充满的状态，测试仪处于开泵状态。待测试仪示值稳定后，记录测试仪示值。

E.4.3 调节流量计上的节流阀，逐渐减小标准气体进入测试仪的流量，直到测试仪各通道的示值与 E.4.2 相应示值之差等于该通道的示值允许误差的模的 1/2 时，停止调节。检查样气低流量警告指示是否出现。

E.4.4 使标准气体的流量恢复到 E.4.2 时的大小，然后再调节流量计上的节流阀，逐渐减小标准气体的流量，同时进行响应时间检定，直到测试仪各通道的响应时间大于测试仪产品标准的规定值时停止调节。检查样气低流量警告指示是否出现。

E.5 HC 气体的残留物

E.5.1 接通电源，按测试仪说明书规定的时间预热测试仪，调节测试仪零位。

E.5.2 用测试仪对车辆的排气取样，取样时间不少于 5 min，车辆的排气应含有约 5×10^{-2}的 CO 和 $600\times10^{-6}\sim700\times10^{-6}$的 HC。

E.5.3　取样后立即将取样探头放置在清洁的空气中，HC示值尚未回落到20×10^{-6}时，检查测试仪是否能自动锁定，终止测量，并观察测试仪的HC示值最终是否能回落到20×10^{-6}以下。对00级测试仪，记录HC示值回落到20×10^{-6}所需时间。

E.5.4　HC的示值回落到20×10^{-6}以下后，向测试仪通入符合附录A表A.1中规定的标准气体，记录测试仪示值。

E.5.5　按公式E.3和E.4计算测试仪示值误差。

$$\Delta_i = \overline{x}_{di} - x_{\mathrm{s}} \tag{E.3}$$

$$\delta_i = \frac{\overline{x}_{di} - x_{\mathrm{s}}}{x_{\mathrm{s}}} \times 100\% \tag{E.4}$$

式中：Δ_i——第i试验点的示值绝对误差；

δ_i——第i试验点的示值相对误差；

$\overline{x}_{di}$——第i试验点3次测量结果的平均值；

x_{s}——HC标准气体的标准值。

E.6　丙烷/正己烷当量系数（P.E.F）试验

E.6.1　接通电源，按测试仪说明书规定的时间预热测试仪，对测试仪进行调零和示值调整。

E.6.2　分别向测试仪通入附录A中规定的高低浓度的两种丙烷标准气体，记录测试仪的相应示值。

E.6.3　按公式E.5计算这两种丙烷标准气体在被测测试仪上的正己烷当量标称值。

$$I_i = x_{\mathrm{sp}i} \times (\mathrm{P.E.F}) \tag{E.5}$$

式中：I_i——丙烷标准气体的正己烷当量标称值，$\times10^{-6}$，$i = 1, 2$；

$x_{\mathrm{sp}i}$——丙烷标准气体的标称值，$\times10^{-6}$，$i = 1, 2$；

P.E.F——测试仪上标明的丙烷/正己烷当量系数。

E.6.4　按公式E.6计算通入两种丙烷标准气体时测试仪的绝对示值误差。

$$\Delta_{pi} = x_{pi} - I_i \tag{E.6}$$

式中：Δ_{pi}——通入丙烷标准气体时测试仪的绝对示值误差，$\times10^{-6}$，$i = 1, 2$；

x_{pi}——通入丙烷标准气体时测试仪的示值，$\times10^{-6}$，$i = 1, 2$。

E.6.5　分别向测试仪通入附录A中规定的高低浓度的两种正己烷标准气体，记录测试仪的相应示值。

E.6.6　按公式E.7计算通入正己烷标准气体时测试仪的绝对示值误差。

$$\Delta_{hi} = x_{hi} - x_{shi} \tag{E.7}$$

式中：Δ_{hi}——通入正己烷标准气体时测试仪的绝对示值误差，$\times10^{-6}$，$i = 1, 2$；

x_{hi}——通入正己烷标准气体时测试仪的示值，$\times10^{-6}$，$i = 1, 2$；

x_{shi}——正己烷标准气体的标称值，$\times10^{-6}$，$i = 1, 2$。

E.6.7　按公式E.8计算测试仪通入丙烷标准气体时的绝对示值误差与通入相应正己烷标准气体时的绝对示值误差之差。

$$\Delta_{\Delta} = \Delta_{pi} - \Delta_{hi} \tag{E.8}$$

式中：Δ_{Δ}——测试仪通入丙烷标准气体时的绝对示值误差与通入相应正己烷标准气体时的绝对示值误差之差，$i=1, 2$。

E.7 预热时间试验

E.7.1 测试仪保持不通电的状态，在试验条件下放置 2 h 以上，直到测试仪达到热平衡为止。

E.7.2 按测试仪产品标准的规定，对测试仪进行预热、调零和示值调整。然后至少再断电 6 h。

E.7.3 接通测试仪电源，记录从电源接通到测试仪预热完成后可以开始测量的时间间隔。预热完成后检查测试仪是否有不能进入测量状态或不能显示示值的情况。在尚未完成预热时，检查 00 级、0 级和Ⅰ级测试仪是否能锁定测量功能并且不显示示值。

E.7.4 预热完成后，立即记录测试仪的零位示值。然后向测试仪通入符合附录 A 表 A.1 中的 1 号标准气体，记录测试仪各通道的相应示值。

E.7.5 预热完成后 2 min、5 min、15 min 时重复上述操作各 1 次。

E.7.6 记录上述四次试验中各通道的零位示值和通入标准气体时的示值。

E.7.7 按公式 E.9 和 E.10 计算各通道零位漂移的绝对误差和相对误差，按公式 E.11 和 E.12 计算各通道的示值漂移的绝对误差和相对误差。

$$\Delta Z_j = Z_j - Z_0 \tag{E.9}$$

式中：ΔZ_j——第 j 次零位漂移的绝对误差；

Z_j——第 j 次的零位示值；

Z_0——试验开始时的零位示值。

$$\delta Z_j = \frac{Z_j - Z_0}{Z_0} \times 100\% \tag{E.10}$$

式中：δZ_j——第 j 次的零位漂移的相对误差。

$$\Delta S_j = (M_j - Z_j) - (M_0 - Z_0) \tag{E.11}$$

式中：ΔS_j——第 j 次示值漂移的绝对误差；

M_j——第 j 次通入规定的各标准气体时测试仪的示值；

M_0——试验开始时，通入规定的各标准气体时测试仪的示值。

$$\delta S_j = \frac{(M_j - Z_j) - (M_0 - Z_0)}{(M_0 - Z_0)} \tag{E.12}$$

式中：δS_j——第 j 次示值漂移的相对误差。

E.8 电源电压变动试验

E.8.1 将测试仪置于 50 Hz，220 V ± 2 V 的电源下，按测试仪说明书规定的时间预热测试仪，对测试仪进行调零和示值调整。

E.8.2 向测试仪通入符合附录 A 中规定 3 号的标准气体，记录测试仪的相应示值。

E.8.3 在继续通入标准气体的情况下将电源电压调节到 198 V ± 2 V，记录测试仪的相应示值。

E.8.4 在继续通入标准气体的情况下将电源电压调节到 242 V ± 2 V，记录测试仪的相应示值。

E.8.5　按公式 E.13 和 E.14 计算测试仪示值误差。

$$\Delta = x' - x_{220V} \tag{E.13}$$

$$\delta = \frac{x' - x_{220V}}{x_{220V}} \times 100\% \tag{E.14}$$

式中：Δ——电压变动后示值变化的绝对变化量；

x'——电压变动后测试仪示值；

x_{220V}——电源电压为 220V 时测试仪示值；

δ——电压变动后示值变化的相对变化量。

E.9　温度试验

E.9.1　将测试仪分别置于 5℃和 40℃环境下 4 h 后，按测试仪说明书规定的时间预热测试仪，对测试仪进行预热、调零。

E.9.2　向测试仪通入符合附录 A 表 A.1 中规定的 4 号标准气体，调整测试仪的示值，使其与标准气体的标称值相符。

E.9.3　依次向测试仪通入符合附录 A 表 A.1 中规定的 1 号、2 号、3 号和 4 号标准气体，并记录测试仪相应示值，共测量 3 次。

E.9.4　按公式 E.3 和 E.4 计算测试仪示值误差。

E.10　湿热试验

E.10.1　将测试仪分别置于 40℃、85%RH 的环境下 4 h 后，按测试仪说明书规定的时间预热测试仪，对测试仪进行预热、调零。

E.10.2　向测试仪通入符合附录 A 表 A.1 中规定 4 号标准气体，调整测试仪的示值，使其与标准气体的标称值相符。

E.10.3　依次向测试仪通入符合附录 A 表 A.1 中规定的 1 号、2 号、3 号和 4 号标准气体，并记录测试仪相应示值，共测量 3 次。

E.10.4　按公式 E.3 和 E.4 计算测试仪示值误差。

附录 F

汽车排放气体测试仪示值误差测量结果的不确定度分析示范报告

F.1 测量方法

按照检定规程要求，在检定过程中利用与被检仪器测量气体相同种类的一系列标准气体对仪器的计量性能进行检定。其中示值误差是仪器的一个重要指标，按检定规程规定计算示值误差有两种方法：一种是绝对误差，另一种是相对误差。我们根据规程的要求分别对绝对误差或相对误差的扩展不确定度进行分析。

F.2 数学模型

F.2.1 示值绝对误差计算公式

$$\Delta = \overline{x} - x_s \tag{F.1}$$

式中：Δ——示值误差；

$\overline{x}$——仪器 3 次读数的平均值；

x_s——标准气体的标称值。

F.2.2 示值相对误差计算公式

$$\delta_i = \frac{\overline{x} - x_s}{x_s} \tag{F.2}$$

式中：δ_i——示值相对误差；

$\overline{x}$——仪器 3 次读数的平均值；

x_s——标准气体的标称值。

F.3 示值误差的方差公式及灵敏系数

$$u_c^2(\Delta) = c^2(\overline{x}) \cdot u^2(\overline{x}) + c^2(x_s) \cdot u^2(x_s)$$

$$c(\overline{x}) = 1$$

$$c(x_s) = -1$$

$$u_c^2(\Delta) = u^2(\overline{x}) + u^2(x_s)$$

F.4 计算示值误差的扩展不确定度

F.4.1 仪器测量值的标准不确定度分量 $u(\overline{x})$ 的分析及计算

用氮中丙烷标准气体、氮中一氧化碳标准气体、氮中二氧化碳标准气体、氮中氧气标准气体和氮中一氧化氮标准气体检定汽车排放气体测试仪的示值误差，按规程要求需要计算绝对误差和相对误差，为计算方便我们以氮中丙烷标准气体、氮中一氧化碳标准气体、氮中二氧化碳标准气体、氮中氧气标准气体和氮中一氧化氮标准气体各一个浓度的标准气体检定仪器为例。

汽车排放气体测试仪测量值的不确定度分量包括测量重复性的标准偏差和读数分辨力的量化误差。

F.4.1.1 测量重复性引入的标准不确定度 $u_1(\overline{x})$

用汽车排放气体测试仪测量一定摩尔分数的氮中丙烷标准气体、氮中一氧化碳标准气体、氮中二氧化碳标准气体、氮中氧气标准气体和氮中一氧化氮标准气体，测得数据见表 F.1：

表 F.1 测量结果

标准值		物质的摩尔分数的测量值					
HC	110×10^{-6}	112×10^{-6}	110×10^{-6}	111×10^{-6}	112×10^{-6}	111×10^{-6}	112×10^{-6}
CO	0.50×10^{-2}	0.52×10^{-2}	0.52×10^{-2}	0.51×10^{-2}	0.52×10^{-2}	0.52×10^{-2}	0.51×10^{-2}
CO_2	6.0×10^{-2}	6.0×10^{-2}	6.1×10^{-2}	6.0×10^{-2}	6.1×10^{-2}	6.0×10^{-2}	6.0×10^{-2}
O_2	5.0×10^{-2}	5.1×10^{-2}	5.0×10^{-2}	5.1×10^{-2}	4.9×10^{-2}	5.0×10^{-2}	5.0×10^{-2}
NO	316×10^{-6}	330×10^{-6}	332×10^{-6}	329×10^{-6}	330×10^{-6}	332×10^{-6}	331×10^{-6}

$$s_{n-1(\mathrm{HC})} = 0.82\times10^{-6}$$
$$s_{n-1(\mathrm{CO})} = 5.2\times10^{-5}$$
$$s_{n-1(\mathrm{CO_2})} = 5.2\times10^{-4}$$
$$s_{n-1(\mathrm{O_2})} = 7.5\times10^{-4}$$
$$s_{n-1(\mathrm{NO})} = 1.2\times10^{-6}$$

检定规程规定实际检定中重复测量 3 次，取其平均值，所以：

$$u_{1(\mathrm{HC})}(\overline{x}) = s_{n-1(\mathrm{HC})}/\sqrt{3} = 0.82\times10^{-6}/\sqrt{3} = 0.47\times10^{-6}$$
$$u_{1(\mathrm{CO})}(\overline{x}) = s_{n-1(\mathrm{CO})}/\sqrt{3} = 5.2\times10^{-5}/\sqrt{3} = 3.0\times10^{-5}$$
$$u_{1(\mathrm{CO_2})}(\overline{x}) = s_{n-1(\mathrm{CO_2})}/\sqrt{3} = 5.2\times10^{-4}/\sqrt{3} = 3.0\times10^{-4}$$
$$u_{1(\mathrm{O_2})}(\overline{x}) = s_{n-1(\mathrm{O_2})}/\sqrt{3} = 7.5\times10^{-4}/\sqrt{3} = 4.3\times10^{-4}$$
$$u_{1(\mathrm{NO})}(\overline{x}) = s_{n-1(\mathrm{NO})}/\sqrt{3} = 1.2\times10^{-6}/\sqrt{3} = 6.9\times10^{-7}$$

F.4.1.2 仪器读数分辨力引入的标准不确定度 $u_2(\overline{x})$

仪器测量 HC，CO，CO_2，O_2，NO 时读数的最小值分别为：HC，1×10^{-6}；CO，0.01×10^{-2}；CO_2，0.1×10^{-2}；O_2，0.1×10^{-2}；NO，1×10^{-6}，则其引起的标准不确定度为：

$$u_{2(\mathrm{HC})}(\overline{x}) = 0.29\times1\times10^{-6} = 2.9\times10^{-7}$$
$$u_{2(\mathrm{CO})}(\overline{x}) = 0.29\times0.01\times10^{-2} = 2.9\times10^{-5}$$
$$u_{2(\mathrm{CO_2})}(\overline{x}) = 0.29\times0.1\times10^{-2} = 2.9\times10^{-4}$$
$$u_{2(\mathrm{O_2})}(\overline{x}) = 0.29\times0.1\times10^{-2} = 2.9\times10^{-4}$$
$$u_{2(\mathrm{NO})}(\overline{x}) = 0.29\times1\times10^{-6} = 2.9\times10^{-7}$$

F.4.1.3 仪器测量值的标准不确定度 $u(\overline{x})$

$$u^2_{(\mathrm{HC})}(\overline{x}) = (0.47\times10^{-6})^2 + (2.9\times10^{-7})^2 = 3.05\times10^{-12}$$
$$u_{(\mathrm{HC})}(\overline{x}) = 0.55\times10^{-6}$$

$$u_{(CO)}^2(\overline{x}) = (3.0\times10^{-5})^2 + (2.9\times10^{-5})^2 = 1.74\times10^{-9}$$

$$u_{(CO)}(\overline{x}) = 4.2\times10^{-5}$$

$$u_{(CO_2)}^2(\overline{x}) = (3.0\times10^{-4})^2 + (2.9\times10^{-4})^2 = 1.7\times10^{-7}$$

$$u_{(CO_2)}(\overline{x}) = 4.1\times10^{-4}$$

$$u_{(O_2)}^2(\overline{x}) = (4.3\times10^{-4})^2 + (2.9\times10^{-4})^2 = 2.7\times10^{-7}$$

$$u_{(O_2)}(\overline{x}) = 5.2\times10^{-4}$$

$$u_{(NO)}^2(\overline{x}) = (6.9\times10^{-7})^2 + (2.9\times10^{-7})^2 = 5.6\times10^{-13}$$

$$u_{(NO)}(\overline{x}) = 7.5\times10^{-7}$$

F.4.2 $u(x_s)$ 标准气体标称值的标准不确定度

标准气体是由国家标准物质研究中心定值，其中氮中 C_3H_8标准气体、氮中 CO 标准气体、氮中 CO_2标准气体、氮中 O_2标准气体相对扩展不确定度为 1%，氮中 NO 标准气体相对扩展不确定度为 2%。正态分布，$k=3$。

$$u_{(HC)}(x_s) = 110\times10^{-6}\times1\%/3 = 3.7\times10^{-7}$$

$$u_{(CO)}(x_s) = 0.50\times10^{-2}\times1\%/3 = 1.7\times10^{-5}$$

$$u_{(CO_2)}(x_s) = 6.0\times10^{-2}\times1\%/3 = 2.0\times10^{-4}$$

$$u_{(O_2)}(x_s) = 5.0\times10^{-2}\times1\%/3 = 1.7\times10^{-4}$$

$$u_{(NO)}(x_s) = 316\times10^{-6}\times2\%/3 = 2.2\times10^{-6}$$

F.5 标准不确定度分量一览表

标准不确定度分量一览表见表 F.2。

表 F.2 标准不确定度分量一览表

标准不确定度分量	不确定度来源	标准不确定度值 $u(x_i)$	$c_i=\partial f/\partial x_i$	$u_i=\lvert c_i\rvert\cdot u(x_i)$
$u_{HC}(\overline{x})$	3 次 HC 测量结果平均值的不确定度	5.5×10^{-7}	1	0.55×10^{-6}
$u_{1HC}(\overline{x})$	HC 测量重复性的标准偏差	4.7×10^{-7}	1	0.47×10^{-6}
$u_{2HC}(\overline{x})$	仪器 HC 读数分辨率的量化误差	2.9×10^{-7}	1	2.9×10^{-7}
$u_{HC}(x_s)$	HC 标准物质的不确定度	3.7×10^{-7}	−1	3.7×10^{-7}
$u_{CO}(\overline{x})$	3 次 CO 测量结果平均值的不确定度	4.2×10^{-5}	1	4.2×10^{-5}

表 F.2（续）

标准不确定度分量	不确定度来源	标准不确定度值 $u(x_i)$	$c_i=\partial f/\partial x_i$	$u_i=\|c_i\|\cdot u(x_i)$
$u_{1(CO)}(\overline{x})$	CO 测量重复性的标准偏差	3.0×10^{-5}	1	3.0×10^{-5}
$u_{2(CO)}(\overline{x})$	仪器 CO 读数分辨率的量化误差	2.9×10^{-5}	1	2.9×10^{-5}
$u_{(CO)}(x_s)$	CO 标准物质的不确定度	1.7×10^{-5}	-1	1.7×10^{-5}
$u_{(CO_2)}(\overline{x})$	3 次 CO_2 测量结果平均值的不确定度	4.2×10^{-4}	1	4.2×10^{-4}
$u_{1(CO_2)}(\overline{x})$	CO_2 测量重复性的标准偏差	3.0×10^{-4}	1	3.0×10^{-4}
$u_{2(CO_2)}(\overline{x})$	仪器 CO_2 读数分辨率的量化误差	2.9×10^{-4}	1	2.9×10^{-4}
$u_{(CO_2)}(x_s)$	CO_2 标准物质的不确定度	2.0×10^{-4}	-1	2.0×10^{-4}
$u_{(O_2)}(\overline{x})$	3 次 O_2 测量结果平均值的不确定度	5.2×10^{-4}	1	5.2×10^{-4}
$u_{1(O_2)}(\overline{x})$	O_2 测量重复性的标准偏差	4.3×10^{-4}	1	4.3×10^{-4}
$u_{2(O_2)}(\overline{x})$	仪器 O_2 读数分辨率的量化误差	2.9×10^{-4}	1	2.9×10^{-4}
$u_{(O_2)}(x_s)$	O_2 标准物质的不确定度	1.7×10^{-4}	-1	1.7×10^{-4}
$u_{(NO)}(\overline{x})$	3 次 NO 测量结果平均值的不确定度	7.5×10^{-7}	1	7.5×10^{-7}
$u_{1(NO)}(\overline{x})$	NO 测量重复的标准偏差	6.9×10^{-7}	1	6.9×10^{-7}
$u_{2(NO)}(\overline{x})$	仪器 NO 读数分辨率的量化误差	2.9×10^{-7}	1	2.9×10^{-7}
$u_{(NO)}(\overline{x}_s)$	NO 标准物质的不确定度	2.2×10^{-6}	-1	2.2×10^{-6}

F.6 合成标准不确定度

$$u_{c(HC)}(\Delta) = \sqrt{(0.55 \times 10^{-6})^2 + (3.7 \times 10^{-7})^2} = 6.6 \times 10^{-7}$$

$$u_{c(CO)}(\Delta) = \sqrt{(4.2 \times 10^{-5})^2 + (1.7 \times 10^{-5})^2} = 4.5 \times 10^{-5}$$

$$u_{c(CO_2)}(\Delta) = \sqrt{(4.2 \times 10^{-4})^2 + (2.0 \times 10^{-4})^2} = 4.7 \times 10^{-4}$$

$$u_{c(O_2)}(\Delta) = \sqrt{(5.2 \times 10^{-4})^2 + (1.7 \times 10^{-4})^2} = 5.5 \times 10^{-4}$$

$$u_{c(NO)}(\Delta) = \sqrt{(7.5 \times 10^{-7})^2 + (2.2 \times 10^{-6})^2} = 2.3 \times 10^{-6}$$

F.7 汽车排放气体测试仪的示值绝对误差的扩展不确定度

$$U = k \cdot u_c(\Delta) \qquad k = 2$$

$$U_{(HC)} = 2 \times (6.6 \times 10^{-7}) = 1.3 \times 10^{-6}$$

$$U_{(CO)} = 2 \times (4.5 \times 10^{-5}) = 0.9 \times 10^{-4}$$

$$U_{(CO_2)} = 2 \times (4.7 \times 10^{-4}) = 9.4 \times 10^{-4}$$

$$U_{(O_2)} = 2 \times (5.5 \times 10^{-4}) = 1.1 \times 10^{-3}$$

$$U_{(NO)} = 2 \times (2.3 \times 10^{-6}) = 4.6 \times 10^{-6}$$

F.8 汽车排放气体测试仪的示值相对误差的扩展不确定度

$$U = k \cdot u_c(\Delta) \qquad k = 2$$

$$U_{(HC)rel} = (1.3 \times 10^{-6}) \div (112 \times 10^{-6}) \times 100\% = 1.2\%$$

$$U_{(CO)rel} = (0.9 \times 10^{-4}) \div (0.50 \times 10^{-2}) \times 100\% = 1.8\%$$

$$U_{(CO_2)rel} = (9.4 \times 10^{-4}) \div (6.0 \times 10^{-2}) \times 100\% = 1.6\%$$

$$U_{(O_2)rel} = (1.1 \times 10^{-3}) \div (5.0 \times 10^{-2}) \times 100\% = 2.2\%$$

$$U_{(NO)rel} = (4.6 \times 10^{-6}) \div (316 \times 10^{-6}) \times 100\% = 1.4\%$$

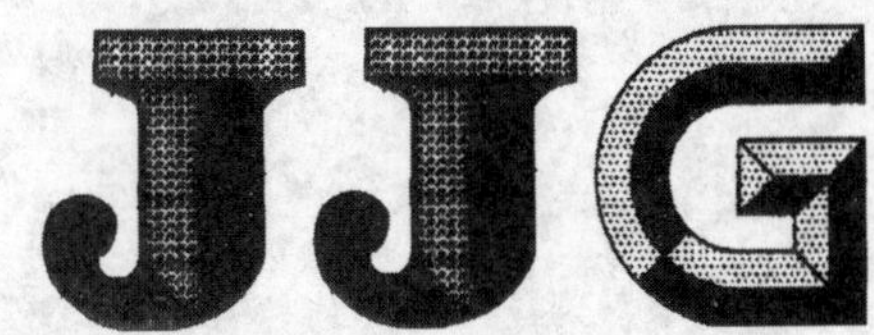

中华人民共和国国家计量检定规程

JJG 738—2005

出租汽车计价器标准装置

Standard Equipment for Taximeter

2005－04－28 发布　　2005－10－28 实施

国家质量监督检验检疫总局 发布

出租汽车计价器标准装置检定规程

1 范　围

本规程适用于各类出租汽车计价器标准装置的首次检定、后续检定和使用中检验。

2 引用文献

本规程引用下列文献：

OIML R21：1973《Taximeters》《出租汽车计价器》

JJG 517—1998《出租汽车计价器》

使用本规程时，应注意使用上述引用文献的现行有效版本。

3 术语和计量单位

3.1 出租汽车计价器的常数“*K*”

出租汽车计价器的常数“*K*”是表示计价器为正确指示 1 km 行程而必须接受的信号数，单位为转每公里（r/km）。

3.2 车辆的特征系数“*w*”

车辆的特征系数“*w*”是表示车辆每行驶 1 km 时输入计价器的信号数，单位为转每公里（r/km）。

该系数是随若干因素变化的函数：轮胎的磨损和压力，车辆行驶的条件和车辆的负载等，必须在车辆的标准试验条件下测量。

标准试验条件：车辆的载荷为两个成年人的重量，其中之一为司机。车辆轮胎充气至制造厂所规定的压力，并处于良好状态。

3.3 出租汽车计价器本机

未装车使用的出租汽车计价器。

3.4 出租汽车计价器使用误差

计价器装入车辆后，使用中的最大允许误差称为使用误差，它是计价器的常数“*K*”与车辆的特征系数“*w*”配合所产生的总误差。

4 概　述

出租汽车计价器标准装置（简称计价器标准装置）分为出租汽车计价器本机的检定标准装置（简称本机标准装置）和出租汽车计价器使用误差的检定标准装置（简称使用误差标准装置）。

4.1 本机标准装置

出租汽车计价器本机标准装置是检定出租汽车计价器本机所使用的标准设备。本机标准装置是转速源和计数器的组合，它与计价器联接后，能驱动计价器或其传感器的转轴旋转，并能同时计量转数。本机标准装置设有电脉冲发生器。

4.2 使用误差标准装置

出租汽车计价器使用误差标准装置是检定出租汽车计价器使用误差的标准设备。使用误差标准装置是模拟出租汽车在道路上行驶的状态设计成滚轮式结构，主滚轮周长应设计成 1m 整数以便于计算。由装置的电动机带动主滚轮旋转，主滚轮轴侧装有传感器，其电信号送至计数器计量主滚轮转数。检定装在出租汽车上的计价器时，由主滚轮带动汽车驱动轮转动。使用误差标准装置必须带有遥控开关，以便于操作。

5 计量性能要求

5.1 本机标准装置的技术指标

本机标准装置的技术指标应符合表 1 的规定。

表 1 本机标准装置技术指标

项 目		范 围	分辨力	误 差	重复性
转 数		0.1r ~ 99 999.9r	0.1r	（读数 × 0.1%） ± 0.1r	0.5r
转 速		50r/min ~ 1 500r/min	1r/min	（读数 × 0.5%） ± 1r/min	/
脉冲	计数	1 个脉冲 ~ 999 999 个脉冲	1 个脉冲	± 1 个脉冲	/
	频率	1Hz ~ 100Hz	1Hz	（读数 × 2%） ± 1Hz	/

5.2 使用误差标准装置的技术指标

使用误差标准装置的技术指标应符合表 2 的规定。

表 2 使用误差标准装置的技术指标

项 目	误 差	重复性
主滚轮周长	± 0.2%	/
主滚轮转数	（读数 × 0.1%） ± 1r	0.5r
车速	± 3km/h	/

5.3 计价器标准装置工作时噪声的技术要求

计价器标准装置工作时噪声应低于 85dB（A）。

5.4 采用计算机控制的计价器标准装置的技术要求

凡采用计算机控制的计价器标准装置应符合表 1 或表 2 的技术指标；同时应符合第 5.3 条要求。

6 通用技术要求

6.1 计价器标准装置的外观及附件要求

6.1.1 计价器标准装置的附件应齐全，并应有相应的使用说明书。

6.1.2 计价器标准装置必须标明生产厂家、商标、型号、出厂日期、器号。应有制造计量器具许可证标志及编号。

6.1.3　计价器标准装置的面板、功能键上应标汉字，字迹应工整清楚、含义明确。

6.1.4　计价器标准装置壳体表面不应有明显的凹痕、划伤、裂缝、变形等现象，表面涂镀层不应起泡、龟裂和脱落，金属零件不应有锈蚀及影响其正常工作和读数的机械损伤。

6.1.5　计价器标准装置的开关、按键操作应灵活可靠，各按键、旋钮应接触良好。零部件应紧固无松动。

6.1.6　计价器标准装置显示屏的字码应清晰醒目易于读数。

6.2　本机标准装置必须具备的功能

6.2.1　手动计数。

6.2.2　能顺时针、逆时针旋转。

6.2.3　转速连续可调。

6.2.4　单脉冲输出。

6.3　使用误差标准装置必须具备的功能

6.3.1　计数器能连续计数，并能随时显示距离的瞬时值。

6.3.2　具有车速显示器。

6.3.3　各种显示器亮度应均匀，在室内正常照明条件下，当操作者距离 3m 时，应能正确读数。

6.3.4　遥控开关应能控制电机的起动、停止。

6.3.5　遥控开关应能控制计数器显示并储存距离的瞬时值。

6.3.6　遥控开关与计数器连接的电缆线长度不得短于 5m。

6.3.7　使用无线遥控的标准装置其控制必须可靠，不得受外界电磁波的干扰。

6.3.8　滚轮应用无缝钢管制成，其调定动平衡用的重物必须焊牢。

6.3.9　滚轮起动时应平稳。

6.3.10　必须装有刹车装置，刹车时应同时切断电源。

7　计量器具控制

计量器具控制包括首次检定、后续检定和使用中检验。

7.1　检定条件

7.1.1　检定环境条件

7.1.1.1　环境温度（20±10）℃；湿度不大于 85%RH。

7.1.1.2　周围应无腐蚀性气液体、强电、磁场干扰，以及强烈的振动和冲击。

7.1.2　检定用设备应符合表 3 的要求。

7.2　检定项目和检定方法

7.2.1　检定项目见表 4。

7.2.2　外观和功能检查

7.2.2.1　以目测和通电法检查被检计价器标准装置外观，应符合本规程第 6.1 条的规定。

7.2.2.2　检查计价器标准装置的各部分功能，应符合本规程第 6.2 条或第 6.3 条的规定。

表 3　检定用设备

设备名称	主要技术指标
通用计数器	范围 1Hz ~ 10MHz；准确度优于 1×10^{-5}
转速测量仪	转速范围 50r/min ~ 10 000r/min；误差：（读数 × 0.2%） ± 1 个字 转数计数范围 1r ~ 999 999r；误差：（读数 × 0.01%） ± 1r 转数传感器分辨力 ≥ 10imp/r
专用千分尺	范围 300mm ~ 400mm；分度值 ± 0.01mm；示值误差 ± 0.01mm
声级计（A 计权）	2 型

表 4　检定项目

检定项目		首次检定	后续检定	使用中检验
	外观	+	+	−
	功能	+	+	+
本机标准装置	转数范围	+	−	−
	转数相对误差	+	+	+
	转数分辨力	+	−	−
	转数重复性	+	+	+
	转速范围	+	−	−
	转速相对误差	+	+	+
	转速分辨力	+	−	−
	脉冲计数范围	+	−	−
	脉冲计数相对误差	+	+	+
	脉冲频率范围	+	−	−
	脉冲频率相对误差	+	+	+
使用误差标准装置	主滚轮周长相对误差	+	+	−
	转数范围	+	−	−
	转数相对误差	+	+	+
	转数分辨力	+	−	−
	转数重复性	+	+	−
	车速误差	+	+	−
	工作噪声	+	−	−

注：表中“+”号为需检项目，“−”号为不需检项目。

7.2.3　本机标准装置转数的检定

7.2.3.1　检定前的准备

a）将转速测量仪按其说明书连接于被检标准装置转轴上，并确认没有滑动现象。

b）转数误差检定点的选择应从被检装置下限至上限按 1，2，5，10…间隔选取至少 10 点。

c）转数重复性检定点的选择应在被检装置转数范围内均匀选取 3 点。

7.2.3.2　检定方法

a）先将被检装置计数器和转速测量仪复零，启动被检装置马达并将其转速调至 500r/min，当被检装置计数器显示值接近检定点时，关闭马达用手动计数方式调至被检点。从转速测量仪上读取被检点的转数值。

b）观察转数分辨力应符合表 1 的规定。

c）被检点的转数相对误差按公式（1）计算，其结果应符合表 1 的规定。

$$\delta_r = \frac{r_1 - r_2}{r_2} \times 100\% \tag{1}$$

式中：δ_r——被检点转数相对误差，%；

r_1——被检装置转数值，r；

r_2——转速测量仪转数值，r。

d）重复性检定，对每个检定点按上方法检定 10 次。

e）按公式（2）计算重复性，其结果应符合表 1 的规定。

$$x_i = \sqrt{\frac{\sum_{i=1}^{n} v_i^2}{N-1}} \tag{2}$$

式中：x_i——重复性；

N——测量次数；

v_i——测量残差。

$$v_i = r_{1i} - \bar{r}$$

式中：r_{1i}——每次测量值；

$\bar{r}$——测量平均值。

$i = 1，2，3，\cdots，N$。

7.2.4　本机标准装置转速的检定

7.2.4.1　检定前的准备

a）将转速测量仪所附带的反光膜贴于被检转轴的适当位置，并确认正确接收信号。

b）在被检装置转速范围内均匀选取 3 个检定点。

7.2.4.2　检定方法

a）开启被检装置马达并调至被检点，从转速测量仪上读取实际值。

b）被检转速相对误差按公式（3）计算，其结果应符合表 1 的规定。

$$\delta_R = \frac{R_1 - R_2}{R_2} \times 100\% \tag{3}$$

式中：δ_R——被检转速相对误差，%；

R_1——被检装置转速值，r/min；

R_2——转速测量仪转速值，r/min。

7.2.4.3　转速分辨力的检定

a）检定点的选择

在 100r/min、2 000r/min、4 000r/min 3 个检定点进行转速分辨力的检定。在 100r/min 点应向高转速方向以分辨力设置，在 4 000r/min 点应向低转速方向以分辨力设置，在 2 000r/min 点可任意设置一分辨力转速值。

b）对新设置的 3 个转速点按 7.2.4.2 条方法，分别检定计算转速相对误差，均应符合表 1 的规定，转速分辨力应符合表 1 的规定。

7.2.5　本机标准装置电脉冲发生器的检定

7.2.5.1　脉冲计数的检定

a）将被检装置电脉冲发生器的输出端与通用计数器的输入端相连，将通用计数器置计数挡，开机，复零。

b）检定点按 1，2，5，10 间隔选取。

c）开启被检装置电脉冲发生器，注视通用计数器计数直至被检点前几个脉冲时，用手动按键调至被检点。从通用计数器上读取实际值。

d）被检装置脉冲发生器输出的脉冲计数与从通用计数器读取的实际值之差即为误差，并应符合表 1 的规定。

7.2.5.2　本机标准装置脉冲频率的检定

a）将通用计数器置测频挡，即可检定被检装置脉冲发生器的频率。

b）按 1，2，5，10 的间隔选择检定点，从通用计数器上读取实际值。

c）脉冲发生器频率相对误差按公式（4）计算，其结果应符合表 1 的规定。

$$\delta_f = \frac{f_1 - f_2}{f_2} \times 100\% \qquad (4)$$

式中：δ_f——脉冲频率相对误差，%；

f_1——脉冲发生器输出频率，Hz；

f_2——脉冲发生器频率实际值，Hz。

7.2.6　计价器使用误差标准装置主滚轮周长的检定

7.2.6.1　采用专用千分尺直接测量主滚轮直径的检定方法

a）左、右主滚轮都必须检定。

b）每个滚轮至少选取 3 点，应均匀分布在主要使用位置。

c）每点至少测量 3 次，每测一次要使主滚轮旋转一定角度，取 3 次测量的平均值为该点的实际值。其周长相对误差按公式（5）计算，其结果应符合表 2 的规定。

$$\delta_Z = \frac{Z_1 - Z_2}{Z_2} \times 100\% \qquad (5)$$

式中：δ_Z——周长相对误差，%；

Z_1——每点主滚轮直径标称值，mm；

Z_2——每点主滚轮直径实际值，mm。

7.2.6.2 在保证精度的前提下，也可采用其他方法检定主滚轮周长。

7.2.7 使用误差标准装置主滚轮转数的检定。

7.2.7.1 检定前的准备

a）在左、右主滚轮的任一端，按其周长均匀分布做10个标记。

b）以转速测量仪对准一个标记，传感器的输出端连接转速测量仪的输入端，转动滚轮并确认每个标记均有信号输出。

c）每隔500r选一点，至5 000r以后每隔1 000r选一点。

7.2.7.2 检定方法

a）被检装置计数器与转速测量仪均复零后，启动马达在到达被检点之前关闭马达，手动转到被检点，从转速数字显示仪上读取转数实际值。

b）观察转数分辨力应符合表2的规定。

c）被检点的转数相对误差按公式（6）计算，其结果应符合表2的规定。

$$\delta_r = \frac{r_1 - r_2}{r_2} \times 100\% \tag{6}$$

式中：δ_r——被检点转数相对误差，%；

r_1——被检装置转数值，r；

r_2——转速测量仪转数值，r。

d）转数重复性的检定应在被检装置计数范围内均匀选取3点，每点按上述方法检定10次。

e）按公式（2）计算重复性，共结果应符合表2的规定。

7.2.8 车速检定

7.2.8.1 将转速测量仪置于转速挡，开启被检装置马达，待车速稳定后，读取被检装置车速显示值，同时读取转速测量仪的转速值。

7.2.8.2 车速实际值按公式（7）计算

$$v = n \times L \times 0.06 \tag{7}$$

式中：v——车速实际值，km/h；

n——转速实际值，r/min；

L——主滚轮周长，m。

7.2.8.3 车速误差按公式（8）计算，其结果应符合表2的规定。

$$\Delta v = v_1 - v \tag{8}$$

式中：Δv——车速显示误差，km/h；

v——车速实际值，km/h；

v_1——被检装置车速显示值，km/h。

7.2.9 噪声检定

用声级计（A计权）在距被检装置1m远、距地面1.5m高处测量记录最大声压级，其结果应符合 5.3 条的规定。

7.3 检定结果处理和检定周期

7.3.1 经检定合格的计价器标准装置，出具检定证书。经检定不合格的计价器标准装置，出具检定结果通知书。(见附录 A 或附录 B)

7.3.2 计价器标准装置的检定周期一般不超过 3 年。可根据具体使用情况适当缩短检定周期。修理后应重新检定。

附录 A

出租汽车计价器本机标准装置检定证书及检定结果通知书内页格式

A.1 出租汽车计价器本机标准装置检定证书内页格式：

一 检定用仪器名称：扩展不确定度或最大允许误差。

二 检定环境条件：

三 检定项目和检定结果：

检定项目	检定结果	结论
外观及附件		
功能		
转速范围		
转速相对误差		
转数相对误差		
转数重复性		
频率相对误差		
计数相对误差		

A.2 出租汽车计价器本机标准装置检定结果通知书内页格式：

要求同上，应指出不合格项目。

附录 B

出租汽车计价器使用误差标准装置检定证书及检定结果通知书内页格式

B.1　出租汽车计价器使用误差标准装置检定证书及内页格式：

一　检定用仪器名称：扩展不确定度或最大允许误差。

二　检定环境条件：

三　检定项目和检定结果：

检定项目	检定结果	结论
外观及附件		
功能		
转数范围		
转数相对误差		
转数重复性		
车速误差		

B.2　出租汽车计价器使用误差标准装置检定结果通知书内页格式：

要求同上，应指出不合格项目。

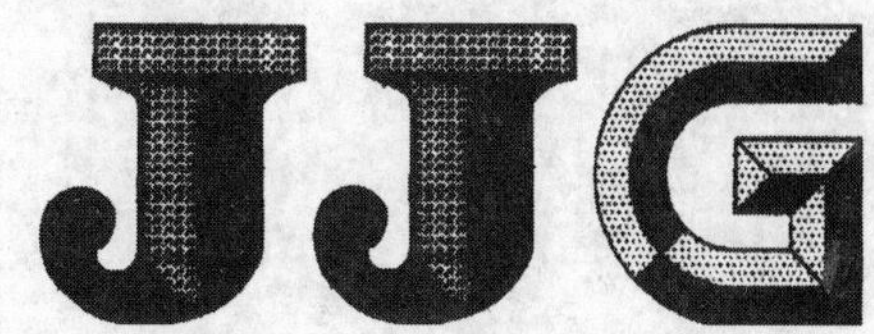

中华人民共和国国家计量检定规程

JJG 745—2002

机动车前照灯检测仪

Headlamp Testers for Motor Vehicle

2002-09-13 发布　　　　2003-03-13 实施

国家质量监督检验检疫总局 发布

机动车前照灯检测仪检定规程

1 范围

本规程适用于机动车前照灯检测仪（以下简称前照灯仪）的首次检定、后续检定和使用中检验。定型鉴定、样机试验中的计量性能要求可参照本规程执行。

2 引用文献

GB7258—1997 《机动车运行安全技术条件》

GB4599—1994 《汽车前照灯配光性能》

JJF1001—1998 《通用计量名词术语》

使用本规程时，应注意使用上述文献的现行有效版本。

3 术语

3.1 远光光束中心

当前照灯远光光束照射在距前照灯正前方 10 m 处的屏幕上（屏幕原点与前照灯基准中心已经对准）时，如果在该屏幕坐标系的横轴上距离原点为左52.4 cm和右 52.4 cm 两处的照度相等，且该坐标系的纵轴上距离原点为上 17.5 cm 和下 17.5 cm 两处的照度也相等，则屏蔽坐标原点的位置为远光光束中心。

3.2 前照灯基准中心高度

前照灯基准中心与地面的铅垂距离。

3.3 检测距离

前照灯基准中心到前照灯仪受光箱镜面的垂直距离。

3.4 光轴角

前照灯光轴与水平面及铅垂面之间的夹角。单位为度（°）、分（′）。

3.5 光轴偏移值（角）

前照灯照射在距离为 10 m 的屏幕上的远光光束中心、近光光束明暗截止线转角或中点与屏幕原点的偏移距离（或夹角）。单位为 cm/dam 或度（°）。

3.6 光轴偏移值（角）示值间差

在校准器光强与光轴偏移值（角）不变的情况下，自动式前照灯仪分别从上、下、左、右跟踪测量，测得的光轴偏移值（角）最大示值误差与最小示值误差之差的绝对值。

3.7 高度比

远光光束中心、近光光束明暗截止线转角或中点在距离前照灯 10 m 处的高度与前照灯基准中心的高度之比值。

4 概述

前照灯仪用于机动车前照灯远光光束的发光强度、光轴偏移值（角）和近光光束明暗截止线转角或中点位置的检测。前照灯仪按功能分为远、近光都能测和只能检测远光两种；按操作方法又分为手动式和自动式两种。手动式主要由光学测量装置与行走机构两部分组成，自动式除具有手动式的基本功能外，其行走机构与光学测量装置的运行过程是自动的。无论是哪种方式的前照灯仪，其测量原理基本一致，都是通过前照灯仪受光箱上的光电接收器件将接收到的光信号转换为电信号，经处理后，计算出发光强度和偏移值（角）。

5 计量性能要求

5.1 发光强度

5.1.1 光轴偏移值（角）为零时，发光强度的示值误差不大于±12%。

5.1.2 光轴偏移值（角）在检定范围内的任意值时，发光强度的示值误差不大于±15%。

5.2 光轴偏移值（角）

5.2.1 发光强度为定值（如 15 kcd）时，光轴偏移值（角）的示值误差不大于以下规定：

首次检定 ±3.5 cm/dam（±12′）

后续检定和使用中的检验 ±4.4 cm/dam（±15′）

5.2.2 自动式前照灯仪的光轴偏移值（角）示值间差不大于以下规定：

首次检定 ±3.5 cm/dam（±12′）

后续检定和使用中的检验 ±4.4 cm/dam（±15′）

5.2.3 发光强度改变时，光轴偏移值（角）的示值误差不大于±3.5 cm/dam（±12′）。

5.3 跟踪时间

自动式前照灯仪在能接收前照灯光束照射的范围内，自动跟踪测定时间不大于20 s。

5.4 近光明暗截止线转角或中点偏移值（角）

对远、近光都能检测的前照灯仪，其近光明暗截止线转角或中点偏移值（角）示值误差不大于±4.4 cm/dam（±15′）。

5.5 疲劳性

前照灯仪的疲劳性：其发光强度示值的相对变化不超过±3%。

5.6 高度及高度比

前照灯仪的基准中心离地高度示值误差不大于±1 cm。对带有高度比显示的前照灯仪，其高度比测量范围应为0.45~1.20。高度比示值误差不大于±0.05。

5.7 导轨水平面度

前照灯仪导轨水平面度应在 3 mm/m（10′）范围内。

6 通用技术要求

6.1 外观

6.1.1 前照灯仪应有铭牌，铭牌上应标有仪器名称、规格型号、制造厂名、生产日期、出厂编号和计量器具制造许可证标志 MC 等。

6.1.2 前照灯仪各运动部件应运转灵活、平稳、锁定可靠。光学器件应清洁、无斑点、气泡和划痕等影响测量精确度的缺陷。

6.1.3 前照灯仪应有发光强度、光轴偏移值（角）的显示仪表。显示仪表为指针式的，表盘应清晰，指针不应弯曲，指针转动时不应出现跳动、卡滞等现象；显示仪表为数显式的，显示应完整清晰、不应有影响读数的缺陷。

6.2 打印及显示

配有打印机装置或配置在计算机控制的机动车检测线上的自动式前照灯仪，其仪表显示值、打印值或线上计算机显示值均应符合示值误差的要求。

7 计量器具控制

计量器具控制包括：首次检定、后续检定和使用中检验。

7.1 检定条件

7.1.1 检定用设备

7.1.1.1 前照灯仪校准器

7.1.1.2 经纬仪。水平角度分辨力 6″。

7.1.1.3 钢卷尺。测量范围 5 m，分度值 1 mm。

7.1.1.4 秒表。分辨力 0.1 s。

7.1.1.5 近光光束明暗截止线转角或中点偏移值（角）检测装置

7.1.1.6 长水准器。分度值 2′。

7.1.2 检定环境和条件

7.1.2.1 相对湿度：≤85%

7.1.2.2 温度：0～40 ℃

7.1.2.3 电源电压：AC220 V(1±10%)。

7.2 检定项目

检定项目见表 1。

7.3 检定方法

7.3.1 前照灯仪校准器的安置

7.3.1.1 手动式前照灯仪检定前的校准器的安置

对手动式前照灯仪应按产品说明书规定的方法安置校准器。

7.3.1.2 自动式前照灯仪检定前的校准器的安置

a）如图 1 所示，在离被检前照灯仪 $L+(2\sim3)$ m 处（L 为前照灯仪规定的检测距离）安置经纬仪，并调整好经纬仪的水平。

表 1　检定项目一览表

检定项目	首次检定	后续检定	使用中检验
外观	+	+	+
计算机示值与仪表示值一致性	+	+	+
发光强度	+	+	+
光轴偏移值（角）	+	+	+
近光光束明暗截止线转角或中点的偏移值（角）	+	+	+
前照灯仪疲劳性	+	−	−
前照灯仪基准中心的高度	+	+	+
前照灯仪导轨水平面度	+	−	−
注：“+”表示必检项目，“−”表示选检项目。			

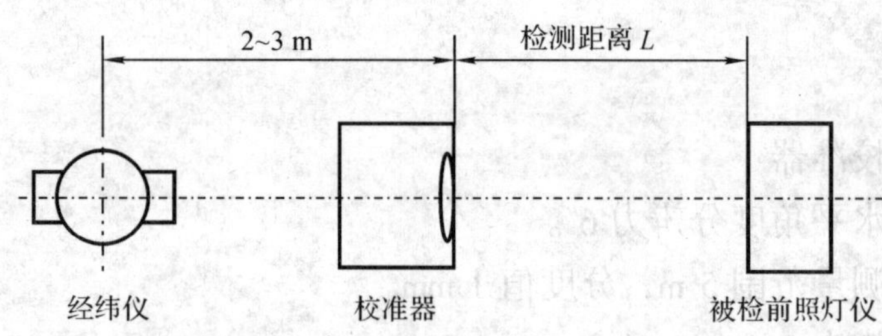

图　1

b）在地面上作一条基准线（粗细不超过 1 mm），并使基准线处于经纬仪竖轴中心位置且与检验车辆用的引车线平行。

c）用经纬仪望远镜十字丝垂线瞄准地面上的基准线，锁紧经纬仪的水平制动器。调节水平微动使望远镜保持只能在一个中心铅垂面上旋转，而且地面上的基准线就处在这个铅垂面中。

d）根据被检前照灯仪规定的检测距离安置前照灯仪校准器。调整好校准器水平，同时调整校准器的方向和位置，使其前后两准星都处于经纬仪望远镜十字丝垂线上。

e）检测站中没有引车线或引车线难以辨认，无法作为基准的情况下，应以被检前照灯仪的导轨为基准，作导轨的垂直线为基准线，按 7.3.1.2 中 c）和 d）安置校准器。

7.3.2　发光强度示值误差的检定

7.3.2.1　被检前照灯仪按使用说明书要求开机预热。

7.3.2.2　光轴偏移值（角）为零时发光强度示值误差的检定

将校准器光轴偏移值（角）置于零。校准器的发光强度按 8，10，15，20，30 kcd 逐次改变，并读取前照灯仪相应发光强度 5 个示值。重复 3 次，按公式（1）计算前照灯仪光轴偏移值（角）为零时的各测量点发光强度示值误差，应符合 5.1.1 的要求。

$$\delta_i = \frac{\bar{I}_i - I_{oi}}{I_{oi}} \times 100\% \tag{1}$$

式中：δ_i——第 i 个测量点发光强度的相对示值误差，$i = 1, \cdots, 5$；

$\bar{I}_i$——第 i 个测量点前照灯仪发光强度 3 次读数的平均值，kcd；

I_{oi}——第 i 个测量点校准器的标准发光强度，kcd。

7.3.2.3　光轴偏移值（角）不为零时发光强度示值误差的检定

将校准器发光强度置于 15 kcd，校准器光轴偏移值（角）分别置于表 2 所列 A 组检定点，读取前照灯仪相应发光强度示值。重复 3 次，按公式（2）计算前照灯仪光轴偏移值（角）为任意值时的发光强度示值误差，应符合 5.1.2 的要求。

$$\delta_j = \frac{\bar{I}_j - I_{oj}}{I_{oj}} \times 100\% \tag{2}$$

式中：δ_j——第 j 个测量点发光强度的相对示值误差，$j = 1, \cdots, 4$；

$\bar{I}_j$——第 j 个测量点前照灯仪发光强度 3 次读数的平均值，kcd；

I_{oj}——第 j 个测量点校准器的标准发光强度，15 kcd。

表 2　光轴偏移值（角）测量点

组	单位	1	2	3	4
A	cm/dam (°)	上 20；左 40 （上 1；左 2）	上 20；右 40 （上 1；右 2）	下 40；左 40 （下 2；左 2）	下 40；右 40 （下 2；右 2）
B	cm/dam (°)	上 10；左 20 （上 0.5；左 1）	上 10；右 20 （上 0.5；右 1）	下 20；左 20 （下 1；左 1）	下 20；右 20 （下 1；右 1）

7.3.3　光轴偏移值（角）示值误差及间差的检定

7.3.3.1　手动式前照灯仪光轴偏移值（角）的检定

将校准器发光强度置于 15 kcd，按表 2 中的 A 组所列检定点，分别设定校准器不同的光轴偏移值（角），读取前照灯仪光轴偏移值（角）的示值，按公式（3）计算水平方向偏移值（角）示值误差，按公式（4）计算垂直方向偏移值（角）示值误差（$i = 1, \cdots, 4$），应符合 5.2.1 的要求。

$$\Delta V_i = \alpha_i - \alpha_{oi} \tag{3}$$

$$\Delta H_i = \theta_i - \theta_{oi} \tag{4}$$

式中：ΔV_i——第 i 个测量点水平方向光轴偏移值（角）的示值误差，$i = 1, \cdots, 4$；

ΔH_i——第 i 个测量点垂直方向光轴偏移值（角）的示值误差，$i = 1, \cdots, 4$；

α_i——第 i 个测量点水平方向前照灯仪光轴偏移值（角）的示值，cm/dam 或（°）；

α_{oi}——第 i 个测量点水平方向校准器光轴偏移值（角）的标准值，cm/dam 或（°）；

θ_i——第 i 个测量点垂直方向前照灯仪光轴偏移值（角）的示值，cm/dam 或(°)；

θ_{oi}——第 i 个测量点垂直方向校准器光轴偏移值（角）的标准值，cm/dam 或(°)。

7.3.3.2　自动式前照灯仪光轴偏移值（角）示值误差及间差的检定

将校准器发光强度置于 15 kcd，按表 2 所列全部的检定点，分别设定校准器不同的光轴偏移值（角），让前照灯仪自动跟踪测量，示值稳定后读取前照灯仪光轴偏移值（角）的示值。按公式（3），（4）分别计算示值误差（$i=1$，…，8），应符合 5.2.1 的要求。

在每一个测量点上，通过遮挡或其他方法使受光箱分别偏离平衡点上、下、左、右约 15 cm 后，让其自动跟踪测量回位，每一测量点 4 次跟踪测量的最大示值误差与最小示值误差之差的绝对值即为间差检定值，均应符合 5.2.2 的要求。

7.3.3.3　光强变化时光轴偏移值（角）示值误差的检定

将校准器的光轴偏移值（角）置零，在校准器光强分别置于 8，10，15，20，30 kcd 时读取被检前照灯仪的光轴偏移值（角）示值，按公式（3），（4）分别计算示值误差。对自动式前照灯仪每改变一次光强，应让其任意偏离约 15 cm 后跟踪测量读数。各测量点示值误差应符合 5.2.3 的要求。

7.3.4　自动式前照灯仪在能接收前照灯光束照射的范围内，自动跟踪测定时间的检定

将校准器的光轴偏移值（角）都置于零，发光强度分别调至 8 kcd 和 30 kcd 两个点，靠遮挡或其他方法使前照灯仪随意偏离约 15 cm 后，撤去遮挡并开始计时，让前照灯仪自由跟踪测量，直至示值稳定时结束计时，记取的跟踪时间应符合 5.3 的要求。

7.3.5　近光光束明暗截止线转角或中点偏移值（角）示值误差的检定

7.3.5.1　CCD 摄像式前照灯仪

检定设备的安置如图 2 所示，装上激光发生器的校准器按 7.3.1.2 中 d）调整好。将激光发生器的光轴置于零，移动前照灯仪，使激光束正好射在前照灯仪受光箱的透镜中心。按表 2 所列 A 组检定点，对前照灯仪近光光束明暗截止线转角或中点偏移值（角）示值误差进行检定，读取相应的偏移值（角）示值，按公式（3），（4）分别计算示值误差，应满足 5.4 的要求。

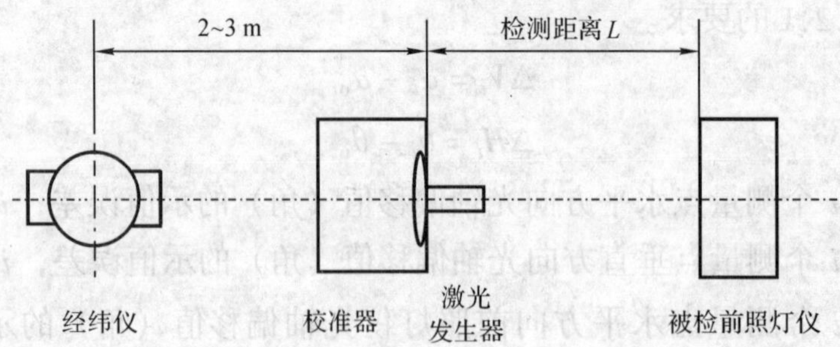

图　2

7.3.5.2　扫描式前照灯仪

a）检定设备的安置如图3所示，先让近光校准装置的近光模板处于A位置，校准器的远光发光强度调到15 kcd，上下、左右偏移值（角）为零。

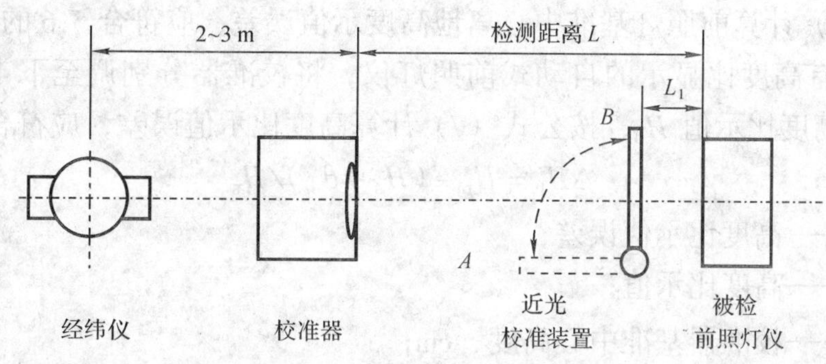

图　3

b）远光检定结束后，保持前照灯仪受光箱位置不变。将近光模板转到B位置上，用钢卷尺测量校准器中心高度，并使近光模板明暗截止线处于同样高度，用经纬仪瞄准，使校准器远光光轴、近光模板明暗截止线转角、前照灯仪受光箱几何中心处于同一直线上，按表2所列A组检定点，上下、左右把近光模板移动距离 S，$S = 0.017\,4 \times (L - L_1)$，其中，$S$ 为每度角位移对应近光模板应移动的线位移，L 为校准器到被检前照灯仪的距离，L_1 为近光模板到被检前照灯仪的距离，一般为0.01～0.03 m。

按公式（3），（4）分别计算相应的偏移值（角）示值误差，应满足5.4的要求。

7.3.5.3　其他形式的前照灯检测仪可参照前述方法进行检定。

7.3.6　前照灯仪疲劳性检定

将校准器发光强度调至20 kcd，对前照灯仪照射2 min时读取发光强度示值，然后继续照射到30 min时读取发光强度示值，按公式（5）计算其相对变化值，应符合5.5的要求。

$$\delta_i = \frac{|I_{30\min} - I_{2\min}|}{I_{2\min}} \times 100\% \tag{5}$$

式中：δ_i——发光强度示值相对变化值；

$I_{2\min}$——对前照灯仪照射2 min时的发光强度示值，kcd；

$I_{30\min}$——对前照灯仪照射30 min时的发光强度示值，kcd。

7.3.7　前照灯基准中心离地高度示值误差的检定

7.3.7.1　手动式前照灯仪

将校准器发光强度调至15 kcd，上下、左右光轴偏移值（角）置于零，用钢卷尺测出校准器基准中心离地高度值，前照灯仪按仪器使用说明书规定的方法对准校准器，按公式（6）计算前照灯基准中心离地高度示值误差，应符合5.6的要求。

$$\Delta H = h - H \tag{6}$$

式中：　ΔH——前照灯基准中心离地高度示值误差，cm；

h——前照灯基准中心离地高度示值，cm；

H——校准器基准中心离地高度，cm。

7.3.7.2　自动式前照灯仪

将校准器发光强度调至 15 kcd，上下、左右偏移值（角）置于零，用钢卷尺测出校准器基准中心高度值，让前照灯仪进行检测，自动跟踪稳定后读取前照灯仪上的高度示值，按公式（6）计算前照灯基准中心离地高度示值误差，应符合 5.6 的要求。

7.3.7.3　对具有高度比显示的自动式前照灯仪，将校准器分别调至下 10，20 cm/dam，读取前照灯仪高度比示值 H_b，按公式（7）计算高度比示值误差，应符合 5.6 的要求。

$$\Delta H_b = H_b - (H_s - \theta_{oi})/H_s \tag{7}$$

式中：ΔH_b——高度比示值误差；

H_b——高度比示值；

H_s——校准器基准中心高度，cm；

θ_{oi}——校准器上下光轴偏移值，cm/dam。

7.3.8　前照灯仪导轨的水平面度检定

把长水准器分别按垂直和平行于导轨的方向放在受光箱上，在导轨的使用范围内移动被检前照灯仪，观察长水准器的水泡变化值即为检定值，应满足 5.7 的要求。

7.3.9　通用技术要求的检查

通过目测和手感，按 6.1 规定的各项内容进行检查，并记录检查结果。

7.3.10　配有打印机装置或配置在计算机控制下的机动车检测线上的自动式前照灯仪，在进行 7.3.2.2 发光强度示值误差检定和 7.3.3.2 光轴偏移值（角）示值误差检定时，观察打印值或计算机显示值与自动式前照灯仪的仪表示值，应符合 6.2 要求，当不符合要求时，应检查前照灯仪输出信号值以确定不一致或超差的来源是前照灯仪还是其他。

7.4　检定结果处理

经检定合格的前照灯仪发给检定证书；不合格者发给检定结果通知书，并列出不合格项及数据。对不满足 6.2 要求者，应判定并注明是前照灯仪还是其他原因造成。

7.5　检定周期

前照灯仪检定周期一般不超过 1 年。

附录 A

前照灯检测仪检定记录

仪器型号		制造厂		生产日期		出厂编号	
送检单位		检定日期		温度		湿度	
校准器		检定员		核验员		证书号	

发光强度示值误差	校准器/kcd	仪器示值/kcd				示值误差/%	校准器 15kcd 时光轴偏移角/(°)	仪器示值/kcd				示值误差/%
		1	2	3	平均			1	2	3	平均	
	8											
	10						上 1°；左 2°					
	15						上 1°；右 2°					
	20						下 2°；右 2°					
	30						下 2°；左 2°					

光轴偏移角示值误差	标准器光轴偏移角/(°)		仪表示值					示值误差	间差	校准器光轴偏移角/(°)		仪表示值					示值误差	间差
			0	上	下	左	右					0	上	下	左	右		
	A	上 1°								B	上 0.5°							
	1	左 2°								1	左 1°							
	A	上 1°								B	上 0.5°							
	2	右 2°								2	右 1°							
	A	下 2°								B	下 1°							
	3	右 2°								3	右 1°							
	A	下 2°								B	下 1°							
	4	左 2°								4	左 1°							

光强变化时光轴偏移角	光强/kcd		8	10	15	20	30
	仪器示值/(°)	上下					
		左右					

自动跟踪测定时间/s	光强度为 8 kcd 时		光强度为 30 kcd 时	

近光光束明暗截止线转角或中点偏移角/(°)	标准值	1		2		3		4	
		上 1°	左 2°	上 1°	右 2°	下 2°	右 2°	下 2°	右 2°
	示　值								
	示值误差								

发光强度疲劳性（20 kcd）	照射 2 min 示值		照射 30 min 示值		变化量	
基准中心离地高度	前照灯仪示值		校准器高度		示值误差	
高度比	下 10 cm/dam 示值		示值误差		下 20 cm/dam 示值		示值误差	
前照灯仪导轨水平面度						

通用技术要求	铭牌标有仪器名称、规格型号、制造厂名、制造日期、出厂编号	
	运动部件灵活、平稳、锁定可靠、光学器件无影响测量精确度的缺陷	
	显示仪表应正常，无影响读数的缺陷	
	配有计算机控制的仪表示值与计算机示值（或打印机示值）应满足要求	
检定结论		

中华人民共和国国家计量检定规程

JJG 779—2004

车速里程表标准装置

Speed and Milege Meter for Standard Equipment

2004-06-04 发布　　2004-12-01 实施

国家质量监督检验检疫总局 发布

车速里程表标准装置检定规程

1 范围

本规程适用于各类车速里程表标准装置的首次检定、后续检定和使用中的检验。

2 引用文献

OIML 国际建议 No 55－1981 机动车辆用的速度表，机械式里程表和瞬时记录仪。

应注意使用引用文献的现行有效版本。

3 术语和计量单位

3.1 车速里程表

机动车辆用于指示车辆瞬间速度的仪表称为速度表，用于指示车轮在行驶过程中运转总转数所对应的里程的仪表称为里程表，两者共装于同一机壳内的仪表总称为车速里程表。

3.2 里程表常数 k

根据信号的类型（驱动轴的转数或脉冲数），以及里程表或瞬时记录仪指示和（或）记录每增加 1km 里程所必须接受的信号数的特征量，常数 k 应以转/公里或脉冲/公里表示。

3.3 车辆系数 w

根据信号类型（驱动轴的转数或脉冲数）和车辆每公里行程时车上装置发出并传导到里程表或瞬时记录仪的信号数的特征量。

系数 w 必须同常数 k 用同一种单位表示。

系数 w 随车辆的负载、尺寸大小、轮胎压力和磨损程度而改变，它必须在标准试验条件下测定。

3.4 速度表常数

根据信号类型（驱动轴转数或脉冲数）和速度表指示 60km/h 速度时的信号频率的特征量。

速度表常数可以表示为每分钟的转数，即转/公里，也可表示为每分钟的脉冲数，即脉冲/公里。当里程表和速度表两种仪器用同一驱动系统时，速度表和里程表使用同一里程表常数 k。

3.5 转速稳定度

在 0.5h 的时段内，每隔 3min 所测转速最大、最小差值与平均值之比。

4 概述

车速里程表标准装置（以下简称标准装置）用于检定机动车辆用的速度表、里程表和车速里程表，亦可用于检定相应准确度的转速表。

标准装置一般由标准信号源、驱动电路和电动机及各种附件组成。为完成检定车速里程表的全过程，应装有控制、显示电路和其它辅助电路。

5 计量性能要求

5.1 标准装置信号源频率准确度与4h频率稳定度

5.1.1 信号源频率准确度应优于：2×10^{-4}

5.1.2 信号源4h频率稳定度应优于：2×10^{-4}

5.2 转速范围

标准装置的转速范围应为：（100～4000）r/min。

5.3 转速不确定度

标准装置在转速范围内各点的转速不确定度为1×10^{-3}（$k=3$），允许在600r/min以下有一点不超过5×10^{-3}（$k=3$）。

5.4 0.5h转速稳定度

标准装置转速稳定度0.5h应优于：1×10^{-3}。

5.5 转速分辨力

标准装置转速分辨力应小于：1r/min。

5.6 计数允许误差

标准装置的计数允许误差应优于：（读数$\times10^{-4}$）±1个字。

6 通用技术要求

6.1 外观要求

6.1.1 标准装置应有铭牌，标明产品名称、型号、编号、生产厂、生产日期，并标明“制造计量器具许可证”标志及编号等。

6.1.2 标准装置前后面板字迹应明确醒目，数字显示应清晰，所有按键、旋钮应牢固可靠，调节旋钮应有锁紧装置。

6.1.3 标准装置使用的透明材料不应有影响读数的划痕和折光现象。

6.2 输出接口要求

标准装置的晶振信号（或主信号）源应有输出接口，用于晶振准确度和稳定度的检定。

6.3 工作噪声要求

标准装置在转速范围内使用各种附件进行检定时，工作噪声应小于80dB（A计权）。

6.4 附件及说明书要求

标准装置应配置符合国家相关标准的不同软轴及接插件等齐全的附件。

标准装置应附带不同里程表常数k值、车辆系数w、速度表常数的换算说明和一般的技术指标、使用、维修说明及附件明细表。

7 计量器具控制

计量器具控制包括首次检定、后续检定和使用中检验。

7.1 检定条件

7.1.1 检定环境条件

7.1.1.1 温度（20±10)℃；湿度≤85%RH。

7.1.1.2 检定时应无影响正常工作的振动、冲击和强磁场。

7.1.2 检定用计量标准和配套设备见表1。

表1 检定用计量标准和配套设备

设备名称	技术性能
通用计数器	频率准确度：1×10^{-6} 4h 频率稳定度：1×10^{-6}
转速测量仪	测量范围：（10～6000）r/min 准确度：0.02 级
声级计（A 计权）	2 级

7.2 检定项目和检定方法

7.2.1 检定项目见表2。

表2 检定项目

检定项目	首次检定	后续检定	使用中检验
外观及附件	+	+	−
频率准确度	+	+	+
4h 频率稳定度	+	−	−
转速范围	+	+	+
转速不确定度	+	+	+
转速稳定度	+	−	−
转速分辨力	+	+	+
计数允许误差	+	+	+
工作噪声	+	−	−
注：“+”为必须检定项目，“−”为不需检定项目。			

7.2.2 检定方法

7.2.2.1 外观检查

按本规程要求，对标准装置进行外观检查，检查结果应符合第6.1条和6.2条的各项规定。

7.2.2.2 检查附件及说明书应符合第6.4条的要求。

7.2.2.3 信号源频率准确度和4h 频率稳定度的检定

标准装置进行预热后，用测试电缆连接标准装置输出接口和通用计数器。

1）频率准确度的检定

从上连续读取 10 个显示值，按公式（1）计算频率准确度。

频率准确度 A_f 为

$$A_f = \frac{\bar{f} - f_0}{f_0} \times 100\% \tag{1}$$

式中：$\bar{f}$——连续测量的 10 个频率值的平均值，Hz；

f_0——晶振或主信号的标称频率，Hz。

频率准确度的检定结果必须符合第 5.1.1 的规定。

2）4h 频率稳定度的检定

从通用计数器上每隔半小时读取一个显示值，连续读取 9 个频率值，按公式（2）计算 4h 频率稳定度。

4h 频率稳定度 S_f 为

$$S_f = \frac{f_{\max} - f_{\min}}{f_0} \times 100\% \tag{2}$$

式中：$f_{\max}$，$f_{\min}$——在测定时间内 9 个频率值的最大值、最小值，Hz。

4h 频率稳定度的检定结果必须符合第 5.1.2 的规定。

7.2.2.4 转速不确定度和转速范围的检定

1）检定点的选择

转速不确定度的检定点不少于 7 点，包括上限值和下限值。其中 100r/min，500r/min，1000r/min，2000r/min 及 4000r/min 为必检点，其它两点可任选。

2）检定方法和数据处理

在任一检定点从转速测量仪上连续读取 10 个转速检定值，以下述公式计算转速不确定度：

$$\bar{n} = \frac{\sum_{i=1}^{N} n_i}{N} \tag{3}$$

$$\sigma_n = \sqrt{\frac{\sum_{i=1}^{N} (n_i - \bar{n})^2}{N - 1}} \tag{4}$$

$$\sigma_1 = \frac{\bar{n} - n_0}{\sqrt{3} n_0} \times 100\% \tag{5}$$

$$\sigma_2 = \frac{\sigma_n}{\sqrt{N} n_0} \times 100\% \tag{6}$$

$$\delta = 3\sqrt{\sigma_1^2 + \sigma_2^2} \tag{7}$$

式中：n_i——10 次转速检定值，$i = 1, 2, 3, \cdots, N$，r/min；

$\bar{n}$——检定点 10 次检定值的平均值，r/min；

n_0——检定点的标称转速，r/min；

σ_n——检定点 10 次中任一点检定值的标准偏差，r/min；

σ_1——检定点示值误差引入的 B 类标准不确定度；

σ_2——检定点平均值的相对标准偏差；

δ——检定点的平均转速 $\bar{n}$ 的扩展不确定度（$k=3$）。

3）转速不确定度和转速范围的判定

测出 7 个检定点并分别计算，均应符合第 5.3 条的规定。同时可判定转速范围已符合第 5.2 条的规定。对转速范围宽的标准装置，可将实测范围记入证书。

7.2.2.5 转速分辨力的检定

1）检定点的选择

在 100r/min，2000r/min，4000r/min 3 个检定点进行转速分辨力的检定。在 100r/min 点应向高转速方向以分辨力设置，在 4000r/min 点应向低转速方向以分辨力设置，在 2000r/min 点可任意设置一分辨力转速值。

2）对新设置的 3 个转速点按 7.2.2.4 条方法，分别检定计算转速不确定度，均应符合第 5.3 条的规定，转速分辨力应符合第 5.5 条规定。

7.2.2.6 转速稳定度的检定

选择标准装置的 1000r/min 检定点，记录第一个转速值，以后每隔 3min 记录一个转速值，测试 0.5h。按公式（8）计算标准装置的转速稳定度：

$$S_{\mathrm{nsh}}=\frac{n_{i+1}-n_i}{\dfrac{n_{i+1}+n_i}{2}}\times 100\% \tag{8}$$

式中：S_{nsh}——车速里程表标准装置转速稳定度；

n_i——第 i 次测量转速值，r/min。

转速稳定度的检定结果应符合第 5.4 条的规定。

7.2.2.7 计数允许误差的检定

用通用计数器与标准装置相连接后启动装置并在 500r，1000r，1500r，2000r，4000r 各点分别读取标准装置的显示值 C_{x} 和通用计数器的显示值 C_{s}。按公式（9）计算计数允许误差：

$$C_{\mathrm{z}}=\frac{C_{\mathrm{x}}-C_{\mathrm{s}}}{C_{\mathrm{s}}}\times 100\% \tag{9}$$

式中：C_{z}——计数准确度；

C_{x}——车速里程表标准装置显示值；

C_{s}——通用计数器显示值。

计数允许误差的检定结果应符合第 5.6 条的规定。

7.2.2.8 工作噪声的检定

用声级计（A 计权）在距车速里程表标准装置 1m 远、距地面 1.5m 高处测量记录工作噪声最大声压级，其结果应符合第 6.3 条的规定。

7.3 检定结果的处理

经检定符合本规程要求的标准装置，发给检定证书。经检定不符合本规程要求的标准装置，发给检定结果通知书。

7.4 检定周期

车速里程表标准装置的检定周期一般不超过1年。

附录 A

车速里程表标准装置检定记录

送检单位＿＿＿＿＿＿　检定证书编号＿＿＿＿＿＿

送检仪器名称＿＿＿＿＿＿　标准仪器名称＿＿＿＿＿＿

型号＿＿＿＿＿＿　型号＿＿＿＿＿＿

制造厂＿＿＿＿＿＿　制造厂＿＿＿＿＿＿

出厂编号＿＿＿＿＿＿　出厂编号＿＿＿＿＿＿

制造许可证编号＿＿＿＿＿＿　检定温度＿＿＿＿℃ 湿度＿＿＿＿%RH

检定依据＿＿＿＿＿＿

一、外观及附件：＿＿＿＿＿＿

二、晶振频率：　标称频率：　Hz

序号	1	2	3	4	5	6	7	8	9	10	平均
实测值 Hz											

晶振频率准确度：

三、转速不确定度和转速范围：

n/(r/min)	100	500	1000	2000	4000		
1							
2							
3							
4							
5							
6							
7							
8							
9							
10							
平均值							

转速范围＿＿＿＿r/min 至＿＿＿＿r/min。转速不确定度为：

四、转速分辨力

n/(r/min)	1	2	3	4	5	6	7	8	9	10	平均值

转速分辨力：

五、计数准确度

检定点					
标准					
被检					

计数准确度：

检定员＿＿＿＿　审核员＿＿＿＿　检定日期＿＿＿＿年＿＿＿＿月＿＿＿＿日

附录 B

检定证书背面格式

检定项目	检定结果	结论
外观及附件		
频率准确度		
频率稳定度		
转速范围		
转速不确定度		
转速分辨力		
计数准确度		

中华人民共和国国家计量检定规程

JJG 906—1996

滚筒反力式制动检验台

Roller Opposite Forces Type Brake Tester

1996-05-27 发布　　　　1996-12-01 实施

国家技术监督局 发布

中华人民共和国国家计量检定规程

JJG 906—1996

滚筒反力式制动检验台

Roller Opposite Forces Type Brake Tester

1996-05-27发布　　　　1996-12-01实施

国 家 技 术 监 督 局 发 布

滚筒反力式制动检验台检定规程

本规程适用于新制造、使用中和修理后的滚筒反力式制动检验台(以下简称制动台)的检定。

一　概　　述

制动台是用于测量被检车辆各轴(左右轮)的制动力的仪器设备。它由承载的滚筒装置、带动滚筒旋转的主电机与减速机构、制动力测量系统及显示仪表等组成。其测量原理是:当车辆制动时,处在滚筒装置上的车轮会给旋转着的滚筒以一个反旋转方向的力,而且该反作用力能反应出制动力的大小。制动力的单位为 N。

二　技　术　要　求

1　外观及性能

1.1　制动台应有清晰的铭牌,标明型号、制造厂名、出厂日期、出厂编号、额定载荷。

1.2　制动滚动表面清洁,无影响测量的损坏。开机时各运动部件运转应正常,不应有明显的阻滞和指针颤抖现象。

1.3　仪表显示清晰,无影响读数的缺陷。数字式显示应在 5s 内稳定,示值保留时间不少于 8 s。指针式仪表指针回转应平稳,不应有跳动、卡住和阻滞现象。

1.4　配有打印装置或在配置计算机控制系统的机动车辆检测站中的制动台,其打印值或计算机显示值与仪表显示值都应符合示值误差要求,而且它们之间的差值不得超过示值误差。

2　零值误差和零点漂移

2.1　零值误差不应超过 ±0.1%(FS)。

2.2　数显式制动台 30 min 的零点漂移不应超过 0.1%(FS)。

3　示值误差

3.1 制动力不大于 4%(FS)的不超过 ±0.4%(FS)。

3.2　制动力大于 4%(FS)的不超过 ±5%。

3.3　制动台左右制动力示值间差

3.3.1　制动力不大于 4%(FS)的不超过 5%。

3.3.2　制动力大于 4%(FS)的不超过 3%。

4　自动关机时第三滚筒线速度

带有第三滚筒的制动台,其第三滚筒在自动关机时的线速度值应为主滚筒线速度值的 70%~90%。

5　滚筒表面当量附着系数

满足一定要求的车轮在制动时,最大制动力与车轮荷之比值约定为滚筒表面当量附着系数,应不低于0.65。

三 检 定 条 件

6 检定时环境条件

6.1 温度:0~40 ℃。

6.2 相对湿度:不大于85%。

6.3 电源电压:220 V±10%。

6.4 检定应在周围无影响测量的污染、振动、噪声、电磁干扰的环境下进行。

7 检定用仪器设备

检定用仪器设备见表1。

表1

检定用仪器设备	主要技术要求
转 速 仪	1 000 r/min 以上 ±1%
(1)制动台测力仪*	J**/0~FS ±1%
专用测力杠杆	力臂误差不大于±0.3%
(2)砝 码*	J**/1 kg~FS ±0.1%
专用砝码杠杆	力臂误差不大于±0.3%

*(1),(2)指允许根据具体被检制动台和检定方法的不同要求,采用不同的仪器设备。

**J指等效杠杆比。

四 检定项目与检定方法

8 外观及性能的检定

通过目测、手感检查,外观及性能应符合等1.1~1.3款要求。

9 零值误差和零点漂移的检定

9.1 在制动台空载时启动电机,待滚筒转速稳定后,制动台示值应为零,若不为零即为零值误差。重复检定3次,3次零值误差均应符合第2.1款的要求。

9.2 数显式制动台调零后,每隔10 min观察1次。连续3次,每次的零点漂移均应满足第 2.2 款要求。

10　示值误差的检定

10.1　将专用杠杆固紧在制动台适当部位上，调整好杠杆的静平衡（即不加负荷时，制动台示值为零）和水平。对专用杠杆固紧在主滚筒上的制动台，检定前必须断开滚筒电机的电源以保安全。

10.2　按制动台满量程的 4%，20%，100%（根据实际使用情况，另选择几个测量点，以保证总测量点数不少于 6 点）逐级加载至满量程；然后逐级减载至零。重复 3 次，分别读取各点相应的制动台示值。

10.3　摩托车制动台按满量程的 10%，100%（根据实际使用情况，另选择几个测量点以保证总测量点数不少于 5 点），逐级加载至满量程；然后逐级减载至零。重复 3 次，分别读取各点相应的制动台示值。

10.4　各测量点示值误差的计算

10.4.1　采用测力仪检定时

$$\Delta_i = \bar{f}_i - \frac{F_i \cdot L}{r} \tag{1}$$

式中：Δ_i——第 i 测量点绝对示值误差；

$\bar{f}_i$——第 i 测量点时制动台 3 次示值（增载减载分别计算）的平均值，N；

F_i——第 i 测量点时，测力仪示值，N；

L——测力杠杆等效力臂长，mm；

r——制动台主滚筒半径，mm。

a 对不大于 4%（FS）的测量点计算示值引用误差

$$\delta = \frac{\Delta}{\mathrm{FS}} \times 100\% \tag{2}$$

式中：δ——示值误差。

b 对大于 4%（FS）的测量点计算示值相对误差

$$\delta_i = \frac{\Delta_i}{F_i \cdot \dfrac{L}{r}} \times 100\% \tag{3}$$

10.4.2　采用砝码检定时

$$\Delta_i = f_i - M_i \cdot g \cdot \frac{L}{r} \tag{4}$$

式中：M_i——第 i 测量点时，加载砝码质量 kg；

g——检定地区重力加速度 $\mathrm{m/s^2}$。

对不大于 4%（FS）的测量点按公式（2）计算示值引用误差。对大于 4%（FS）的测量点按公式（5）计算示值相对误差：

$$\delta_i = \frac{\Delta_i}{M_i \cdot g \cdot \frac{L}{r}} \times 100\% \tag{5}$$

以上各检定点示值误差均应分别符合第 3.1 款和第 3.2 款的要求。

10.5 对配有打印装置或在配置计算机控制系统的机动车辆检测站中的制动台,还应按上述方法和第 1.4 款的要求检定打印值或计算机显示值。

10.6 按上述方法分别测量并计算出各测量点的左、右制动台示值,并按公式(6)计算出各测量点的左右制动力示值间差:

$$\delta_{P_i} = \left| \delta_{L_i} - \delta_{R_i} \right| \tag{6}$$

式中:δ_{P_i}——第 i 测量点左右制动力示值间差;

δ_{L_i}——第 i 测量点左制动台示值误差;

δ_{R_i}——第 i 测量点右制动台示值误差。

在所有测量点中左右制动力示值间差均应符合第 3.3 款要求。

11 自动关机时第三滚筒线速度的检定

对带有第三滚筒的制动台,将被检制动台允许承载轴重的汽车驶上制动台,单边开动制动台。首先用转速仪测量制动台主滚筒转速 n_1,然后按被检制动台操作要求,踩制动踏板至制动台自动关机瞬间,测量第三滚筒转速值 n_3。重复 6 次,在测量标准偏差不大于 3%时按公式(7)计算速度比

$$\eta_v = \frac{d \cdot n_3}{D \cdot n_1} \times 100\% \tag{7}$$

式中:η_v——线速度比;

D——主滚筒直径,mm;

d——第三滚筒直径,mm;

n_1——主滚筒转速,r/min;

n_3——第三滚筒自动关机时瞬间转速,r/min。

检定时应对左、右制动台分别进行测量和计算,第三滚筒与主滚筒线速度比均应符合第 4 条要求。

12 滚筒表面当量附着系数的检定

12.1 选择整备质量相应重力不小于制动台允许额定载荷 40%的车辆,采用达到额定气压的较新轮胎,并在轮重仪上测量出试验用车辆(非转向轮)的左、右轮荷重。

12.2 将试验车辆置于经检定示值误差合格的制动台上,左、右转向轮上都加置止动楔使其不能移动。启动制动台电机,同时采用手刹和脚刹,测出这时左、右轮的最大制动力。重复 6 次,测量值算术平均值的标准偏差不大于 3%的条件下,取其平均值作为制动力测定值。

12.3 按公式(8)计算滚筒表面当量附着系数

$$\phi = \frac{F}{m \cdot g} \tag{8}$$

式中：ϕ——制动台左(或右)滚筒表面当量附着系数；

F——制动台左(或右)制动力测定值，N；

m——经轮重仪测定的左(或右)轮质量值，kg；

g——重力加速度，m/s^2。

左、右滚筒应分别计算，当量附着系数均应符合第5条要求。

五　检定结果处理和检定周期

13　经检定合格的制动台出具检定证书；检定不合格的出具检定结果通知书，并注明不合格项目。

14　制动台的检定周期一般为1年，根据使用频繁程度可酌情缩短检定周期。

附录 1

滚筒反力式制动检验台检定记录

型号规格		生产厂		出厂日期		出厂编号	
滚筒形式		滚筒直径		第三滚筒直径		分度值	
所属单位		测量范围		检定日期		检定温度	
标准器		检定员		核验员		证书编号	
外观及性能	滚筒清洁无损坏，各部件运转灵活，无明显阻滞 仪表显示应清晰无误，无影响读数明显缺陷 打印显示、计算机显示、仪表显示都应符合示值误差要求						
零值误差							
零点漂移							

	标准值( )	制动台	增载 仪表示值( ) 1	2	3	示值误差	减载 仪表示值( ) 1	2	3	示值误差	左右台示值间差 增	减
示值误差		L										
		R										
		L										
		R										
		L										
		R										
		L										
		R										
		L										
		R										

表(续)

	标准值( )	制动台	增载 仪表示值( )			增载 示值误差	减载 仪表示值( )			减载 示值误差	左右台示值间差	
			1	2	3		1	2	3		增	减
左、右台示值间差		L										
		R										
		L										
		R										
		L										
		R										
		L										
		R										
		L										
		R										

第三滚筒线速度			
	主滚筒转速(速度)		两滚筒速度比
	自动关机时第三滚筒转速(速度)		

滚筒当量附着系数	台	轮荷 m/kg	制动力 F/N							当量附着系数 $\frac{F}{mg}$
			1	2	3	4	5	6	平均	
	左									
	右									

附录 2

检定证书背面格式

外观及性能

零值误差____________________

(零点漂移)____________________

示值误差____________________

左右示值间差____________________

第三滚筒线速度____________________

滚筒表面当量附着系数____________________

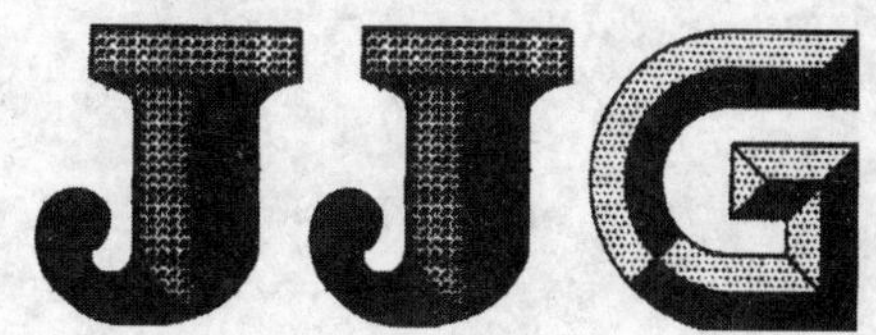

中华人民共和国国家计量检定规程

JJG 908—1996

滑板式汽车侧滑检验台

Slipe Plate Type Automobile Side Slipe Tester

1996－06－28 发布　　1996－12－01 实施

国　家　技　术　监　督　局 发布

滑板式汽车侧滑检验台检定规程

本规程适用于新制造、使用中和修理后的滑板式汽车侧滑检验台（以下简称侧滑台）的检定。

一 概 述

侧滑台是测量汽车车轮，在直线行驶过程中，车轮外倾角和前束的匹配情况，具体用侧滑量来表征。侧滑量是指汽车在没有外加转向力的条件下，低速直线行驶通过检验台时，滑板向内或向外的横向位移量与滑板的纵向长度之比值。侧滑量以 m/km 表示。

侧滑台由滑板装置、位移量测量系统和显示仪表等组成。侧滑台分为双滑板侧滑台和单滑板侧滑台两种。

二 技 术 要 求

1 外观及性能

1.1 仪器应有清晰的铭牌，标有型号、制造厂名、出厂日期、出厂编号和额定载荷。

1.2 滑板移动应灵活、平稳，没有明显的阻滞和晃动现象。沿车辆行驶方向上滑板不应有明显的间隙。

1.3 仪表显示应清晰，无影响读数的缺陷。数字显示应在 5 s 内稳定，示值保留时间不少于 8 s。指针式仪表指针回转应平稳，不应有跳动、卡住和阻滞现象。

1.4 配有打印装置或在配置计算机控制系统的机动车辆检测站中的侧滑台，其打印值或计算机显示值与仪表显示值都应符合示值误差要求，而且它们之间的差值不得超过示值误差。

2 侧滑量

2.1 零值误差：

移动滑板 3 m/km 时回复，不应超过 ±0.2 m/km。

移动滑板 0.4 m/km 时回复，不应超过 ±0.2 m/km。

2.2 数显式侧滑台 30 min 的零点漂移不超过 0.2 m/km。

2.3 示值误差不超过 ±0.2 m/km。

2.4 报警点判定误差不超过 ±0.2 m/km。

2.5 示值重复性误差不超过 0.1 m/km。

3 滑板位移同步性

双滑板侧滑台左、右滑板位移同步性不应超过 0.1 mm。

4 滑板移动所需作用力

4.1 滑板从零位开始移动 0.1 mm 所需作用力：

单滑板侧滑台不大于 60 N;

双滑板侧滑台不大于 40 N。

4.2 滑板移动至侧滑量 5 m/km 时所需作用力:

单滑板侧滑台不大于 120 N;

双滑板侧滑台不大于 80 N。

三 检 定 条 件

5 检定时环境条件

5.1 温度: 0~40 ℃。

5.2 相对湿度: 不大于 85%。

5.3 电源电压: 220×(1±10%)V。

5.4 检定应在周围无影响测量的污染、振动、噪声、电磁干扰的环境下进行。

6 检定用仪器设备

检定用仪器设备见表 1。

表 1

检定用仪器设备	数量	主要技术要求
百 分 表	1	0~30 mm 2级
百 分 表	1	0~10 mm 2级
管形测力计	1	0~200 N 2级
挡 位 工 具	2	
滑板微动工具	1	
磁 性 表 座	2	

四 检定项目与检定方法

7 外观及性能的检定

通过目测、手感检查,外观及性能应符合第 1.1~1.3 款要求。

8 零值误差的检定

8.1 如图安置百分表和挡位工具、百分表测杆轴线应与滑板移动方向一致,调整好仪表及百分表零位。左右移动滑板,当侧滑量超过 3 m/km 时释放,使滑板自由回复。重复 3 次,每次释放后侧滑量指示均应回零,将其中最大的偏离零位值作为检定值,应符合第 2.1 款要求。

8.2 左右移动滑板,当侧滑量达到 0.4 m/km(观察百分表变化值)时释放,使滑板自由回复。重复 3 次,每次释放后百分表指示均应回零,其中百分表最大偏离零位值的相

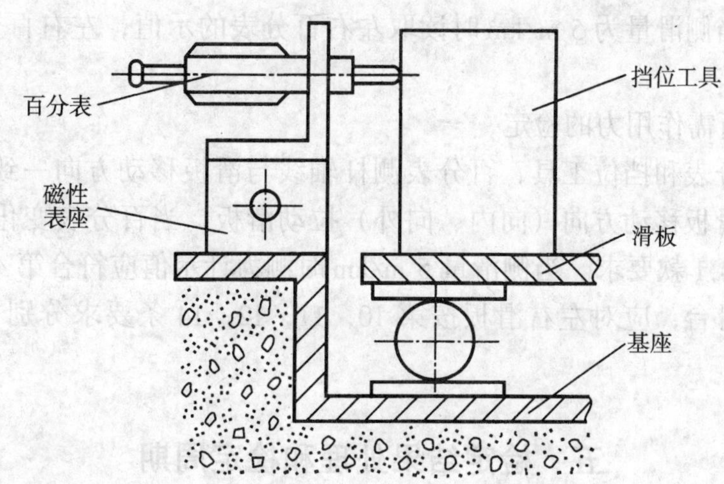

图 1

应侧滑量应符合第 2.1 款要求。

9　零点漂移的检定

对数显式侧滑台，调整好零位。每隔 10 min 观察 1 次，连续 3 次，每次漂离零位值均应符合第 2.2 款要求。

10　示值误差的检定

10.1　用微动工具缓缓推动滑板，当侧滑台示值为 3 m/km，5 m/km，7 m/km 时，分别读取百分表示值。向左、向右各重复 3 次，按下式计算示值误差：

$$\Delta_i = x_i - \frac{\bar{S}_i}{L}$$

式中：Δ_i——第 i 测量点的示值误差，m/km；

x_i——第 i 测量点的侧滑台示值，m/km；

$\bar{S}_i$——第 i 测量点百分表 3 次示值的平均值，mm；

L——滑板沿机动车辆行进方向的纵向长度，m。

以上各测量点示值误差均应符合第 2.3 款要求。

10.2　对配有打印装置或在配置计算机控制系统的机动车辆检测站中的侧滑台，示值误差检定结果应符合第 1.4 款的要求。

11　报警点判定误差的检定

在进行第 10 条检定的同时，当推动滑板至报警点（声响或灯光）瞬间，读取百分表的示值。重复 3 次，以其平均值按上式计算报警点判定误差，应符合第 2.4 款要求。

12　示值重复性的检定

示值重复性的检定在第 10 条示值误差检定的同时进行。各测量点 3 次示值之间的最大偏差作为示值重复性误差，各测量点的示值重复性误差均应符合第 2.5 款要求。

13　滑板位移同步性的检定

按图示方法，在左右滑板均安置百分表及挡位工具，并同时调整好左右百分表零位。推动滑板，当侧滑量为 5 m/km 时读取左右百分表的示值，左右百分表示值之差应符合第 3 条的要求。

14　侧滑板移动所需作用力的检定

如图固定百分表和挡位工具，百分表测杆轴线与滑板移动方向一致并调整好零位。用管形测力计沿滑板移动方向（向内、向外）拉动滑板，当百分表变化 0.1 mm 时测力计示值应符合第 4.1 款要求。当侧滑量 5 m/km 时测力计示值应符合第 4.2 款要求。

15　对双滑板侧滑台，应对左右滑板按第 10，11，12，14 条要求分别检定，都应满足要求。

五　检定结果处理和检定周期

16　经检定合格的侧滑台出具检定证书。检定不合格的出具检定结果通知书，并注明不合格项目。

17　侧滑台的检定周期一般为 1 年。

附录 1

滑板式汽车侧滑检验台检定记录

型号规格		生产厂		出厂日期		出厂编号	
所属单位		滑板规格		检定日期		检定温度	
标准器		检定员		核验员		证书编号	

外观及性能	
外观及性能	仪表显示应清晰无误，无明显缺陷，5 s 稳定，保留 8 s
	滑板移动应灵活，平稳无明显阻滞，行驶方向上无明显间隙
	打印显示、计算机显示、仪表显示都应符合示值误差要求

零值误差					最大偏离零位值
零值误差	移动 3 m/km 后回复				
	移动 0.4 m/km 后回复				

零点漂移			最大零点漂移值

示值误差 报警点误差 侧滑板动作力	滑板	方向	仪表示值 /（m·km⁻¹）	百分表指示值/mm 1	2	3	平均	示值误差 /（m·km⁻¹）	示值重复性 /（m·km⁻¹）	滑板动作力 /N
	左	内	3							初始 0.1 mm
			5							
			7							5 m/km
			报 警							
		外	3							初始 0.1 mm
			5							
			7							5 m/km
			报 警							
	右	内	3							初始 0.1 mm
			5							
			7							5 m/km
			报 警							
		外	3							初始 0.1 mm
			5							
			7							5 m/km
			报 警							

同步性	侧滑量 5 m/km 时		

附录 2

检定证书背面格式

外观及性能______

零值误差
(零点漂移)______

示值误差______

示值重复性误差______

报警点判定误差______

滑板移动作用力______

双滑板同步性______

中华人民共和国国家计量检定规程

JJG 909—1996

滚筒式车速表检验台

Roller Type Speedometer Tester

1996－06－28 发布　　1996－12－01 实施

国家技术监督局 发布

滚筒式车速表检验台检定规程

本规程适用于新制造、使用中和修理后的汽车或摩托车用滚筒式车速表检验台（以下简称车速台）的检定。

一 概 述

车速台是测量机动车车速表示值误差的仪器设备。它由滚筒装置、测速系统和显示仪表等组成。被检机动车车轮置于车速台的滚筒装置上，将滚筒模拟为活动路面，利用车轮与滚筒之间纯滚动时线速度相等的原理来检验车速表示值的正确性。

二 技 术 要 求

1 外观及性能

1.1 车速台应有清晰的铭牌，标有型号、制造厂名、出厂日期、出厂编号、额定载荷。

1.2 活动部件功能完好，滚筒表面完好、转动灵活。

1.3 仪表显示清晰，无影响读数的缺陷。数字显示应在 5 s 内稳定，示值保留时间不少于 8 s. 指针式仪表指针回转应平稳，不应有跳动、卡住和阻滞现象。

1.4 配有打印装置或在配置计算机控制系统的机动车辆检测站中的车速台，其打印值或计算机显示值与仪表显示值都应符合示值误差要求，而且它们之间的差值不得超过示值误差。

2 零值误差和零点漂移

2.1 零值误差不超过 ±1 km/h。

2.2 数显式车速台 30 min 的零点漂移不超过 1 km/h。

3 滚筒表面的局部磨损量

滚筒表面的局部磨损量不超过标称外径的 1%。

4 滚筒表面的径向圆跳动量

滚筒表面的径向圆跳动量不超过 1 mm。

5 示值误差

车速台示值误差不超过 ±3%。

三 检 定 条 件

6 检定时环境条件

6.1 环境温度：0 ~ 40 ℃。

6.2 相对湿度：不大于 85%。

6.3　电源电压：220 V±10%。

6.4　检定应在周围无影响测量的污染、振动、噪声、电磁干扰的环境下进行。

7　检定用仪器设备

检定用仪器设备见下表1。

表1

检定用仪器设备	主要技术要求
(1) 长量爪游标卡尺	300 mm　　分度值0.10 mm
(2) 平　尺	500 mm　　1级
(3) 塞　尺	Ⅰ型　　2级
百　分 表	10 mm　　2级
测（转）速仪	60 km/h以上　　±0.6% (2 000 r/min以上)
注：(1) 和 (2) 允许根据具体情况选用。	

四　检定项目与检定方法

8　外观及性能的检定

通过目测、手感检查，外观及性能应符合第1.1~1.3款要求。

9　零值误差和零点漂移的检定

9.1　仪表调零后转动滚筒，让滚筒自由停转。重复3次，将其中最大偏离零位的值作为检定值，应符合第2.1款要求。

9.2　数显式车速台调整零位后，每隔10 min观察1次。连续3次，每次零点漂移值均应满足第2.2款要求

10　滚筒表面局部磨损量的检定

滚筒表面局部磨损量的检定可按10.1款或10.2款进行。

10.1　用长量爪游标卡尺分别测量主滚筒（安置有速度传感器的）边缘和中部不少于5处的外径，按公式(1)计算局部磨损量，应满足第3条要求。

$$\delta_D = \frac{D_{\max} - D_{\min}}{D} \times 100\% \tag{1}$$

式中：δ_D——局部磨损量；

$D_{\max}$——测量中最大直径值，mm；

$D_{\min}$——测量中最小直径值，mm；

D——车速台主滚筒标称外径，mm。

10.2　选择主滚筒沿圆周均匀分布的6条母线，将平尺紧贴各条母线，用塞尺分别测量平尺与滚筒表面之间的间隙量。按公式（2）计算局部磨损量，应满足第3条要求。

$$\delta_D = \frac{2 \times \Delta_{\max} \times L}{D \times l} \times 100\% \tag{2}$$

式中：$\Delta_{\max}$——6次测量中的最大间隙量，mm；

L——车速台主滚筒长度，mm；

l——平尺长度，mm。

11　滚筒表面径向圆跳动的检定

在速度台4个滚筒上各选择两端及中间共3点，用百分表测量其径向圆跳动量，均应符合第4条的要求。

12　示值误差的检定

12.1　将汽车驱动轮安置在车速台滚筒上，并做好安全防护工作。由汽车驱动车速台滚筒稳步加速旋转，在车速台示值分别为30 km/h，40 km/h和60 km/h时用测（转）速仪测量实际速度（转速）。重复测量6次，按公式（3）或（4）计算各点每次示值误差

$$\delta_{v_i} = \left(\frac{v_i}{v_{O_i}} - 1\right) \times 100\% \tag{3}$$

式中：δ_{v_i}——第 i 测量点时车速台示值误差；

v_i——第 i 测量点时车速台示值，km/h；

v_{O_i}——第 i 测量点时测速仪测得速度值，km/h。

$$\delta_{v_i} = \left(\frac{v_i \cdot 10^5}{6\pi D n_i} - 1\right) \times 100\% \tag{4}$$

式中：n_i——第 i 测量点时转速仪测量得转速值，r/min；

D——车速台主滚筒标称外径，mm。

将各点6次测量计算出的示值误差取以平均值作为该点检定值，均应符合第5条要求。

12.2　对滚筒由电动机驱动检定时无需汽车带动的车速台，其余检定方法同12.1款。

12.3　对配有打印装置或在配置计算机控制系统的机动车辆检测站中的车速台，示值误差检定结果应符合第1.4款的要求。

五 检定结果处理和检定周期

13 经检定合格的车速台出具检定证书；不合格的出具检定结果通知书，并注明不合格项目。

14 车速台的检定周期一般为 1 年。

附录 1

滚筒式车速表检验台检定记录

<table>
<tr><td>型号规格</td><td colspan="3"></td><td colspan="3">生产厂</td><td colspan="3"></td><td colspan="3">出厂日期</td><td colspan="3"></td><td colspan="2">出厂编号</td><td colspan="2"></td></tr>
<tr><td>所属单位</td><td colspan="3"></td><td colspan="3">滚筒直径</td><td colspan="3"></td><td colspan="3">检定日期</td><td colspan="3"></td><td colspan="2">检定温度</td><td colspan="2"></td></tr>
<tr><td>标准器</td><td colspan="3"></td><td colspan="3">检定员</td><td colspan="3"></td><td colspan="3">核验员</td><td colspan="3"></td><td colspan="2">证书号</td><td colspan="2"></td></tr>
<tr><td rowspan="3">外 观
及
性 能</td><td colspan="14">滚筒表面完好，转动灵活</td><td colspan="5"></td></tr>
<tr><td colspan="14">仪表显示清晰，无影响读数缺陷</td><td colspan="5"></td></tr>
<tr><td colspan="14">打印显示、计算机显示、仪表显示都应符合示值误差要求</td><td colspan="5"></td></tr>
<tr><td>零值误差</td><td colspan="4"></td><td colspan="4"></td><td colspan="3"></td><td colspan="4">最大零值误差</td><td colspan="4"></td></tr>
<tr><td>零点漂移</td><td colspan="4"></td><td colspan="4"></td><td colspan="3"></td><td colspan="4">最大零点漂移</td><td colspan="4"></td></tr>
<tr><td rowspan="2">表面局部
磨 损 量</td><td colspan="4"></td><td colspan="4"></td><td colspan="3"></td><td colspan="8">最大表面局部磨损量</td></tr>
<tr><td colspan="4"></td><td colspan="4"></td><td colspan="3"></td><td colspan="8"></td></tr>
<tr><td rowspan="5">径
向
圆
跳
动</td><td colspan="3">滚筒</td><td colspan="3">1</td><td colspan="3">2</td><td colspan="3">3</td><td colspan="7">最大径向圆跳动</td></tr>
<tr><td colspan="3"></td><td colspan="3"></td><td colspan="3"></td><td colspan="3"></td><td colspan="7"></td></tr>
<tr><td colspan="3"></td><td colspan="3"></td><td colspan="3"></td><td colspan="3"></td><td colspan="7"></td></tr>
<tr><td colspan="3"></td><td colspan="3"></td><td colspan="3"></td><td colspan="3"></td><td colspan="7"></td></tr>
<tr><td colspan="3"></td><td colspan="3"></td><td colspan="3"></td><td colspan="3"></td><td colspan="7"></td></tr>
<tr><td rowspan="5">示
值
误
差</td><td colspan="3">1</td><td colspan="3">2</td><td colspan="3">3</td><td colspan="3">4</td><td colspan="3">5</td><td colspan="3">6</td><td rowspan="2">δ</td></tr>
<tr><td>v_0</td><td>v</td><td>δ</td><td>v_0</td><td>v</td><td>δ</td><td>v_0</td><td>v</td><td>δ</td><td>v_0</td><td>v</td><td>δ</td><td>v_0</td><td>v</td><td>δ</td><td>v_0</td><td>v</td><td>δ</td></tr>
<tr><td></td><td></td><td></td><td></td><td></td><td></td><td></td><td></td><td></td><td></td><td></td><td></td><td></td><td></td><td></td><td></td><td></td><td></td><td></td></tr>
<tr><td></td><td></td><td></td><td></td><td></td><td></td><td></td><td></td><td></td><td></td><td></td><td></td><td></td><td></td><td></td><td></td><td></td><td></td><td></td></tr>
<tr><td></td><td></td><td></td><td></td><td></td><td></td><td></td><td></td><td></td><td></td><td></td><td></td><td></td><td></td><td></td><td></td><td></td><td></td><td></td></tr>
</table>

附录 2

检定证书背面格式

外观及性能____

零值误差

(零点漂移)____

表面局部磨损量____

径向圆跳动____

示值误差____

中华人民共和国国家计量检定规程

JJG 910—1996

摩托车轮偏检测仪

Tester for Wheel Deviation of Motorcyles

1996-06-28 发布　　1996-12-01 实施

国　家　技　术　监　督　局 发布

中华人民共和国国家计量检定规程

JJG 910—1996

摩托车轮偏检测仪

Tester for Wheel Deviation of Motorcycles

1996-08-28 发布　　1996-12-01 实施

国家技术监督局　发布

摩托车轮偏检测仪检定规程

本规程适用于新制造、使用中和修理后的摩托车轮偏检测仪(以下简称轮偏仪)的检定。

一 概 述

轮偏仪是测量摩托车前后轮中心平面相对偏差量的仪器设备。它由后轮夹紧装置、与前轮夹紧机构一体的滑板、偏差量测量系统和显示仪表等组成。偏差量单位为mm。

二 技术要求

1 外观及性能

1.1 轮偏仪应有清晰的铭牌,标有型号、制造厂名、出厂日期、出厂编号、额定载荷。

1.2 各种开关、按钮、旋钮、插座应有明显的文字或符号标记,操作灵活。滑板移动平稳,夹紧装置可靠。

1.3 仪表显示清晰,无影响读数的缺陷。数字显示应在5s内稳定,示值保留时间不少于8s。指针式仪表指针回转应平稳,不应有跳动、卡住和阻滞现象。

1.4 配有打印装置或在配置计算机控制系统的机动车辆检测站中的轮偏仪,其打印值或计算机显示值与仪表显示值都应符合示值误差要求,而且它们之间的差值不得超过示值误差。

2 偏差量

2.1 零值误差不超过±0.2mm。

2.2 数显式轮偏仪30min的零点漂移不超过±0.2mm。

2.3 示值误差不超过±0.2mm。

2.4 报警点判定误差不超过±0.2mm。

3 滑板移动所需作用力

滑板初始移动0.1mm,所需作用力不大于10N。

4 专用校准芯棒的跳动量

专用校准芯棒的跳动量不超过0.3mm。

三 检定条件

5 检定时环境条件

5.1 环境温度:0~40℃。

5.2 相对湿度:不大于85%。

5.3 电源电压:220V±10%。

5.4 检定应在周围无影响测量的污染、振动、噪声、电磁干扰环境下进行。

6 检定用仪器设备

检定用仪器设备见下表。

检定用仪器设备	主要技术指标
百分表	0～30mm,2 级
管形测力计	0～100N,2 级
挡位工具	
微动工具	
V 形铁(2 只)	见附录 1

四　检定项目与检定方法

7　外观及性能的检定

通过目测、手感检查,外观及性能应符合第 1.1～1.3 款要求。

8　专用校准芯棒跳动量的检定

将专用校准芯棒两端工作部位安置在两块相同的 V 型铁上,缓缓旋转芯棒,用百分表在芯棒二端工作部位每端不少于两处上测量芯棒的跳动量,各处跳动量均应符合第 4 条要求。

9　偏差量检定

9.1　零值误差的检定

松开前后夹紧装置,安置经检定合格的芯棒夹紧,调整好轮偏仪零位,芯棒定位后不再转动。反复松、夹 3 次,3 次仪表示值均应符合第 2.1 款要求。

9.2　零点漂移的检定

数显式轮偏仪调整好零位后,每隔 10min 观察 1 次,连续 3 次,每次零点漂移值均应满足第 2.2 款要求。

9.3　示值误差和报警点判定误差的检定

9.3.1　安置好百分表及挡位工具,百分表测杆轴线应与滑板移动方向一致,并使百分表和轮偏仪示值同时为零。利用微调工具使滑板分别向左和向右移动至示值为 3mm、5mm、7mm、10mm 及报警点时读取百分表示值。重复测量 3 次,按下式计算示值误差及报警点判定误差:

$$\Delta_i = X_i - \overline{A}_i$$

式中:Δ_i——第 i 测量点示值误差或报警点判定误差(mm);

X_i——第 i 测量轮偏仪示值(mm);

$\overline{A}_i$——第 i 测量点时,百分表 3 次示值平均值(mm)。

各测量点误差均应满足第 3.3 款和第 3.4 款要求。

9.3.2　对配有打印装置或在配置计算机控制系统的机动车辆检测站中的轮偏仪,还应按第 9.3.1 款的方法和第 1.4 款的要求,检定打印值或计算机显示值。

10　滑板移动所需作用力检定

用管形测力计拉动滑板向左和向右，从静止到开始移动0.1mm时所需作用力应符合第3条规定。

五　检定结果处理和检定周期

11　经检定合格的轮偏仪发给检定证书；不合格的出具检定结果通知书，并注明不合格项目。

12　轮偏仪的检定周期一般为1年。

附录 1

检定专用校准芯棒用的 V 形铁

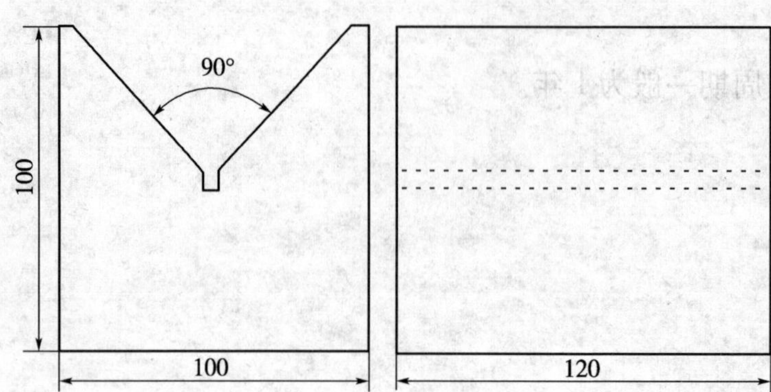

单位:mm
材料:铸铁
数量:2(一体加工,截成二件)

附录 2

摩托车轮偏检测仪检定记录

<table>
<tr><td>型号规格</td><td></td><td>生产厂</td><td></td><td>出厂日期</td><td></td><td>出厂编号</td><td></td></tr>
<tr><td>所属单位</td><td></td><td>分度值</td><td></td><td>检定日期</td><td></td><td>检定温度</td><td></td></tr>
<tr><td>标准器</td><td></td><td>检定员</td><td></td><td>核验员</td><td></td><td>证书号</td><td></td></tr>
<tr><td rowspan="3">外观</td><td colspan="5">操作灵活,滑板移动平稳,夹紧装置可靠</td><td colspan="2"></td></tr>
<tr><td colspan="5">仪表显示应清晰,无影响读数缺陷</td><td colspan="2"></td></tr>
<tr><td colspan="5">打印显示、计算机显示、仪表显示都应符合示值误差要求</td><td colspan="2"></td></tr>
<tr><td rowspan="2">芯棒跳动量</td><td>测量点</td><td>1</td><td>2</td><td>3</td><td>4</td><td colspan="2">芯棒最大跳动量</td></tr>
<tr><td>跳动量</td><td></td><td></td><td></td><td></td><td colspan="2"></td></tr>
<tr><td rowspan="2">零值误差</td><td>夹紧次数</td><td colspan="2">1</td><td>2</td><td>3</td><td colspan="2">最大零值误差</td></tr>
<tr><td>示　　值</td><td colspan="2"></td><td></td><td></td><td colspan="2"></td></tr>
<tr><td rowspan="2">零点漂移</td><td>时　　间</td><td colspan="2">10min</td><td>20min</td><td>30min</td><td colspan="2">最大零点漂移</td></tr>
<tr><td>示　　值</td><td colspan="2"></td><td></td><td></td><td colspan="2"></td></tr>
<tr><td rowspan="2">示值误差</td><td rowspan="2">方　向</td><td rowspan="2">仪表示值
（mm）</td><td colspan="4">百分表指示值(mm)</td><td rowspan="2">示值误差
（mm）</td></tr>
<tr><td>1</td><td>2</td><td>3</td><td>平均</td></tr>
<tr><td rowspan="10">报警点
判定误差</td><td rowspan="5">左</td><td>3</td><td></td><td></td><td></td><td></td><td></td></tr>
<tr><td>5</td><td></td><td></td><td></td><td></td><td></td></tr>
<tr><td>7</td><td></td><td></td><td></td><td></td><td></td></tr>
<tr><td>10</td><td></td><td></td><td></td><td></td><td></td></tr>
<tr><td>报警</td><td></td><td></td><td></td><td></td><td></td></tr>
<tr><td rowspan="5">右</td><td>3</td><td></td><td></td><td></td><td></td><td></td></tr>
<tr><td>5</td><td></td><td></td><td></td><td></td><td></td></tr>
<tr><td>7</td><td></td><td></td><td></td><td></td><td></td></tr>
<tr><td>10</td><td></td><td></td><td></td><td></td><td></td></tr>
<tr><td>报警</td><td></td><td></td><td></td><td></td><td></td></tr>
<tr><td rowspan="2">滑动移动
作用力</td><td colspan="2">向左</td><td colspan="5"></td></tr>
<tr><td colspan="2">向右</td><td colspan="5"></td></tr>
</table>

附录 3

检定证书(背面)格式

外观及性能__________________________________

零值误差
(零点漂移)__________________________________

示值误差__________________________________

报警点判定误差__________________________________

滑板移动所需作用力__________________________________

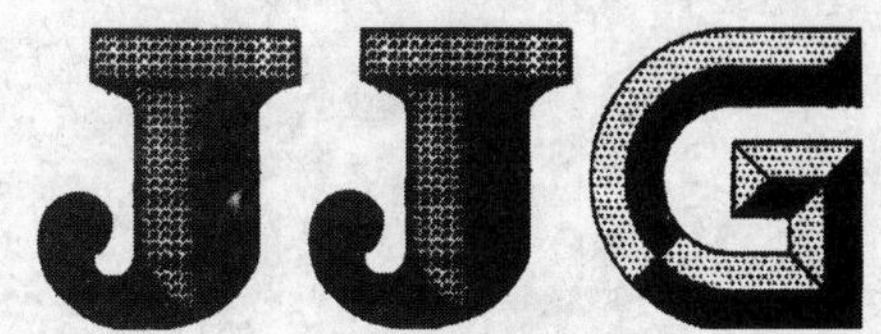

中华人民共和国国家计量检定规程

JJG 967—2001

机动车前照灯检测仪校准器

Calibrators for Headlamp Tester of Motor Vehicle

2001－11－30 发布　　2002－03－01 实施

国家质量监督检验检疫总局　发布

中华人民共和国国家计量检定规程

JJG 967—2001

机动车前照灯检测仪校准器

Calibrators for Headlamp Tester of Motor Vehicle

2001-11-30发布　　2002-03-01实施

国家质量监督检验检疫总局　发布

机动车前照灯检测仪校准器检定规程

1 范围

本规程适用于机动车前照灯检测仪校准器（以下简称校准器）的首次检定、后续检定和使用中检验。定型鉴定、样机试验中主要计量性能的检测，可参照本规程执行。

2 概述

校准器是光轴可以转动的标准光源，它由光源、直流稳压电源及电压表、光轴角转动及读数机构、水平调整机构和找正机构等部分组成。利用比较法对前照灯（远光）检测仪的发光强度和光束照射方向进行检定。

3 计量性能要求

3.1 发光强度

3.1.1 校准器在垂直于光轴的平面上投射一个比较清晰的对称的光斑，其光照度只有一个最大值。

3.1.2 校准器在主光轴方向的发光强度的变化范围不小于 $50\times10^2\sim40\times10^3$cd。

3.1.3 校准器发光强度的相对扩展不确定度不大于 6%（$k_p=3.25$）（校准器发光强度的不确定度分析见附录 C）。

3.1.4 校准器发光强度重复性不大于 1%。

3.1.5 校准器发光强度的稳定性在 10 min 内不超过 1.5%。

3.1.6 校准器的直流稳压电源应稳定，发光强度为 20×10^3 cd 时所对应的电压显示值在 10 min 内变化不得超过 0.02 V，发光强度变化不超过 1%。

3.2 光轴角

3.2.1 校准器光轴角的零位示值误差不超过 5′。

3.2.2 在左(L)2°～右(R)2°，上(U)1°～下(D)2°范围内，光轴角的示值误差不超过 5′。

3.2.3 光轴角转动机构的空程误差不超过 3′。

3.2.4 光轴角在上、下方向处于 0°00′，水平方向在左(L)2°～右(R)2°范围内变化以及左、右方向处于 0°00′，上下方向在下(D)1°～上(U)1°范围内变化时，校准器相对发光强度的不对称性不超过 10%。

3.3 水平调节机构

校准器的水平调节机构灵活可靠，重新调整水平时校准器光轴的变化不超过 3′。

4 通用技术要求

4.1 校准器应有铭牌，标明名称、型号、制造单位、编号、CMC 标志、制造计量器具许可证编号和制造日期。

4.2 校准器的所有光学零部件应清洁，无明显反碱、砂粒、气泡、划痕等影响使用的缺陷。仪器的刻线、数字等应显示清晰，不应有断线、笔划短缺等缺陷。

4.3 各运动、调节部分应转动灵活、平稳、锁定可靠，不应有影响使用的缺陷。

5 计量器具控制

计量器具控制包括首次检定、后续检定和使用中检验。

5.1 检定条件

5.1.1 检定用设备

5.1.1.1 数字照度计：至少 $3\frac{1}{2}$ 位显示，测量范围为 $0.1 \sim 200 \times 10^1$ lx，$V(\lambda)$匹配误差 $f_1 \leqslant 3\%$。示值误差满足一级照度计的要求（相对示值误差 ±4%）。

5.1.1.2 光度测量装置：测量距离不小于 7.000 m，最大允差 0.2%。

5.1.1.3 基线绳（或水准仪、6″经纬仪）

5.1.1.4 供电电压：AC(220±10)V

5.1.1.5 交流稳压器：电压稳定度≤0.3%

5.1.1.6 光轴角检测装置（见图 1）

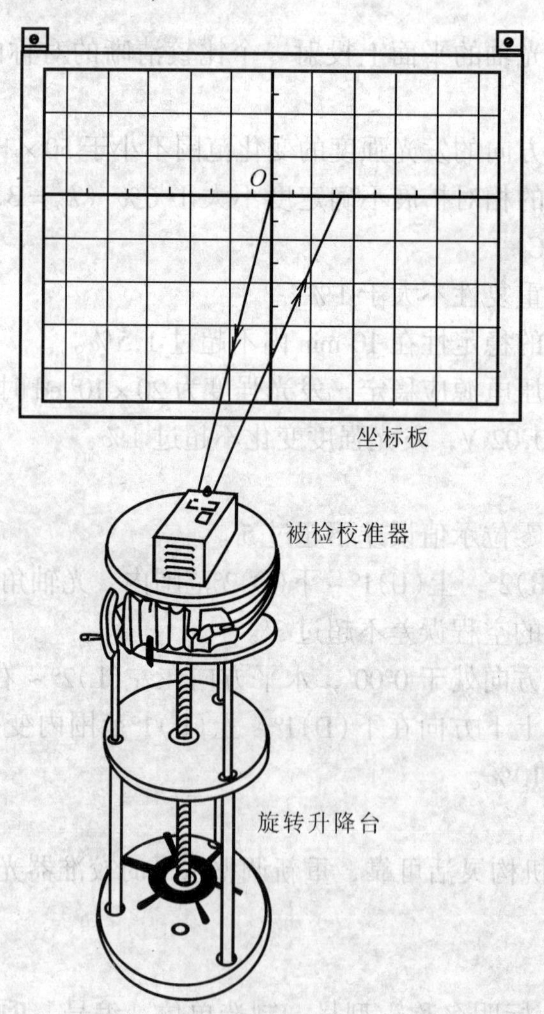

图 1 校准器光轴角检测装置

角度测量范围：左、右、下方向为 0～2°，上方向为 0～1°，扩展不确定度 2′（k =3）。坐标板的最小分度为 1 mm。旋转升降台转动范围为 0～360°，锁定可靠，升降范围应能满足检定要求。射出的激光光束应垂直坐标板，偏差不超过 1′。

5.1.2 环境条件

5.1.2.1 环境温度：(20±5) ℃

5.1.2.2 相对湿度：≤85%

5.2 检定项目和检定方法

检定项目见表 1。

表 1 检定项目

序号	检定项目	首次检定	后续检定	使用中检验
1	通用技术要求	+	+	+
2	光轴零位示值误差	+	+	+
3	发光强度	+	+	+
4	发光强度的重复性	+	+	−
5	发光强度的稳定性	+	+	+
6	显示电压的稳定性	+	−	−
7	校准器光分布的对称性	+	−	−
8	光轴角示值误差	+	+	+
9	光轴角转动机构的空程误差	+	+	+
10	水平调节机构重新调整对光轴的影响	+	−	−
注：凡需要检定的项目用“+”表示，不需检定的项目用“−”表示。				

5.2.1 通用技术要求

目视观察和试验，应满足 4.1～4.3 的要求。

5.2.2 光轴角零位示值误差

5.2.2.1 检定在光度测量装置上进行。将被检的校准器置于装置的圆转台上（见图 1），调整校准器，使其水泡处在圆环中央，同时使校准器的发光面的中心与已调好的数字照度计探测器受光面的中心等高，转动、平移被检的校准器（这些调整需交替、反复地进行），直至被检校准器光轴找正机构的两个尖锥的顶点与过探测器受光面中心的垂线在同一铅垂面内，同时被检校准器的水泡在圆环中心为止，并定好被检校准器的起点。

5.2.2.2 将照度计的探测器和被检的校准器固定在装置上相距 D（$D \geqslant 7.000$ m，下同）的两个位置，光轴角为 0°00′/0°00′（α_i/β_j 为光轴角的表示方法，其中 α_i 为第 i 个水平方向的光轴角，左右方位用 L 或 R 表示；β_j 为第 j 个垂直方向的光轴角，下和上方位用 D 或 U 表示）。保持垂直方向上的光轴角 0°00′不变，将水平方向的光轴角示值转到 L3°00′（或 R3°00′），再按照 L3°00′→0°00′→R3°00′（或 R3°00′→0°00′→L3°00′）缓慢转动光轴角，并观察照度计的示值。在光轴角为 L2°00′和 R2°00′附近找到照度计示值相等的两个位置，并记录此时光轴角的示值 α'_{Li}，α'_{Ri}。

水平方向光轴角的零位示值误差按下式计算：

$$\Delta\alpha'_0 = (\alpha'_{Li} - \alpha'_{Ri})/2 \quad (1)$$

然后再反方向按上述方法，在 L2°00′和 R2°00′附近找到照度计示值相等的两个位置，并记录此时光轴角的示值 α''_{Li}，α''_{Ri}。

$$\Delta\alpha''_0 = (\alpha''_{Li} - \alpha''_{Ri})/2 \quad (2)$$

以两次结果的平均值作为校准器光轴在水平方向的零位示值误差。

$$\Delta\alpha_0 = (\Delta\alpha'_0 + \Delta\alpha''_0)/2 \quad (3)$$

保持校准器水平方向的光轴角处在 0°00′不变，光轴角垂直方向的示值转到 D2°00′(或 U2°00′)，再按照 D2°00′→0°00′→U2°00′（或 U2°00′→0°00′→D2°00′）方向缓慢转动光轴角，并观察照度计的示值。在光轴角为 D1°00′，U1°00′附近找到照度计示值相等的两个位置，记录此时垂直方向的光轴角示值 β'_{Dj}，β'_{Uj}。

再反方向按上述方法，在光轴角为 D1°00′，U1°00′附近找到照度计示值相等的两个位置，记录此时垂直方向的光轴角示值 β''_{Dj}，β''_{Uj}。

按下面方法处理数据：

两次垂直方向校准器零位的示值误差分别为：

$$\Delta\beta'_0 = (\beta'_{Dj} - \beta'_{Uj})/2 \quad (4)$$

$$\Delta\beta''_0 = (\beta''_{Dj} - \beta''_{Uj})/2 \quad (5)$$

以两次检定结果的平均值作为校准器光轴在垂直方向的零位示值误差：

$$\Delta\beta_0 = (\Delta\beta'_0 + \Delta\beta''_0)/2 \quad (6)$$

被检校准器光轴角零位示值误差记为 $\Delta\alpha_0/\Delta\beta_0$，方位分别用 L 或 R 与 D 或 U 表示，应符合 3.2.1 的要求。

5.2.3　发光强度

5.2.3.1　将调整好的被检校准器和照度计的探测器，固定在装置上相距 D 的两个位置(见图 2)，使光轴角处在 0°00′/0°00′状态，保持被检校准器垂直方向的光轴角（0°00′）不变，按某一方向缓慢转动水平方向光轴角转动旋钮，同时观察照度计的读数变化，当照度计读数最大时，记录此时光轴角的示值 α'_I。继续按原方向转动光轴角转动旋钮至少 1°，然后再反方向转动光轴角转动旋钮，当照度计的读数再次出现最大值时，记录此时水平方向光轴角的示值 α''_I。

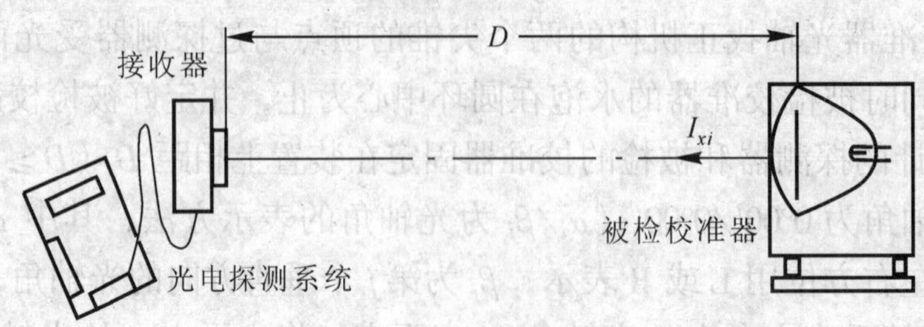

图 2　校准器发光强度检测示意图

被检校准器主光轴水平方向的位置为：

$$\alpha_I = (\alpha'_I + \alpha''_I)/2 \tag{7}$$

保持被检校准器水平方向的光轴角（0°00′）不变，缓慢转动垂直方向光轴角转动旋钮，找出照度计读数最大时对应的被检校准器垂直方向主光轴的两个示值 β'_I、β''_I。被检校准器主光轴垂直方向的位置为：

$$\beta_I = (\beta'_I + \beta''_I)/2 \tag{8}$$

被检校准器主光轴的位置记为 α_I/β_I（方位 L，R，D，U 按结果标注）。

5.2.3.2 顺时针方向将被检校准器的光轴角调至主光轴 α_I/β_I 位置。接通被检校准器的电源，打开开关，按仪器使用说明书的规定预热。打开照度计的开关，并选择适当的挡位。被检校准器经预热后开始检定，逐渐升高校准器的电压，直至照度计的指示值为 E_I（对应的实际照度为 $E_{0i} = I_{xi}/D^2$，其中 I_{xi} 为被检校准器的第 i 个发光强度），并记录此时被检校准器的显示电压 U'_i。按此法逐一检定出被检校准器的发光强度分别为 50×10^2 cd，80×10^2 cd，10×10^3 cd，12×10^3 cd，15×10^3 cd，20×10^3 cd，25×10^3 cd，30×10^3 cd，40×10^3 cd 等时对应的显示电压 U'_i（$i=1，2，3，\cdots，9$）。

逆时针方向将被检校准器的光轴角调至主光轴 α_I/β_I 位置，按上述方法逐一检定出被检校准器的发光强度分别为 40×10^3 cd，30×10^3 cd，25×10^3 cd，20×10^3 cd，15×10^3 cd，12×10^3 cd，10×10^3 cd，80×10^2 cd，50×10^2 cd 等时对应的显示电压 U''_j（$j=9，8，7，\cdots，1$）。

取两次显示电压的平均值作为检定结果：

$$U'_{Ii} = (U'_i + U''_j)/2 \quad (j = i) \tag{9}$$

校准器发光强度的相对扩展不确定度应满足 3.1.3 的要求。

5.2.4 校准器发光强度的重复性

固定照度计的探测器到被检校准器的距离 D，在发光强度为 20×10^3 cd 所对应的电压 U_i 下，连续测量被检校准器的发光强度不少于 5 次，按贝塞尔公式计算发光强度的标准差作为被检校准器发光强度的重复性：

$$s = \frac{1}{\bar{I}} \times \sqrt{\frac{\sum_{i=1}^{n}(I_i - \bar{I})^2}{(n-1)}} \times 100\% \quad (n \geqslant 5) \tag{10}$$

式中：I_i——第 i 次测量值，$I_i = E_i D^2$；

$\bar{I}$——发光强度的平均值；

n——测量次数。

校准器发光强度的重复性应满足 3.1.4 的要求。

5.2.5 校准器发光强度的稳定性

固定距离 D，在发光强度为 20×10^3 cd 所对应的电压 U_i 下，照度计的探测器受光照 2 min 开始测量，以后每隔 2 min 测量 1 次，共测量 6 次，被检校准器的稳定性按下式计算：

$$u = [(E_0/E_1) - 1] \times 100\% \tag{11}$$

式中：E_1——照度计的最小读数；

E_0——照度计的最大读数。

校准器发光强度的稳定性应满足 3.1.5 的要求。

5.2.6　校准器显示电压的稳定性

将被检校准器的显示电压调到发光强度 20×10^3 cd 时的相应值，连续观察 10 min，以显示电压和相对发光强度的最大差作为检定结果，应符合 3.1.6 的要求。

5.2.7　校准器光分布的对称性

按照6.2.1 的方法调整好被检校准器和照度计的探测器，并固定在装置上相距 D 的两个位置。逆时针方向将校准器的光轴角调至 0°00′/0°00′，并记录此时照度计的读数 E'_0。再按逆时针方向将光轴角分别调至 L1°00′/0°00′，L2°00′/0°00′，L3°00′/0°00′，然后再顺时针方向将光轴角从 L3°00′/0°00′分别调至 L2°00′/0°00′，L1°00′/0°00′，0°00′/0°00′，R1°00′/0°00′，R2°00′/0°00′，R3°00′/0°00，再逆时针将光轴角分别从 R3°00′/0°00″调至 R2°00′/0°00′，R1°00′/0°00′，0°00′/0°00′，分别记录光轴角为 0°00′/0°00′时照度计的 3 次读数 E'_0，E''_0，E'''_0，求出平均值 E_0 及光轴角为 L1°00′/0°00′，L2°00′/0°00′，R1°00′/0°00′，R2°00′/0°00′时照度计对应的同一光轴角的 2 次读数 E'_α，E''_α，并求出平均值 E_α。

被检校准器水平方向的光轴角为 α 时的相对发光强度按下式计算：

$$I_\alpha/I_0=(E_\alpha/E_0)\times100\% \tag{12}$$

式中：E_0——光轴角处于 0°00′/0°00′时，照度计的 3 次读数的平均值；

E_α——光轴角处于 α/0°00′时，照度计的 2 次读数的平均值。

被检校准器垂直方向的相对发光强度参照上述方法检定。被检校准器水平方向的光轴角保持在 0°00′状态不变，只改变垂直方向的光轴角。

被检校准器垂直方向的光轴角为 β 时的相对发光强度为：

$$I_\beta/I_0=(E_\beta/E_0)\times100\% \tag{13}$$

式中：E_β——光轴角处于 0°00′/β 时，照度计的 2 次读数的平均值。

光轴角分别为 L1°00′/0°00′与 R1°00′/0°00′，L2°00′/0°00′与 R2°00′/0°00′及 0°00′/D1°00′与 0°00′/U1°00′的光分布之差符合 3.2.4 的要求。

5.2.8　校准器光轴角的示值误差

将光轴角检定装置的旋转升降台台面调水平，放上被检的校准器，利用专用夹具将平面反射镜安装到被检校准器透镜的顶点附近（见图 3）。接通激光器电源，调整旋转升降台的高度和角度，使得激光光束照到平面反射镜上。被检校准器的光轴角处在 0°00′/0°00′，调整反射镜使反射的激光光斑中心与坐标板上的原点重合。

保持被检校准器垂直方向的光轴角示值处在 0°00′状态，逆时针转动光轴角转动旋钮，使光轴角水平方向的示值分别处在 0°00′/0°00′，L1°00′/0°00′，L2°00′/0°00′，L3°00′/0°00′；然后再顺时针转动光轴角转动旋钮，使光轴角示值分别处在 L2°00′/0°00′，L1°00′/0°00′，0°00′/0°00′，R1°00′/0°00′，R2°00′/0°00′，R3°00′/0°00′；再逆时针转动光轴角转动旋钮，使光轴角示值分别处在 R2°00′/0°00′，R1°00′/0°00′，0°00′/0°00′位置。从坐标板上读出光轴角处在同一示值时激光光斑中心偏离原点的距离的 2 次读数 $\Delta l'_\alpha$，$\Delta l''_\alpha$，以平均值 Δl_α 作为测量值。反射镜到坐标板原点的距离 L_0 事先测得，被检校准

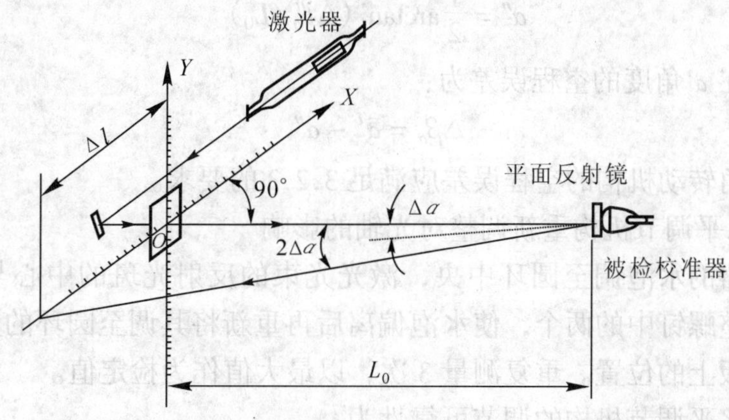

图 3　校准器光轴角示值误差检定示意图

器光轴转动的实际角度 α_{0i} 由下式求出：

$$\alpha_{0i} = \frac{1}{2}\arctan\ (\Delta l_\alpha / L_0) \tag{14}$$

光轴角的示值误差 $\Delta\alpha_i$：

$$\Delta\alpha_i = \alpha_i - \alpha_{0i} = \alpha_i - \frac{1}{2}\arctan\ (\Delta l_i / L_0) \tag{15}$$

式中：α_i——第 i 个光轴角的示值。

保持被检校准器水平方向的光轴角示值处在 0°00′状态，顺时针转动光轴角转动旋钮，使校准器光轴角垂直方向的示值分别处在 0°00′/0°00′，0°00′/D1°00′，0°00′/D2°00′，0°00′/D3°00′；然后再逆时针转动光轴角转动旋钮，使光轴角示值分别处在 0°00′/D2°00′，0°00′/D1°00′，0°00′/0°00′，0°00′/U1°00′，0°00′/U2°00′位置；再顺时针转动光轴角转动旋钮，使光轴角示值处在 0°00′/U1°00′，0°00′/0°00′位置。从坐标板上读出光轴角处在同一示值时激光光斑中心偏离原点的距离的 2 次读数 $\Delta l'_\beta$，$\Delta l''_\beta$，以平均值 Δl_β 作为测量值。L_0 事先测出，被检校准器光轴实际转动的角度 β_{0j} 由下式求出：

$$\beta_{0j} = \frac{1}{2}\arctan\ (\Delta l_\beta / L_0) \tag{16}$$

光轴角的示值误差 $\Delta\beta_j$：

$$\Delta\beta_j = \beta_j - \beta_{0j} = \beta_j - \frac{1}{2}\arctan\ (\Delta l_\beta / L_0) \tag{17}$$

式中：β_j——第 j 个垂直方向的光轴角示值。

校准器光轴角的示值误差应满足 3.2.2 的要求。

5.2.9　校准器光轴转动机构的空程误差

重复 5.2.8 的步骤。

顺时针方向转动光轴角时被检校准器光轴实际转动的角度为：

$$\alpha' = \frac{1}{2}\arctan\ (\Delta l'_\alpha / L_0) \tag{18}$$

逆时针方向转动光轴角时被检校准器光轴实际转动的角度为：

$$\alpha'' = \frac{1}{2}\arctan\left(\Delta l''_{\alpha}/L_0\right) \tag{19}$$

被检校准器在 α 角度的空程误差为：

$$\Delta\beta_{\alpha} = \alpha' - \alpha'' \tag{20}$$

校准器光轴角转动机构的空程误差应满足 3.2.3 的要求。

5.2.10　校准器水平调节机构重新调整对光轴的影响

将被检校准器的水泡调至圆环中央，激光光束的反射光斑的中心与坐标板原点重合，调节三个调整螺钉中的两个，使水泡偏离后再重新将其调至圆环的中央，记下反射光斑中心在坐标板上的位置。重复测量 3 次，以最大值作为检定值。

被检校准器水平调节机构的调节可靠性为：

$$\Delta\theta = \frac{1}{2}\arctan\left(\Delta l_{\theta}/L_0\right) - \frac{1}{2}\arctan\left(\Delta l'_{\theta}/L_0\right) \tag{21}$$

式中：Δl_{θ} ——第 i 次调节后，反射光斑的中心在坐标板上偏离原点的最大距离；

$\Delta l'_{\theta}$——第 j 次调节后，反射光斑的中心在坐标板上偏离原点的最小距离；

L_0——坐标原点到反射镜的距离。

校准器水平调节机构重新调整对光轴的影响应满足 3.3 的要求。

5.3　检定结果的处理

按本规程要求经检定合格的校准器发给检定证书（证书背面格式见附录 A），检定不合格的校准器发给检定结果通知书，并注明不合格项目。

5.4　检定周期

校准器的检定周期一般不超过 1 年。

附录 A

检定证书（背面）格式

1 通用技术要求：

2 发光强度：

主光轴位置	发光强度/cd	电压/V
	50×10^2 80×10^2 10×10^3 12×10^3 15×10^3 20×10^3 25×10^3 30×10^3 40×10^3	

3 发光强度的重复性：

4 发光强度的稳定性：

5 校准器显示电压的稳定性：

6 校准器的光强分布、光轴角零位示值误差、光轴角示值误差与光轴转动机构的空程误差：

光轴角	光强分布$\frac{I_\alpha}{I_0}\times100\%$	光轴角示值误差 $\Delta\alpha_i$	空程误差 $\Delta\beta_i$
0°00′/0°00′ L1°00′/0°00′ L2°00′/0°00′ R1°00′/0°00′ R2°00′/0°00′ 0°00′/D1°00′ 0°00′/D2°00′ 0°00′/U1°00′			

7 校准器水平调节机构重新调整对光轴的影响：

附：1. 校准器发光强度的检定距离 D： m

2. 检测条件：温度： ℃；湿度： %RH；电压：AC V

附录 B

前照灯检测仪校准器检定原始记录

证书编号：

送检单位		单位地址			
仪器名称		制 造 厂			
型号规格		仪器编号			
标 准 器		温 度	℃	湿 度	%RH
检测依据					

1 通用技术要求：

2 光轴角零位示值误差：

α_0		β_0	

3 主光轴的位置、发光强度（$D=$ m）：

主光轴位置	光强 I_i/cd	电压读数 U_i/V	平均值 $\bar{U}_i$/V	照度值 E_i/lx	照度计示值 E'_i/lx	备 注
	50×10^2					
	80×10^2					
	10×10^3					
	12×10^3					
	15×10^3					
	20×10^3					
	25×10^3					
	30×10^3					
	40×10^3					

4 发光强度的重复性：

次 数	1	2	3	4	5					
光照度/lx										

5 发光强度的稳定性：

时间/min						
光照度/lx						

6 校准器显示电压的稳定性：

显示电压			发光强度（照度）		

表（续）

7　光分布（$D=$　　　m）：

光轴角 α_i/β_j	照度计读数 E_{xi}/lx	平均值 $\bar{E}_{xi}$/lx	光分布/%	备注
0°00′/0°00′				
L1°00′/0°00′				
L2°00′/0°00′				
R1°00′/0°00′				
R2°00′/0°00′				
0°00′/D1°00′				
0°00′/D2°00′				
0°00′/U1°00′				

8　光轴角示值误差：

9　光轴角转动机构的空程误差（$L_0=$　　　mm）：

光轴角 α_i/β_j	光斑偏移距离 Δl_i/mm		平均值 Δl_i/mm	光轴角 实际值 α_{0i}	误差	
	顺时针方向转	逆时针方向转			示值	空程
L1°00′/0°00′						
L2°00′/0°00′						
R1°00′/0°00′						
R2°00′/0°00′						
0°00′/D1°00′						
0°00′/D2°00′						
0°00′/U1°00′						

10　校准器水平调整机构的重复性：

次数	1	2	3	4	5	6
光斑 X 方向位						
光斑 Y 方向位						

检定员/日期：　　　　　　　　核验员/日期：

附录 C

不确定度分析

C.1　校准器发光强度的不确定度分析

检定校准器的发光强度时，固定被检校准器到照度计接受器之间的距离 D，改变被检校准器的显示电压 U_i，得到不同的照度 E_i，被检校准器的发光强度按下式计算：

$$I_i = D^2 E_i \cos\alpha_i \tag{C.1}$$

式中：α_i——校准器的主光轴与装置轴线不平行时两者之间的夹角。

发光强度 I_i 是独立变量 D，E_i，α_i 的非线性函数。它的合成标准不确定度为：

$$u_c(I_i) = \sqrt{\left(\frac{\partial I_i}{\partial E_i}u(E_i)\right)^2 + \left(\frac{\partial I_i}{\partial D}u(D)\right)^2 + \left(\frac{\partial I_i}{\partial \alpha_i}u(\alpha_i)\right)^2} \tag{C.2}$$

相对合成标准不确定度为：

$$u_c(I_i)/I_i = \sqrt{\left[\frac{u(E_i)}{E_i}\right]^2 + \left[2\times\frac{u(D)}{D}\right]^2 + [\mathrm{tg}\alpha_i \cdot u(\alpha_i)]^2} \tag{C.3}$$

其中：

1）一级照度计的光照度相对标准不确定度：$u_1 = u(E_i)/E_i = 4\%/3 \approx 1.3\%$；

2）光照度计的色匹配的相对标准不确定度：$u_2 = 3\%/3 = 1\%$；

3）距离 D 测量的相对标准不确定度：$s_1 = u(D)/D = 0.1\%$；

4）被检校准器起始位置（零点）的相对标准不确定度：$s_2 = 0.1\%$；

5）校准器主光轴与装置轴线不平行的不确定度：$s_3 = 0.2/208 = 0.096\%$；

6）校准器发光强度的重复性：$S_4 = 1\%/3 \approx 0.33\%$；

7）校准器发光强度的稳定性：$u_3 = 1.5\%/3 \approx 0.5\%$。

这里的 s_1，s_2 相关，通过实验求出相关系数 $r = 0.612\,4$①。

$\overline{D_0}$，$\overline{D}$ 的方差为：

$$u^2(\overline{D_0}) = \frac{1}{n(n-1)}\sum_{i=1}^{5}(D_{0i} - \overline{D_0})^2$$

① 零位 D_{0i}、距离 D_i 的原始纪录见下表：

序号	D_{0i}/mm	$D_{0i}-\overline{D}_0$	D_i/mm	$D_i-\overline{D}$	$(D_i-\overline{D}_0)(D_i-\overline{D})$
1	500.0	−0.02	8 008	+0.6	−0.012
2	500.0	−0.02	8 007	−0.4	+0.008
3	500.0	−0.02	8 007	−0.4	+0.008
4	500.1	+0.08	8 008	+0.6	+0.048
5	500.0	−0.02	8 007	−0.4	+0.008
	$\overline{D}_0 = 500.02$		$\overline{D} = 8\,007.4$		$\sum(D_{0i}-\overline{D_0})(D_i-\overline{D}) = 0.06$

$$= \frac{1}{5\times(5-1)}[(-0.02)^2+(-0.02)^2+(-0.02)^2+(0.08)^2+(-0.02)^2]$$

$$= 0.000\,4$$

$$u^2(\overline{D}) = \frac{1}{n(n-1)}\sum_{i=1}^{5}(D_i-\overline{D})^2$$

$$= \frac{1}{5\times(5-1)}[(0.6)^2+(-0.4)^2+(-0.4)^2+(0.6)^2+(-0.4)^2]$$

$$= 0.06$$

$\overline{D_0}$，$\overline{D}$ 的协方差为：

$$u(\overline{D_0}\cdot\overline{D}) = \frac{1}{n(n-1)}\sum_{i=1}^{5}(D_{0i}-\overline{D_0})(D_i-\overline{D})$$

$$= \frac{1}{5\times(5-1)}[(-0.012)+0.008+0.008+0.048+0.008]$$

$$= 0.003$$

相关系数 r 为：

$$r = \frac{u(\overline{D_0}\cdot\overline{D})}{u(\overline{D_0})\cdot u(\overline{D})}$$

$$= \frac{0.003}{\sqrt{0.000\,4\times0.06}}$$

$$= 0.612\,4$$

标准器发光强度的相对合成标准不确定度为：

$$u_c(I)/I = \sqrt{u_1^2+u_2^2+(2s_1)^2+(2s_2)^2+2r(2s_1)\cdot(2s_2)+(s_3\cdot\mathrm{tg}\alpha_i)^2+s_4^2+u_3^2} \quad (C.4)$$

$$= [(1.3\%)^2+(1\%)^2+(2\times0.1\%)^2+(2\times0.1\%)^2+2\times0.612\,4$$

$$\times(2\times0.1\%)\times(2\times0.1\%)+(0.096\%)^2+(0.33\%)^2+(0.5\%)^2]^{\frac{1}{2}}$$

$$= 1.8\%$$

取 B 类评定的输入估计值 x_i 标准不确定度的相对不确定度：

$$\Delta u(x_i)/u(x_i) = 1/5$$

代入式（C.5）算出自由度：

$$\nu_i \approx \frac{1}{2}[\Delta u(x_i)/u(x_i)]^{-2} = 12 \quad (C.5)$$

合成相对标准不确定度 $u_c(I)/I$ 的有效自由度：

$$\nu_{\mathrm{eff}} = \frac{[u_c(I)/I]^4}{\sum\frac{[u(x_i)/x_i]^4}{\nu_i}} \quad (C.6)$$

$$= \frac{(1.8\%)^4}{\frac{(1.3\%)^4}{12}+\frac{(1\%)^4}{12}+\frac{(0.1\%)^4}{3-1}+\frac{(0.1\%)^4}{3-1}+\frac{(0.096\%)^4}{3-1}+\frac{(0.33\%)^4}{12}+\frac{(0.5\%)^4}{12}} \approx 32$$

当有效自由度 ν_{eff}为 32，置信概率为 0.997 3 时，查 t 分布表可得包含因子 k_p：

$$k_p = t_{0.997\,3}(32) = 3.25$$

校准器发光强度的相对扩展不确定度：

$$U/I = k_p[u_c(I)/I] \approx t_{0.9973}(32)[u_c(I)/I]$$
$$= 3.25 \times 1.8\% \approx 5.8\% = 6\%$$

C.2　光轴角检定的不确定度分析

校准器光轴实际转动的角度 α_i：

$$\alpha_i = \frac{1}{2}\arctan(\Delta l_i / L_0) \tag{C.7}$$

$$\mathrm{d}\alpha_i = \frac{\partial \alpha_i}{\partial(\Delta l_i)} u(\Delta l) + \frac{\partial \alpha_i}{\partial L_0} u(L_0) \tag{C.8}$$

其中：

$$\frac{\partial \alpha_i}{\partial(\Delta l_i)} = \frac{L_0}{2[(\Delta l_i)^2 + L_0{}^2]}$$

$$\frac{\partial \alpha_i}{\partial(\Delta L_0)} = \frac{-\Delta l_i}{2[(\Delta l_i)^2 + L_0{}^2]}$$

校准器光轴角检定装置的不确定度来源有：

a）贴在被检校准器透镜顶点附近的反射镜到坐标板原点的距离 $L_0 = 5\,000$ mm，不确定度 $u(L_0) = 5$ mm。

b）激光光斑中心偏离坐标原点的距离 $\Delta l_i = 350$ mm 时，不确定度 $u(\Delta l_0) = 1$ mm。

c）激光光斑出射孔位置偏离坐标原点的不确定度 $u(\Delta l_i) = 1$ mm。

d）在检定时，被检校准器 5 000 mm 内的找正误差 2 mm，对应的角度为：

$$\mathrm{d}\alpha = 4 \times 10^{-4}\ \mathrm{rad} \approx 1.4'$$
$$u(\alpha) = \mathrm{d}\alpha / 3 \approx 0.5' = 1.3 \times 10^{-4}\ \mathrm{rad}$$

光轴实际转角 α_i 的合成标准不确定度：

$$u_c(\alpha_i) = \sqrt{\left\{\frac{L_0}{2[(\Delta l_i)^2 + L_0{}^2]} u(\Delta l_i)\right\}^2 + \left\{\frac{-\Delta l_i}{2[(\Delta l_i)^2 + L_0{}^2]} u(L_0)\right\}^2} \tag{C.9}$$

$$= \frac{1}{2}\sqrt{\left[\frac{L_0}{L_0^2 + (\Delta l_i)^2} u(\Delta l_i)\right]^2 + \left[\frac{L_0}{L_0^2 + (\Delta l_i)^2} u(\Delta l_0)\right]^2 + \left[\frac{-\Delta l_i}{L_0^2 + (\Delta l_i)^2} u(L_0)\right]^2 + [u(\alpha)]^2}$$

$$= \frac{1}{2}\sqrt{\left(\frac{5\,000}{5\,000^2 + 350^2} \times 1\right)^2 + \left(\frac{5\,000}{5\,000^2 + 350^2} \times 1\right)^2 + \left(\frac{-350}{5\,000^2 + 350^2} \times 5\right)^2 + (1.3 \times 10^{-4})^2}$$

$$= 1.59 \times 10^{-4}\ \mathrm{rad}$$
$$= 0.55'$$
$$= 0.6'$$

光轴角检定的扩展不确定度（$k = 3$）：

$$U = ku_c(\alpha_i) = 3 \times 0.6' = 1.8'$$

中华人民共和国国家计量技术规范

JJF 1141—2006

汽车转向角检验台校准规范

Calibration Specification for Turning Angle Testers for Automobile

2006－03－08 发布　　2006－07－01 实施

国家质量监督检验检疫总局 发布

汽车转向角检验台校准规范

1 范围

本规范适用于汽车转向角检验台（以下简称转角台）的校准。

2 引用文献

JJG 1001—1998 通用计量术语及定义
JJF 1094—2002 测量仪器特性评定技术规范
JJF 1059—1999 测量不确定度评定与表示
使用本规范时，应注意使用上述引用文献的现行有效版本。

3 概述

转角台是以角度传感器为标准给出角位移的检测仪器。它广泛用于汽车综合性能检验中检测汽车转向轮的转向角，主要结构由左、右机架，浮动盘，角度传感器和显示器等部分组成，如图1所示。根据对中方法分为自动式和手动式。

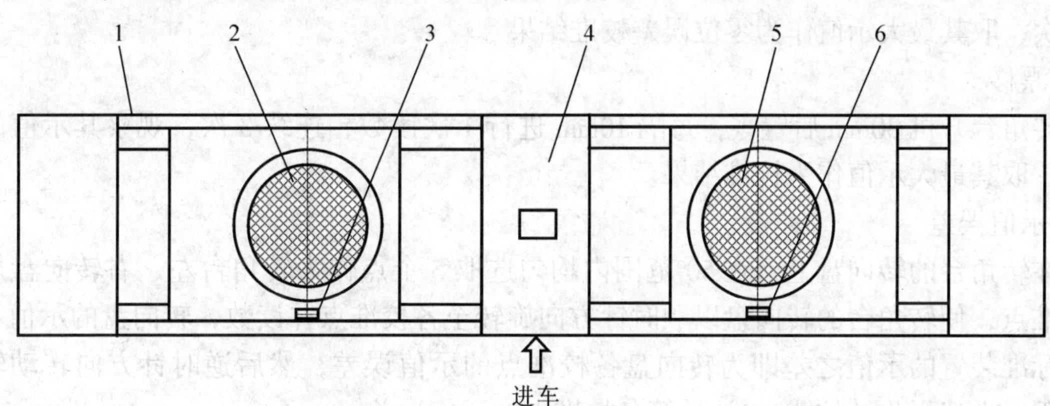

图1 汽车转向角检验台结构示意图

1—机架；2—左回转盘；3—左找正光电传感器；4—中间盖板；
5—右回转盘；6—右找正光电传感器

4 计量特性

4.1 测量范围：(0 ~ ±50)°

4.2 空载零位误差：±5°

4.3 漂移：数字显示式仪表的变化量不超过0.5°/0.5h

4.4 示值误差：±1°

注：由于校准不判定合格与否，故上述要求仅供参考。

5 校准条件

5.1 环境条件

校准工作在常温下进行。

5.2 校准器具

5.2.1 转角台标准装置：测量范围 0°~360°，分辨力 0.01°，示值误差 ±0.05°。

5.2.2 百分表：测量范围（0~30）mm，1 级。

6 校准项目和校准方法

首先检查，确定没有影响校准计量特性的因素后，再进行校准。

将转角台标准装置固定在转角台的转向盘上，用百分表调整其同轴度，百分表示值变化不大于 0.5mm。

6.1 测量范围

转角台标准装置仪表置零，顺时针转动转向盘至 50°，观测转向盘的示值是否为 50°；然后回到零位，逆时针转动转向盘重复上述操作。

6.2 空载零位误差

启动转角台处于工作状态，稳定后转角台示值应为零，若不为零即为零位误差，重复三次，取其最大示值作为零位误差校准结果。

6.3 漂移

转角台开机 30min 后置零，每隔 10min 进行 1 次读数，连续 3 次，观察其示值的变化量，取其最大示值作为校准结果。

6.4 示值误差

在转角台的转向盘上，在 50°范围内均匀选取 5 个点作为转角台左、右转向盘旋转的校准点，使转角台的转向盘以顺时针方向旋转至各校准点并读数，转向盘的示值和转角台标准装置的示值之差即为转向盘各校准点的示值误差，然后逆时针方向转动转向盘，重复上述操作。按式（1）计算各校准点的示值误差：

$$\delta_i = \beta_i - \beta_{0i} \tag{1}$$

式中：δ_i——转角台在各校准点的示值误差，(°)；

β_i——转角台在第 i 校准点的读数值，(°)；

β_{0i}——转角台标准装置在第 i 校准点的读数值，(°)。

示值误差取各校准点的示值误差最大值作为校准结果，计算实例见附录 A。

7 校准结果表达

经校准的转角台，出具校准证书。注明校准项目、校准用测量标准的溯源性及有效性说明以及测量结果不确定度等（详见附录 C）。

8 复校时间间隔

根据转角台的状态而定，校准时间间隔建议为 1 年。

附录 A

示值误差计算实例

		左转向盘		右转向盘	
	标准值	仪表显示值（°）	示值误差（°）	仪表显示值（°）	示值误差（°）
	β_{0i}	β_i	$\beta_i-\beta_{0i}$	β_i	$\beta_i-\beta_{0i}$
顺时针	0°	0	0	0	0
	15°	15.2	0.2	15.0	0.2
	30°	30.3	0.3	29.9	−0.1
	40°	40.2	0.2	40.4	0.4
	50°	50.4	0.4	49.8	−0.2
逆时针	0°	0	0	0	0
	15°	15.3	0.3	14.9	−0.1
	30°	29.7	−0.3	30.4	0.4
	40°	40.4	0.4	40.5	0.5
	50°	49.7	−0.3	50.3	0.3
最大示值误差		$\delta_{\max左}=0.4°$		$\delta_{\max右}=0.5°$	

附录 B

汽车转向角检验台示值误差测量不确定度的评定

B.1 测量方法

在转角台的转向盘上，在50°范围内均匀选取5个点作为转角台左、右转向盘旋转的校准点，使转角台的转向盘以顺时针旋转至各校准点并读数，转向盘的示值和转角台标准装置的示值之差即为转向盘的示值误差。

B.2 数学模型

$$\delta_i = \beta_i - \beta_{0i} \tag{B.1}$$

式中：δ_i——转角台在各校准点的示值误差，(°)；

β_i——转角台在第 i 校准点的读数值，(°)；

β_{0i}——转角台标准装置在第 i 校准点的读数值，(°)。

B.2.1 方差

依方程：$u_c^2(y) = \sum(\partial f/\partial x_i)^2 u^2(x_i)$ (B.2)

由（B.1）式得方差：$u_c^2(\delta_i) = c^2(\beta_i)^2 u^2(\beta_i)^2 + c^2(\beta_{0i}) u^2(\beta_{0i})^2$ (B.3)

式中：$u(\beta_i)$——转角台引入的标准不确定度；

$u(\beta_{0i})$——标准装置引入的标准不确定度。

B.2.2 灵敏系数

$$c(\beta_i) = \partial f/\partial \beta_i = 1 \tag{B.4}$$

$$c(\beta_{0i}) = \partial f/\partial \beta_{0i} = -1 \tag{B.5}$$

根据（B.4），（B.5）式得标准不确定度：

$$u^2(\delta_i) = 1^2 u^2(\beta_i)^2 + (-1)^2 u^2(\beta_{0i})^2 \tag{B.6}$$

B.3 标准不确定度分量

B.3.1 由转角台引入的标准不确定度 $u(\beta_i)$

B.3.1.1 由转角台测量重复性引入的标准不确定度分量 u_1

将转角台转过 30°，进行 10 次独立、等精度重复测量，转角台的测量结果如表 B.1。

表 B.1 对转角台进行 10 次独立、等精度测量的结果

	被检转角台示值（°）										$\sum\beta_i$	$\overline{\beta_i}$
测量次数	1	2	3	4	5	6	7	8	9	10		
β_i	29.9	29.7	29.8	29.8	29.9	30.1	29.8	29.9	30.1	30.1	299.1	29.91
$\beta_i-\overline{\beta_i}$	−0.01	−0.21	−0.11	−0.11	−0.01	0.19	−0.11	−0.01	0.19	0.19		
$(\beta_i-\overline{\beta_i})^2$	0.0001	0.0441	0.0121	0.0121	0.0001	0.0361	0.0121	0.0001	0.0361	0.0361	0.189	

用贝塞尔公式计算出单次测量的实验标准差：

$$s = \sqrt{\sum_{i=1}^{n}(\beta_i - \overline{\beta_i})^2/(n-1)} = 0.14° \quad (其中\ n = 10)$$

其标准不确定度分量为： $u_1 = 0.14°$

自由度：$\nu_1(\beta_i) = 10 - 1 = 9$

B.3.1.2　转角台数显量化误差引入的不确定度分量 u_2

转角台显示仪表的分辨力为：±0.1°，其量化误差以等概率分布在半宽度为0.1°/2 = 0.05°的区间内，取包含因子 $k = \sqrt{3}$，其引入的相对标准不确定度为：

$$u_2 = 0.05/\sqrt{3} = 0.029°$$

估计其相对不确定度为 10%，所以自由度为：

$$\nu_2 = 1/2(10\%)^{-2} = 50$$

由转角台引入的标准不确定度为：

$$u(\beta_i) = \sqrt{u_1^2 + u_2^2} = \sqrt{0.14^2 + 0.029^2} = 0.14°$$

$$\nu(\beta_i) = 0.085^4/(0.14^4/9 + 0.029/50) = 9$$

B.3.2　标准装置引入的标准不确定度分量为 $u(\beta_0)$

B.3.2.1　标准装置由上一级标准检定的示值误差引入的标准不确定度分量为 $u_{\beta_{01}}$

标准装置是由上一级标准检定，标准装置的示值误差为±0.05°，此误差为均匀分布，取包含因子 $k = \sqrt{3}$，因此：

$$u_{\beta_{01}} = 0.05 \div \sqrt{3} = 0.029°$$

估计其相对不确定度为 10%，所以自由度为：

$$\nu(\beta_{01}) = 1/2(10\%)^{-2} = 50$$

B.3.2.2　标准装置数显量化误差引入的不确定度分量 $u_{\beta_{02}}$

标准装置数显示仪表的分辨力为：±0.01°，其量化误差以等概率分布在半宽度为0.01°/2 = 0.005°的区间内，取包含因子 $k = \sqrt{3}$，其引入的相对标准不确定度为：

$$u_{\beta_{02}} = 0.005/\sqrt{3} = 0.0029°$$

估计其相对不确定度为 10%，所以自由度为：

$$\nu_2 = 1/2(10\%)^{-2} = 50$$

由标准装置引入的标准不确定度为：

$$u(\beta_0) = \sqrt{u_{\beta_{01}}^2 + u_{\beta_{02}}^2} = \sqrt{0.0029^2 + 0.029^2} = 0.029°$$

$$\nu(\beta_0) = 0.029^4/(0.0029^4/50 + 0.029/50) = 50$$

B.3.3　标准不确定度分量

表 B.2 标准不确定度分量一览表

标准不确定度分量	不确定度来源	标准不确定值 $u(x_i)$	灵敏系数 $c_i=\partial f/\partial x_i$	$\|c_i\|\times u(x)$	自由度
$u(\beta_i)$	转角台	0.14	1	0.14	9
u_1	测量重复性	0.14		0.14	9
u_2	数显量化	0.14		0.14	9
$u(\beta_0)$	标准检测仪	0.029	-1	0.029	50

B.4 合成标准不确定度

由于各标准不确定度分量不相关，所以：

$$u_c(\delta_i) = \sqrt{c^2u^2(\beta_i) + c^2u^2(\beta_0)} = \sqrt{0.14^2 + 0.029^2} = 0.14°$$

有效自由度为：

$$\nu_{\text{eff}} = 0.14^4/(0.14^4/9 + 0.029^4/50) = 9$$

B.5 扩展不确定度

按置信概率 $p=0.95$，有效自由度 $\nu_{\text{eff}}=9$，查 t 分布表得 $k_p=t_{95}$（9）$=2.26$，则扩展不确定度应为：$U_p=k_p\times u_c(\delta_i)$ $=2.26\times0.14=0.32°$。

结论：上述分析及计算按 JJF 1059—1999《测量不确定度评定与表示》进行。得到汽车转向角检验台示值误差测量结果扩展不确定度为：$U_p=0.32°$（置信概率 $p=0.95$；包含因子 $k_p=2.26$）。根据汽车转向角检验台校准规范的规定，被检汽车转向角检验台允许示值误差为 ±1°，所以经上述不确定度评定，校准能满足三分之一量值传递要求。

附录 C

校准证书封面及内页格式

（校准单位名称）

地址：
Address
邮编：
Post Code
电话：　　　传真：
Tel　　　Fax

校 准 证 书
CALIBRATION CERTIFICATE

证书编号：
Certificate No.
委　托　方：
Customer
地　　　址：
Address
样 品 名 称：
Description of Sample
制 造 厂/商：
Manufacturer
型 号/规 格：
Model/Type
出 厂 编 号：
Ex-factory No.

发证单位（专用章）
Issued by　（Stamp）

证书批准人：　　职务（称）：
Approved by　　Position
校　准　员：　　核 验 员：
Calibrated by　　Checked by
校 准 日 期：　　年　月　日
Calibration Date　　Year　Month　Day
样品接收日期：　　年　月　日
Received Date　　Year　Month　Day

校准证书专用　　第　页　共　页
Calibration Certificate　　Page　of

校准证书（内页）格式

校 准 依 据 及 代 号：　　　　　　　　校 准 标 准 名 称：

校 准 地 点：　　　　　　　　　　　　校 准 标 准 有 效 期：

温 度：　　　℃　　　　　　　　　　　相 对 湿 度：

建 议 下 次 校 准 时 间：

共　　页　　第　　页

标 准 项 目 名 称	结 果
1 测量范围	
2 空载零位误差	
3 漂移	
4 示值误差	
4.1 左 转 向 盘	
4.2 右 转 向 盘	

示值误差测量不确定度为：

注：证书只对被校准仪器有效。未经校准单位批准，不得部分复印。

校准单位：　　　　　　　　　　　　电话：

地址：　　　　　　　　　　　　　　传真：

中华人民共和国国家计量技术规范

JJF 1151—2006

车轮动平衡机校准规范

Calibration Specification for Wheel Dynamic Balancers

2006－05－23 发布　　　　2006－08－23 实施

国家质量监督检验检疫总局　发布

中华人民共和国国家计量技术规范

JJF 1151—2006

车轮动平衡机校准规范

Calibration Specification for Wheel Dynamic Balancers

2006-05-23 发布　　2006-08-23 实施

国家质量监督检验检疫总局 发布

车轮动平衡机校准规范

1 范围

本规范适用于离车式硬支承车轮动平衡机（以下简称平衡机）的校准。

2 引用文献

ZBN 73001—1988　卧式硬支承平衡机

GB 4201 —1984　通用卧式平衡机校验

GB 6444—1995　机械振动 平衡词汇

GB 9239—1988　刚性转子平衡品质许用不平衡量的确定

JBN 73004—1989　闪光动平衡机技术条件

使用本规范时，应注意使用上述引用文献的现行有效版本。

3 术　语

3.1　分离比——是指给定转子两校正平面 A 和 B 的干扰比。I_{AB}和 I_{BA}定义如下：

$$I_{AB} = \frac{U_{AB}}{U_{BB}} \times 100\% \tag{1}$$

$$I_{BA} = \frac{U_{BA}}{U_{AA}} \times 100\% \tag{2}$$

式中：U_{AB}、U_{BB}——分别表示在校正平面 B 上加上规定的不平衡量后，A、B 面的不平衡量指示值；

U_{BA}、U_{AA}——分别表示在校正平面 A 上加上规定的不平衡量后，B、A 面的不平衡量指示值；

I_{AB}——B 面对 A 面的分离比；

I_{BA}——A 面对 B 面的分离比。

3.2　最小可达剩余不平衡量（e_{mar}）——平衡机能使转子达到的不平衡量的最小值。是衡量平衡机最高平衡能力的性能指标。计量单位为 g·mm/kg。

3.3　许用剩余不平衡质量（m_e）——校验转子每校正平面试验圆周上许用的剩余不平衡量，计量单位为 g。

4 概述

平衡机的工作原理是依据旋转刚体动平衡理论来实现的，一般是由机电转换系统将不平衡量转换为电信号，通过电测系统的测量与计算，由仪表显示不平衡量。它可对车轮动不平衡量进行检测。其原理示意图如下：

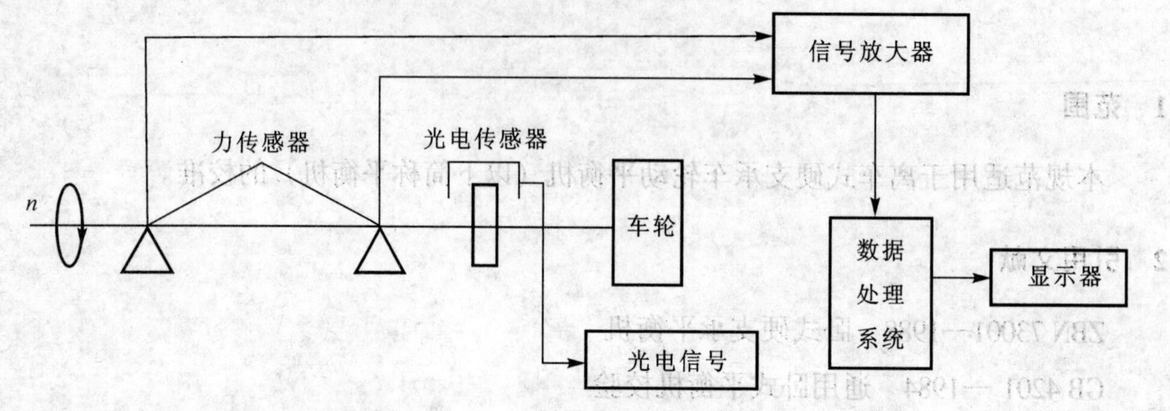

图1　平衡机原理示意图

5　计量特性

5.1　主轴轴向定位盘端面圆跳动

优于0.05mm。

5.2　主轴径向圆跳动

优于0.05mm。

5.3　专用卡规允许误差

±0.5mm。

5.4　最小可达剩余不平衡量

$e_{mar}\leqslant 200g\cdot mm/kg$。

5.5　分离比

不小于1:8。

5.6　重复装卡误差

不大于$1.5e_{mar}$。

5.7　重复性误差

不大于$0.3e_{mar}$。

5.8　相位允许误差

±15°。

注：上述技术指标仅供参考。

6　校准条件

6.1　环境条件

6.1.1　温度：0℃~40℃。

6.1.2 湿度：≤85%RH。

6.1.3 电源电压波动量不应超过额定值的±10%。

6.1.4 校准现场周围应无强烈的振动源和高频信号干扰。

6.2 标准器及其他设备

6.2.1 Ⅱ$_9$天平一架，称量范围0.2kg。

6.2.2 砝码：M3级克组。

6.2.3 带磁力表座的百分表，量程（0~10）mm；分度值0.01mm，准确度1级。

6.2.4 500mm钢直尺一把，准确度等级：Ⅰ级。

6.2.5 校验转子（见附录A）。

6.2.6 试重（见附录B）。

7 校准项目和校准方法

7.1 主轴轴向定位盘端面圆跳动的校准

安装好百分表，使百分表触头与主轴轴向定位盘端面接触，且离该端面边缘5mm左右，调整好百分表指针，用手转动主轴一周，记录百分表示值变动量（最大值-最小值）。

7.2 主轴径向圆跳动的校准

安装好百分表，使百分表触头与主轴接触，调整好百分表指针，用手转动主轴一周，记录百分表示值变动量。

7.3 专用卡规的校准

用钢直尺对专用卡规50.8mm、152.4mm、254mm三点进行校准，记录其结果与专用卡规长度之差值。

7.4 轮距尺的校准

在轮距尺满量程范围内选择三点作为校准点，用钢直尺对该三点进行校准，记录其结果与轮距尺示值之差值。

7.5 最小可达剩余不平衡量 e_{mar}的校准

7.5.1 选定一个质量小于平衡机允许平衡最大质量三分之一的校验转子。

7.5.2 m_e 值的确定

由公式（3）计算 m_e 值：

$$m_e = \frac{M \times e_{mar}}{2R} \tag{3}$$

式中：M——校验转子质量，kg；

R——校验转子校验半径，mm。

m_e 值计算举例：

选定转子质量 $M = 20$kg，转子半径 $R = 356/2$mm

则：

$$m_e = \frac{20 \times 200}{356} = 11.2\ (\text{g})$$

7.5.3　选择适合于转子中心孔径大小的锥套，将转子夹紧于车轮动平衡机主轴上。按平衡机使用说明书要求调整好平衡机，并将校验转子平衡至 $1.0m_e$ 以下。

7.5.4　在校验转子任意两个非校正平面上同时分别加上相当于校正平面上 $10m_e$ 的试重，两试重的相对位置不允许同相或反相。

7.5.5　按平衡机规定的操作程序在两校正平面上，根据平衡机读数进行不超过 4 次的启动平衡（允许现场称试重）至 $1.0m_e$ 以下，并做好记录。如果有一、二点超出，允许调整平衡机后，重做 4 次平衡。如 4 次平衡后达不到 $1.0m_e$ 以下，记录 e_{mar} 值，且校准结束。

7.5.6　用两个相当于 $10m_e$ 的试重依次同相地分别加在 AB 校正平面轴向的螺孔内，位置是 0°，30°，60°，90°，120°，150°，180°，210°，240°，270°，300°，330°顺序任意，启动平衡机并记录相应读数 X_i。

7.5.7　X_i 的算术平均值 $\overline{X}$ 和 X_0 分别按公式（4）及公式（5）进行

$$\overline{X} = \frac{1}{12}\sum_{i=1}^{12} X_i \tag{4}$$

$$X_0 = \frac{1}{10}\overline{X} \tag{5}$$

式中：X_i——12 点中第 i 点的读数值；

$\overline{X}$——12 点读数的算术平均值；

X_0——相当于在某校正平面加上 $1m_e$ 的试重时平衡机相应的读数值。

7.5.8　X_i 的读数要符合公式（6）的要求。

$$8.8X_0 \leqslant X_i \leqslant 11.2X_0 \tag{6}$$

如若不符合，则按公式（7）计算修正值。

$$\Delta X_i = X_s - X_i \tag{7}$$

式中：ΔX_i——12 点中第 i 点的修正值；

X_s——试重砝码标称值。

7.6　分离比的校准

7.6.1　启动平衡机，将校验转子平衡到剩余不平衡量 $1.0m_e$ 以下。

7.6.2　将一个相当于 $10m_e$ 试重，每间隔 90°依次置于校验转子 B 校正平面轴向螺孔内，分别做一次启动平衡测量，记录相应读数，并按公式（1）计算 I_{AB}。

7.6.3 将同一试重置于校验转子 A 校正平面内，重复上一步骤，记下相应数据并按公式（2）计算 I_{BA}。

7.6.4 记录校验转子 A、B 校正平面各点的分离比。

7.7 重复装卡误差的校准

7.7.1 启动平衡机，将校验转子平衡到剩余不平衡量 $1.0m_e$ 以下，记录平衡机读数值。

7.7.2 将校验转子相对平衡机主轴转动一角度，重新装卡，再次启动，记录平衡机读数值及两次平衡机读数值之差。

7.8 重复性误差的校准

7.8.1 启动平衡机，将校验转子平衡到剩余不平衡量 $1.0m_e$ 以下。

7.8.2 将一个相当于 $10m_e$ 的试重分别置于校验转子 A（B）校正平面任一螺孔内，每一校正平面重复启动 4 次。分别记录平衡机读数值及每一校正平面 4 次读数的最大值与最小值之差。

7.9 相位误差的校准

7.9.1 启动平衡机，将校验转子平衡到剩余不平衡量 $1.0m_e$ 以下。

7.9.2 将一个相当于 $10m_e$的试重置于校验转子 A 校正面上一已知相位的螺孔内，启动平衡机，记录相位读数。再将同一试重间隔 90°置于另一已知相位螺孔内，记录相位读数。重复 3 次。

7.9.3 将一个相当于 $10m_e$ 的试重置于校验转子 B 校正平面上重复 7.9.2 的校准步骤。

7.9.4 记录校验转子 A、B 校正平面各点读数相位值与理论相位值之差。

注：当试重相位值 < 180°时，理论相位值 = 试重相位值 + 180°，

当试重相位值 ≥ 180°时，理论相位值 = 试重相位值 − 180°。

8 校准结果表达

经校准的平衡机颁发校准证书或校准报告，内容见附录 C。

9 复校时间间隔

平衡机复校时间间隔由使用者自定，建议不超过 1 年。

附录 A

校验转子

A.1　校验转子形状如图 A1 所示，其规格尺寸见表 A1。

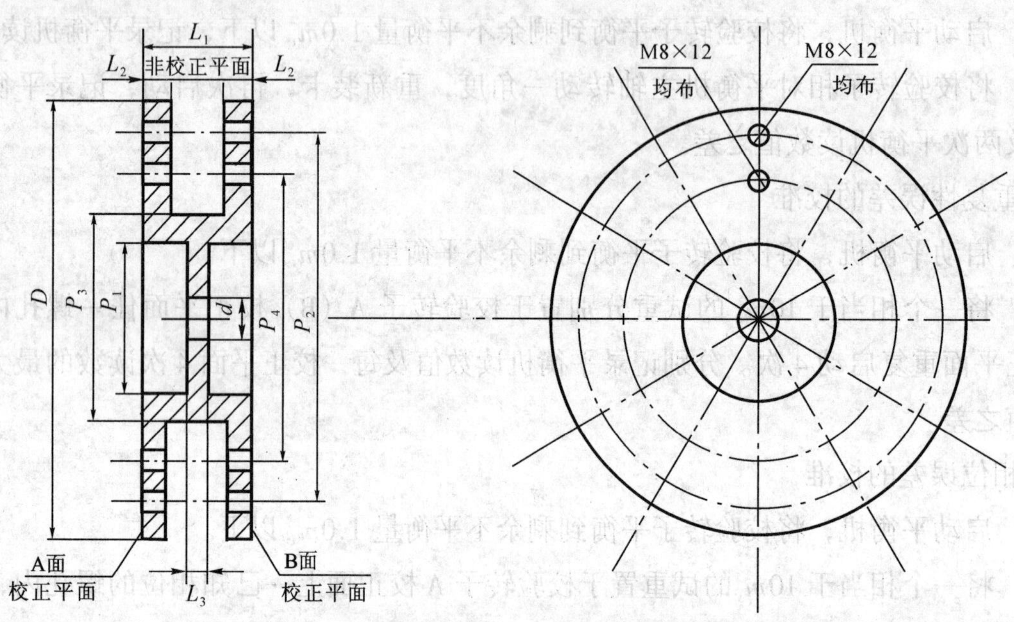

图 A1　校验转子形状示意图

表 A1　校验转子参考尺寸

参数 / 序号	M/kg	d/mm	D/mm	P_1/mm	P_2/mm	P_3/mm	P_4/mm	L_1/mm	L_2/mm	L_3/mm
1	10	80	280	160	254	180	203	114	8	8
2	20	80	380	260	356	280	300	165	8	8
3	30	80	460	356	432	376	406	165	10	10
4	40	80	462	356	432	376	406	178	15	15

A.2　校验转子材料应为普通碳钢。

A.3　对校验转子的要求：

A.3.1　平衡品质等级不底于 G16；

A.3.2　每个校正平面上零度基准应在同一角度方向上（在通过转子轴线的同一平面上）；

A.3.3　角度位置偏差小于 1°。

附录 B

试　重

B.1　试重的形状应是螺钉螺栓等形状，并应标明质心位置。

B.2　试重的质量允许误差为 ±0.5%。

B.3　试重的规格与数量如表 B1。

B.4　试重如果不够，可以用螺钉和橡皮泥替代。但替代试重必须用天平称量。

表 B1　试重规格与数量

质量/g	5	10	20	30	40	50	60	80	100	120
数量	4	4	2	2	2	2	2	2	2	2

附录 C

校准证书（校准报告）内容

校准证书或校准报告应至少包括以下信息：

a）标题，如“校准证书”或“校准报告”；

b）实验室名称和地址；

c）进行校准的地点；

d）证书或报告的惟一性标识（如编号），每页及总页数的标识；

e）送校单位的名称和地址；

f）被校对象的描述和明确标识；

g）校准的日期；

h）如果与校准结果的有效性和应用有关时，应对抽样程序进行说明；

i）对校准所依据的技术规范的标识，包括名称及代号；

j）本次校准所用测量标准的溯源性及有效性说明；

k）校准环境的描述；

l）校准结果及其不确定度的说明；

m）校准证书或校准报告签发人的签名、职务或等效标识，以及签发日期；

n）校准结果仅对被校对象有效的声明；

o）未经校准单位书面批准，不准部分复制证书或报告的声明。

附录 D

车轮动平衡机测量不确定度的评定

因车轮动平衡机的转速远远低于其自振频率（以科基产品为例，转速在 150n），故可用静力学的方法来进行力的分析。

D.1　数学模型

被检车轮动平衡机不平衡量示值修正值的计算公式：

$$\Delta e_m = m_s - m_b$$

式中：Δe_m——被检车轮动平衡机不平衡量示值修正值；

m_s——试重（砝码标称值）；

m_b——被检车轮动平衡机不平衡量示值。

D.2　灵敏系数

$$c_1 = \frac{\partial \Delta e_m}{\partial m_s} = 1$$

$$c_2 = \frac{\partial \Delta e_m}{\partial m_b} = -1$$

D.3　标准不确定度评定

D.3.1　标准不确定度 $u(m_s)$的评定

试重砝码标称值引入的标准不确定度 $u(m_s)$

试重砝码在使用中按标称值使用，标称值以 g 为单位，其所引起的极限误差为 0.5g，分布为均匀分布，包含因子 $k=\sqrt{3}$，所以其引入的标准不确定度 $u(m_s)=\frac{0.5}{\sqrt{3}}=$ 0.29（g）。属 B 类标准不确定度。

D.3.2　标准不确定度 $u(m_b)$的评定

a）被检车轮动平衡机不平衡量示值引入的标准不确定度 $u(m_{b1})$

被检车轮动平衡机不平衡量的示值分度值为 5g（取最大的一种分度为例进行分析，下同），其所引起的极限误差为 2.5g，分布为均匀分布，包含因子 $k=\sqrt{3}$，所以其引入的标准不确定度 $u(m_{b1})=\frac{2.5}{\sqrt{3}}=1.44$（g）。属 B 类标准不确定度。

b）被检车轮动平衡机不平衡量示值重复性引入的标准不确定度 $u(m_{b2})$

用一试重为 117g 的砝码，选一不平衡量分度值为 5g 的车轮动平衡机做 10 次动平衡测试，车轮动平衡机的不平衡质量示值显示如下：115g，115g，115g，115g，115g，115g，120g，115g，115g，115g。其平均值 $\overline{X}=115.5$g，试验标准差 $s(m_{b2})=1.58$g。

$$u(m_{b2}) = s(m_{b2}) = 1.58\text{g}$$。属 A 类标准不确定度。

其自由度 $\nu(m_{b2}) = 10 - 1 = 9$。

$u(m_{b1})$和 $u(m_{b2})$是互不相干的，所以

$$u(m_b) = \sqrt{u^2(m_{b1}) + u^2(m_{b2})} = \sqrt{1.44^2 + 1.58^2} = 2.14(\text{g})$$。

D.4 合成标准不确定度

D.4.1 标准不确定度汇总

i	X_i	a_i	k_i	$u(X_i)$	$\lvert c_i \rvert$	$u_i(y)$
1	试重砝码标称值引入的 $u(m_s)$	0.5g	$\sqrt{3}$	0.29g	1	0.29g
2	m_b 引入的 $u(m_b)$				−1	2.14g
2.1	被检车轮动平衡机不平衡量示值引入的 $u(m_{b1})$	5g	$\sqrt{3}$	1.44g		
2.2	被检车轮动平衡机不平衡量示值重复性引入的 $u(m_{b2})$	1.58g		1.58g		

表中：i——误差或不确定度来源的序号；

X_i——第 i 个自变量或输入估计值；

a_i——X_i 的误差分散区间半宽、极限误差或扩展不确定度；

k_i——覆盖因子；

$u(X_i) = a_i / k_i$——输入 B 类标准不确定度；若用统计方法获得时，称为 A 类标准不确定度；

$\lvert c_i \rvert$——灵敏系数；

$u_i(y) = \lvert c_i \rvert u(X_i)$——输出标准不确定度分量。

D.4.2 合成标准不确定度计算

上述所分析的各项标准不确定度分量均不相关，所以其合成标准不确定度为

$$u_c(\Delta m_e) = \sqrt{u^2(m_s) + u^2(m_b)} = \sqrt{0.29^2 + 2.14^2} = 2.16(\text{g})$$

D.5 扩展不确定度

按置信水平 $p = 0.95$，取 $k = 2.06$。因此扩展不确定度 $U = k \times u_c(\Delta m_e) = 2 \times 2.16 = 4.32$（g）。

根据以上测量不确定度的评定，最小允许不平衡量 11.2g（以 356mm 直径，20kg 质量的校准转子为例）的车轮动平衡机不平衡量修正值的扩展不确定度为 4.32g，取其数值为 4.3g。

附录 E

校准记录的格式

送校单位		型号规格		出厂编号		出厂日期	
生产厂		校准日期		校准温度		校准湿度	
转子质量		转子宽度		校验半径		m_e	
主轴轴向定位盘端面圆跳动				主轴径向圆跳动			

专用卡规允许误差	50.8mm	152.4mm	254mm		

4次平衡	A		B	
	试重	读数	试重	读数

最小可达剩余不平衡量	试重位置	0	30	60	90	120	150	180	210	240	270	300	330
	A校正面示值												
	B校正面示值												
	(A) $X=$			$X_0=$			$8.8X_0=$			$11.2X_0=$			
	(B) $X=$			$X_0=$			$8.8X_0=$			$11.2X_0=$			

分离比		相位	0°	90°	180°	270°		相位	0°	90°	180°	270°	分离比最大值
	A对B	读数 A					B对A	读数 A					
		读数 B						读数 B					

重复性、重复装卡误差		次数	1	2	3	4	误差		次数	1	2	误差
	首次装卡	A						重复装卡	A			
		B							B			

相位允差	相位/次数	1	2	3	4
	已知相位角				
	读数相位角				
	相位误差				

校准: 审核: 签发:

中华人民共和国国家计量技术规范

JJF 1154—2006

四轮定位仪校准规范

Calibration Specification for Four-wheel alignmenter

2006-05-23 发布　　　　2006-08-23 实施

国家质量监督检验检疫总局 发布

中华人民共和国国家计量技术规范

JJF 1154—2006

四轮定位仪校准规范

Calibration Specification for Four-wheel alignmenter

2006－05－23 发布　　2006－08－23 实施

国家质量监督检验检疫总局 发布

四轮定位仪校准规范

1 范围

本规范适用于光学式、电子式和机械式四轮定位仪的校准。

2 引用文献

本规范引用以下文献:

JJF 1001—1998 通用计量术语及定义

JJF 1059—1999 测量不确定度评定与表示

JJF 1094—2002 测量仪器特性评定技术规范

GB/T 3730.3—1992 汽车和挂车的术语及其定义 车辆尺寸

使用本规范时，应注意使用上述引用文献的现行有效版本。

3 术语和定义

3.1 四轮定位仪（four-wheel alignmenter）

用于测量汽车四轮定位参数的仪器。

3.2 单轮前束角（individual wheel toe-in）

每一车轮的旋转平面相对汽车纵向轴线（几何中心线）的内夹角称为单轮前束角（θ），车轮前端偏向纵向轴线方向为正，反之为负。

3.3 车轮外倾角（camber）

车轮中心平面与汽车垂直平面的夹角，当车轮顶部向汽车外部倾斜时角度为正，反之为负。

3.4 主销后倾角（camber biff）

悬架上球头或支柱顶端与下球头的连线与铅垂线，且从汽车的侧面观察的夹角。上球头在铅垂线的后方为正，反之为负。

4 概述

四轮定位仪是对汽车前束角、车轮外倾角、主销后倾角等四轮定位参数进行测量的仪器。其前束角的测量原理是：将待校汽车置于通过拉线、光线照射或反射方式形成的封闭直角四边形中，由安装在车轮上的光学镜面或传感器检测前束角；主销后倾角的测量是由四轮定位仪和转盘所组成的测量系统完成的（转盘的技术性能和校准方法见附录A)。按传感器的工作原理可分为光学式、电子式和机械式等类型，四轮定位仪主要由数据通讯及处理系统、传感器机头和夹具三部分组成。四轮定位仪示意图见图 1。

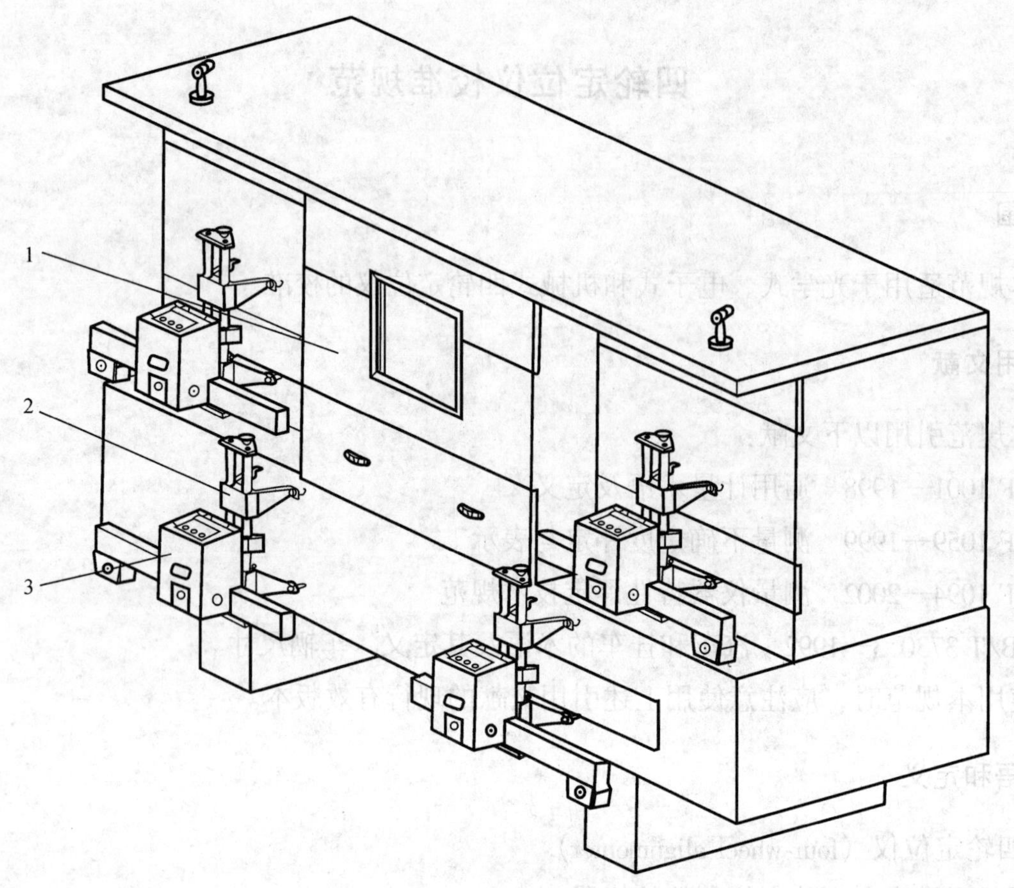

图 1　四轮定位仪的示意图

1—数据通讯、处理系统；2—夹具；3—传感器机头

5　计量特性

5.1　夹具卡爪形成的平面与安装测量头轴的垂直度

夹具卡爪形成的平面与安装传感器机头轴的垂直度不大于 2′（0.1 mm/180 mm）。

注：带有偏心补偿功能的四轮定位仪可不作此项校准。

5.2　零值漂移

零值漂移 30 min 内不大于 3′。

5.3　示值误差

示值的最大允许误差见表 1。

表 1　四轮定位仪的示值最大允许误差

定位参数名称	测量范围	最大允许误差
单轮前束角	−3° ~ 3°	± 3′
车轮外倾角	−10° ~ 10°	± 5′
主销后倾角	−15° ~ 15°	± 10′
注：校准不判定合格与否，上述各项性能要求仅供参考。		

6 校准条件

6.1 环境条件

6.1.1 校准时，室内温度应为（20±10）℃，温度变化每小时不超过2℃。

6.1.2 校准时，相对湿度不大于80%。

6.2 校准用标准装置

四轮定位仪校准装置（测量范围：单轮前束角±10°，外倾角/主销后倾角±15°；示值最大允许误差±1′；分辨力±0.06′）。

7 校准项目和校准方法

7.1 校准项目（见表2）。

表2 四轮定位仪校准项目表

序 号	校 准 项 目
1	夹具卡爪形成的平面与安装测量头轴的垂直度
2	零值漂移
3	单轮前束角示值误差
4	车轮外倾角示值误差
5	主销后倾角示值误差

7.2 校准方法

首先检查外观，确定没有影响计量特性的因素后再进行校准。

7.2.1 夹具卡爪形成的平面与安装测量头轴的垂直度

将夹具卡爪装卡到四轮定位校准装置的模拟轮毂上，传感器机头与夹具连接，先把校准装置上的水准泡调至零位，再旋动模拟轮毂上的顶杆使得模拟轮毂上的水准泡处在零位，将仪器置零。调整车轮外倾角旋钮，直至把传感器机头上的横向水准泡调至零位，读取校准装置上的外倾角示值，将夹具分别卡在模拟轮毂处于约30°和－30°两个方位各测一次，取三次读数中的最大值作为校准结果。

7.2.2 零值漂移

把四个夹具和传感器机头按实际校准位置分别安装在四轮定位仪校准装置的模拟轮毂上，安装方式见图2，并将校准装置各定位参数调至零位。然后转动传感器机头，使它上面的纵向水准泡调至零位后将其锁紧。接通被校四轮定位仪电源、进入测量程序（另外，对于模拟轮距和模拟轴距变小使得信号过强而不能进入测量程序的，应在光路间加上弱光板）。

分别读取单轮前束角、车轮外倾角、主销后倾角的零位示值，在30 min内每隔

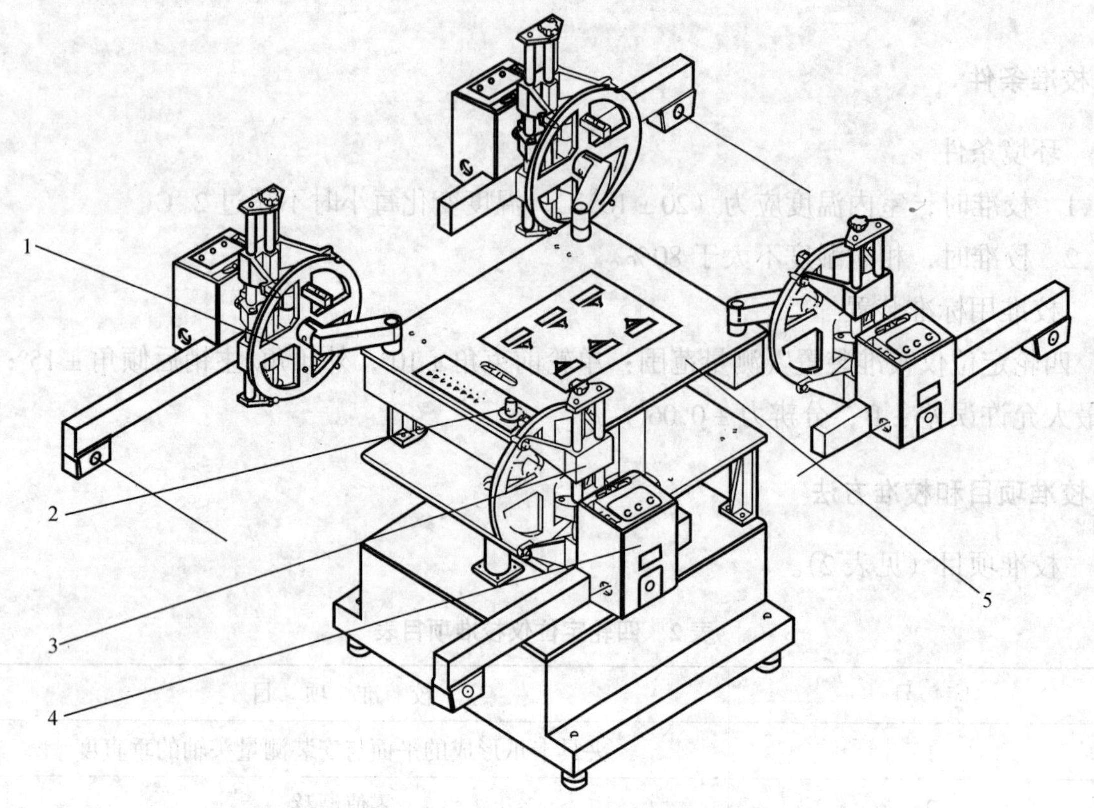

图 2　四轮定位仪与校准装置连接示意图

1—模拟轮毂；2—旋钮；3—夹具；4—传感器机头；5—四轮定位仪校准装置

10min 读取示值一次，共读取四次，取偏离零位的最大漂移量作为零值漂移的校准结果。

7.3　单轮前束角示值误差

安装调试方法与 7.2 相同。在全量程内均匀选取 5 个校准点 α_j（包括零点和极值点，如：3°，1.5°，0°，－1.5°，－3°），依次调整校准装置上的前束角至各校准点，并读取被校四轮定位仪显示器上该校准点的前束角示值 α_{ij}，重复进行正反方向各两次测量（共 4 次），按公式（1）计算出单轮前束角示值误差。

$$\Delta\alpha_j = \frac{\sum_{i=1}^{4}\alpha_{ij}}{4} - \alpha_j \tag{1}$$

式中：$\Delta\alpha_j$——被校四轮定位仪在第 j 校准点的单轮前束角示值误差，(°)；

α_{ij}——被校四轮定位仪在第 i 次测量的第 j 个校准点示值（$i=1$，2，3，4；$j=1$，2，3，4，5），(°)；

α_j——校准装置在第 j 校准点上的前束角值，(°)。

取 $\Delta\alpha_j$ 中绝对值最大的作为单轮前束角示值误差的校准结果。

7.4　车轮外倾角示值误差

安装调试方法见 7.2 相同。在全量程内均匀选取 5 个校准点 β_j（包括零点和极值点，如：10°，5°，0°，－5°，－10°），依次调整校准装置上的车轮外倾角至各校准点，并读取被校四轮定位仪显示器上该校准点的车轮外倾角示值 β_{ij}，重复进行正反方向各两次测量（共4次），按公式（2）计算出车轮外倾角示值误差。

$$\Delta\beta_j = \frac{\sum_{i=1}^{4}\beta_{ij}}{4} - \beta_j \tag{2}$$

式中：$\Delta\beta_j$——被校四轮定位仪在第 j 校准点的车轮外倾角示值误差，(°)；

β_{ij}——被校四轮定位仪在第 i 次测量的第 j 个校准点示值（$i=1$，2，3，4；$j=1$，2，3，4，5），(°)；

β_j——校准装置在第 j 校准点上的车轮外倾角值，(°)。

取 $\Delta\beta_j$ 中绝对值最大的作为车轮外倾角示值误差的校准结果。

7.5 主销后倾角示值误差

安装调试方法与7.2相同。在全量程内均匀选择5个校准点 γ_j（包括零点和极值点，如：15°，7.5°，0°，－7.5°，－15°），依次调整校准装置上的主销后倾角至各校准点，并读取被校四轮定位仪显示器上该校准点的主销后倾角示值 γ_{ij}，重复进行正反方向各两次测量（共4次），按公式（3）计算出主销后倾角示值误差。

$$\Delta\gamma_j = \frac{\sum_{i=1}^{4}\gamma_{ij}}{4} - \gamma_j \tag{3}$$

式中：$\Delta\gamma_j$——被校四轮定位仪在第 j 个校准点的主销后倾角示值误差，(°)；

γ_{ij}——被校四轮定位仪在第 i 次测量的第 j 个校准点示值（$i=1$，2，3，4；$j=1$，2，3，4，5），(°)；

γ_j——校准装置在第 j 校准点上的主销后倾角值，(°)。

取 $\Delta\gamma_j$ 中绝对值最大的作为主销后倾角示值误差的校准结果。

8 校准结果的表达

校准后的四轮定位仪填发校准证书或校准报告，其内容见附录D和附录E。

9 复校时间间隔

复校时间间隔由送校单位根据实际使用情况自主决定，建议不超过1年。

附录 A

转盘的计量性能及校准方法

A.1 计量性能

转盘示值的最大允许误差见表 A.1。

表 A.1 转盘示值的最大允许误差

<table>
<tr><th>转盘类型</th><th>测量范围</th><th>分辨力</th><th>最大允许误差</th></tr>
<tr><td>机械式</td><td rowspan="2">− 45° ~ 45°</td><td>0.5°</td><td>± 0.5°</td></tr>
<tr><td>电子式</td><td>0.1°</td><td>± 0.1°</td></tr>
</table>

A.2 校准方法

A.2.1 将经纬仪安置在被校转盘上，在调整好经纬仪水平的同时使经纬仪的竖轴中心与转盘中心重合。

A.2.2 调整转盘零点，使经纬仪望远镜处于水平状态（即垂直度盘示值为 0°0′）瞄准，固定目标 A。

A.2.3 在 ± 20°的测量范围内选取 6 个校准点：± 10°，± 15°，± 20°。将转盘旋转到第 i 校准点 θ_i 后（经纬仪随转盘一起转动）固定不动，反向转动经纬仪望远镜再次瞄准固定目标 A 点，读取经纬仪水平度盘示值 θ_{Ai}，按公式（A.1）计算示值误差。

$$\Delta\theta_i = \theta_i - \theta_{Ai} \tag{A.1}$$

式中：$\Delta\theta_i$——被校转盘在第 i 个校准点示值误差（i = 1，2，3，4，5，6），(°)。

取 $\Delta\theta_i$ 中绝对值最大的作为转盘示值误差的校准结果。

附录 B

四轮定位仪示值误差测量结果不确定度的评定

B.1 测量方法

用本规范图 2 所示的四轮定位仪校准装置与被校四轮定位仪传感器接头连接，测量方法如正文 7.2 和 7.4 所述。

注：本规范以车轮外倾角的示值误差测量结果不确定度的评定为例，单轮前束角和主销后倾角示值误差测量结果不确定度的评定与此相同。

B.2 数学模型

$$\Delta\beta_j = \bar{\beta}_j - \beta_j \qquad (B.1)$$

式中：$\Delta\beta_j$——被校四轮定位仪在第 j 校准点的车轮外倾角示值误差；

$\bar{\beta}_j$——被校四轮定位仪在第 j 校准点 4 次测量示值的算术平均值；

β_j——四轮定位仪校准装置第 j 校准点示值。

B.3 方差和灵敏系数

因为各输入量彼此独立。依不确定度传播率：$u_c^2(y) = \sum_{i=1}^{n}[c_i u(x_i)]^2$

由（B.1）式得方差：$u_c^2(\Delta\beta_j) = c_1^2 u^2(\bar{\beta}_j) + c_2^2 u^2(\beta_j)$

式中：$u(\bar{\beta}_j)$——被校四轮定位仪示值的不确定度分量；

$u(\beta_j)$——四轮定位仪校准装置示值的不确定度分量。

灵敏系数

$$c_1 = \frac{\partial(\Delta\beta_j)}{\partial(\bar{\beta}_j)} = 1 \qquad c_2 = \frac{\partial(\Delta\beta_j)}{\partial(\beta_j)} = -1$$

故：$$u_c^2(\Delta\beta_j) = u^2(\bar{\beta}_j) + u^2(\beta_j)$$

B.4 不确定度分量

本测量主要有两项不确定度分量，即由校准装置示值误差引入的不确定度 $u(\beta_j)$和仪器的测量重复性引入的不确定度 $u(\bar{\beta}_j)$，其他的不确定度来源可忽略不计。

B.4.1 四轮定位仪校准装置示值误差引入的不确定度 $u(\beta_j)$

由于未给出四轮定位仪校准装置具体示值误差值，故按其最大允许误差 ±0.017°，并以接近正态分布的 t 分布估算，置信概率约为 95%，则：

$$u(\beta_j) = \frac{0.017°}{t_{95}} = \frac{0.017°}{1.96} = 0.0085°$$

B.4.2 仪器的测量重复性引入的不确定度 $u(\bar{\beta}_j)$

表 B.1 重复测量（10 次）四轮定位仪外倾角的结果。

表 B.1　四轮定位仪 5°（外倾角）校准点测量结果

校准点 β_j	被校四轮定位仪示值									
	1	2	3	4	5	6	7	8	9	10
5.000°	5.01°	5.01°	5.00°	5.00°	5.01°	5.00°	5.01°	5.01°	5.01°	5.00°

由表 B.1 中得单次测量实验标准差：$s(\bar{\beta}_j) = \sqrt{\dfrac{\sum\limits_{i=1}^{10}(\beta_i - \bar{\beta}_i)^2}{10-1}} = 0.00516°$

在实际测量中，规定重复测量 4 次，以 4 次测量示值的算术平均值作为测量结果，所以：$u(\bar{\beta}_j) = \dfrac{0.00516}{\sqrt{4}} = 0.0026°$

表 B.2　不确定度分量汇总表

不确定度分量 $u(x_i)$	不确定度来源	标准不确定度值 $u(x_i)$	$c_i = \dfrac{\partial(y_i)}{\partial x_i}$	$\lvert c_i \rvert u(x_i)$	分布及评定类别
$u(\beta_j)$	标准器误差	0.0085°	-1	0.0085°	t 分布 B 类评定
$u(\bar{\beta}_j)$	测量重复性	0.0026°	1	0.0026°	A 类评定
$u_c(\Delta\beta_j) = 0.0089°$　　$k = 2$　　$U = 0.0018°$					

B.5　合成标准不确定度：$u_c(\Delta\beta_j) = \sqrt{u^2(\beta_j) + u^2(\bar{\beta}_j)} = \sqrt{0.0085^2 + 0.0026^2} = 0.0089°$

B.6　被测量概率分布情况的估计

从表 B.2 可知，B 类分量（标准器误差，为接近正态分布的 t 分布）在合成标准不确定度中起决定作用，故被测量接近于正态分布，取包含因子 $k = 2$。

B.7　扩展不确定度

$$U = k \cdot u_c(\Delta\beta_j) = 2 \times 0.0089° = 0.018° = 1.1'$$

附录 C

四轮定位仪校准记录

单位： 制造厂： 型号规格： 温度 ℃

样品名称： 出厂编号： 标准器证书号： 相对湿度 %

<table>
<tr><th rowspan="3">项目</th><th rowspan="3">轮</th><th rowspan="3">标准值（°）</th><th colspan="6">左 轮</th><th colspan="6">右 轮</th></tr>
<tr><th colspan="4">实测值</th><th rowspan="2">平均值（°）</th><th rowspan="2">示值误差</th><th colspan="4">实测值</th><th rowspan="2">平均值（°）</th><th rowspan="2">示值误差</th></tr>
<tr><th>1</th><th>2</th><th>3</th><th>4</th><th>1</th><th>2</th><th>3</th><th>4</th></tr>
<tr><td rowspan="10">前束</td><td rowspan="5">前</td><td>0</td><td></td><td></td><td></td><td></td><td></td><td></td><td></td><td></td><td></td><td></td><td></td><td></td></tr>
<tr><td>1.5</td><td></td><td></td><td></td><td></td><td></td><td></td><td></td><td></td><td></td><td></td><td></td><td></td></tr>
<tr><td>3</td><td></td><td></td><td></td><td></td><td></td><td></td><td></td><td></td><td></td><td></td><td></td><td></td></tr>
<tr><td>−1.5</td><td></td><td></td><td></td><td></td><td></td><td></td><td></td><td></td><td></td><td></td><td></td><td></td></tr>
<tr><td>−3</td><td></td><td></td><td></td><td></td><td></td><td></td><td></td><td></td><td></td><td></td><td></td><td></td></tr>
<tr><td rowspan="5">后</td><td>0</td><td></td><td></td><td></td><td></td><td></td><td></td><td></td><td></td><td></td><td></td><td></td><td></td></tr>
<tr><td>1.5</td><td></td><td></td><td></td><td></td><td></td><td></td><td></td><td></td><td></td><td></td><td></td><td></td></tr>
<tr><td>3</td><td></td><td></td><td></td><td></td><td></td><td></td><td></td><td></td><td></td><td></td><td></td><td></td></tr>
<tr><td>−1.5</td><td></td><td></td><td></td><td></td><td></td><td></td><td></td><td></td><td></td><td></td><td></td><td></td></tr>
<tr><td>−3</td><td></td><td></td><td></td><td></td><td></td><td></td><td></td><td></td><td></td><td></td><td></td><td></td></tr>
<tr><td rowspan="10">外倾角</td><td rowspan="5">前</td><td>0</td><td></td><td></td><td></td><td></td><td></td><td></td><td></td><td></td><td></td><td></td><td></td><td></td></tr>
<tr><td>5</td><td></td><td></td><td></td><td></td><td></td><td></td><td></td><td></td><td></td><td></td><td></td><td></td></tr>
<tr><td>10</td><td></td><td></td><td></td><td></td><td></td><td></td><td></td><td></td><td></td><td></td><td></td><td></td></tr>
<tr><td>−5</td><td></td><td></td><td></td><td></td><td></td><td></td><td></td><td></td><td></td><td></td><td></td><td></td></tr>
<tr><td>−10</td><td></td><td></td><td></td><td></td><td></td><td></td><td></td><td></td><td></td><td></td><td></td><td></td></tr>
<tr><td rowspan="5">后</td><td>0</td><td></td><td></td><td></td><td></td><td></td><td></td><td></td><td></td><td></td><td></td><td></td><td></td></tr>
<tr><td>5</td><td></td><td></td><td></td><td></td><td></td><td></td><td></td><td></td><td></td><td></td><td></td><td></td></tr>
<tr><td>10</td><td></td><td></td><td></td><td></td><td></td><td></td><td></td><td></td><td></td><td></td><td></td><td></td></tr>
<tr><td>−5</td><td></td><td></td><td></td><td></td><td></td><td></td><td></td><td></td><td></td><td></td><td></td><td></td></tr>
<tr><td>−10</td><td></td><td></td><td></td><td></td><td></td><td></td><td></td><td></td><td></td><td></td><td></td><td></td></tr>
</table>

表（续）

项目	轮	标准值（°）	左轮						右轮					
			实测值				平均值（°）	示值误差	实测值				平均值（°）	示值误差
			1	2	3	4			1	2	3	4		
主销后倾角		0												
		7.5												
		15												
		−7.5												
		−15												

零值漂移	车轮前束（°）				车轮外倾角（°）				主销后倾角（°）	
	前左	前右	后左	后右	前左	前右	后左	后右	前左	前右

校准员　　　　核验员　　　　校准日期　　　年　　　月　　　日

附录 D

校准证书或校准报告内容

a）标题，如“校准证书”或“校准报告”；

b）实验室名称和地址：

c）进行校准的地点（如果不在实验室内进行校准）；

d）证书或报告的惟一性标识（如编号），每页及总页的标识；

e）送校单位的名称和地址；

f）被校对象的描述和明确标识；

g）进行校准的日期，如果与校准结果的有效性的应用有关时，应说明被校对象的接收日期；

h）如果与校准结果的有效性和应用有关时，应对抽样程序进行说明；

i）对校准所依据的技术规范的标识，包括名称及代号；

j）本次校准所用测量标准的溯源性及有效性说明；

k）校准环境的描述；

l）校准结果及其测量不确定度的说明；

m）校准结果（见表 D.1）；

n）校准证书或校准报告签发人的签名、职务或等效标识，以及签发日期；

o）校准结果仅对被校对象有效的声明；

p）未经实验室书面批准，不得部分复制证书或报告的声明。

表 D.1　校准结果

<table>
<tr><th>序 号</th><th colspan="2">主要校准项目</th><th>校准结果及测量不确定度</th></tr>
<tr><td rowspan="4">1</td><td rowspan="4">夹具卡爪形成的平面与安装测量头轴的垂直度</td><td>左前轮</td><td></td></tr>
<tr><td>右前轮</td><td></td></tr>
<tr><td>左后轮</td><td></td></tr>
<tr><td>右后轮</td><td></td></tr>
<tr><td rowspan="4">2</td><td rowspan="4">零值漂移</td><td>左前轮</td><td></td></tr>
<tr><td>右前轮</td><td></td></tr>
<tr><td>左后轮</td><td></td></tr>
<tr><td>右后轮</td><td></td></tr>
</table>

表 D.1（续）

<table>
<tr><th>序 号</th><th colspan="2">主要校准项目</th><th>校准结果及测量不确定度</th></tr>
<tr><td rowspan="4">3</td><td rowspan="4">单轮前束角示值误差</td><td>左前轮</td><td></td></tr>
<tr><td>右前轮</td><td></td></tr>
<tr><td>左后轮</td><td></td></tr>
<tr><td>右后轮</td><td></td></tr>
<tr><td rowspan="4">4</td><td rowspan="4">车轮外倾角示值误差</td><td>左前轮</td><td></td></tr>
<tr><td>右前轮</td><td></td></tr>
<tr><td>左后轮</td><td></td></tr>
<tr><td>右后轮</td><td></td></tr>
<tr><td rowspan="2">5</td><td rowspan="2">主销后倾角示值误差</td><td>左前轮</td><td></td></tr>
<tr><td>右前轮</td><td></td></tr>
</table>

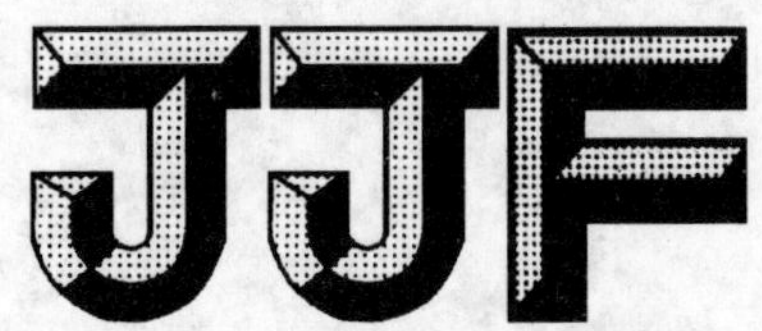

中华人民共和国国家计量技术规范

JJF 1169—2007

汽车制动操纵力计校准规范

Calibration Specification for
Manipulating Force Tester for Automotive Brake

2007－02－28 发布　　　　2007－05－28 实施

国家质量监督检验检疫总局 发布

中华人民共和国国家计量技术规范

JJF 1169—2007

汽车制动操纵力计校准规范

Calibration Specification for
Manipulating Force Tester for Automotive Brake

2007-02-28 发布　　2007-05-28 实施

国家质量监督检验检疫总局 发布

汽车制动操纵力计校准规范

1 范围

本规范适用于汽车制动操纵力计的校准。汽车制动操纵力计包括行车制动时测量踏板力用的踏板力计和驻车制动时测量操纵力用的手拉力计两类。

本规范规定了汽车制动操纵力计的计量性能及校准方法。

2 引用文献

GB 7258—2004 机动车运行安全技术条件

JJF 1059—1999 测量不确定度评定与表示

使用本规范时，应注意使用上述引用文献的现行有效版本。

3 术语和计量单位

3.1 汽车制动踏板力计 pedaling force tester for automotive brake

测量汽车行车制动时作用在制动踏板上力值的测力仪，简称踏板力计。

3.2 汽车制动手拉力计 pulling force tester for automotive grip brake

测量汽车驻车制动时作用在操纵装置上力值的测力仪，简称手拉力计。

3.3 计量单位 measurement unit

汽车制动操纵力计（以下简称操纵力计）的计量单位为牛（N）。

4 概述

操纵力计的结构一般由测力传感器和显示装置组成，踏板力计测量压向力值、手拉力计测量拉向力值。

5 计量特性

5.1 外观及性能

各种开关、按钮、旋钮操作灵活可靠；显示装置清晰，具有瞬态显示和峰值保持功能，无影响读数的缺陷。

5.2 基本参数

5.2.1 测量范围

操纵力计测量范围至少满足（100～1000）N。

5.2.2 分度值

操纵力计分度值 d 应不大于 2 N。

5.3 技术要求

5.3.1 零点漂移

操纵力计的零点漂移不应超过 2 d。

5.3.2 鉴别力阈

操纵力计的鉴别力阈不应超过 2 d。

5.3.3 示值误差

操纵力计的示值误差不应超过 ±5%。

5.3.4 示值重复性

操纵力计的示值重复性不应超过 2%。

5.3.5 倾斜误差

踏板力计在倾斜 30°时的示值误差不应超过 ±5%。

注：上述技术要求仅供参考。

6 校准条件

6.1 环境条件

校准时环境温度为 (0~40)℃、相对湿度不大于 85%RH。

6.2 校准用标准器

6.2.1 砝码校准法用标准装置

a）砝码一组：20 kg×4；10 kg×2，6(M_2）级；

b）小砝码一组：100 g×5、50 g×5，6(M_2）级；

c）砝码校准用装置。

6.2.2 传感器校准法用标准装置

a）测力传感器（包括显示仪表）：测量范围不小于 1000 N，示值误差不超过 ±1%；

b）小砝码一组：100 g×5、50 g×5，6(M_2）级

c）传感器校准用装置。

6.2.3 也可以采用符合要求的力标准机校准。

7 校准项目和校准方法

7.1 外观及性能的检查

靠目测和手感，按要求检查外观及性能。

7.2 零点漂移的校准

将被校操纵力计按使用说明书要求开机预热（此间允许调整零位）后，观察 10 min，零点漂移应满足第 5.3.1 条要求。

7.3 鉴别力阈的校准

在被校操纵力计处于零值时，加载与 0.5 d、1.0 d、1.5 d、2.0 d 相对应的小砝码，观察当操纵力计示值改变时的加载值，应满足第 5.3.2 条要求。

7.4 示值误差的校准

7.4.1 示值误差的校准点

校准点选取一般应从满量程的 20% 至 100%，至少选取 5 点。对踏板力计，必须包括 500 N、700 N 两点；对手拉力计，必须包括 400 N、600 N 两点。

7.4.2　示值误差的校准

通过砝码或用加力装置对被校操纵力计进行加载，按上述校准点逐步加载。在规定校准点时读取被校操纵力计的相应示值，每一校准点重复测量3次，以3次测量值的平均值作为校准值。

7.4.3　示值误差的计算

按公式（1）计算被校操纵力计的示值误差，各校准点示值误差均应满足第5.3.3条要求。

$$\delta_i = \frac{\bar{f}_i - F_i}{F_i} \times 100\% \tag{1}$$

式中：δ_i——第 i 测量点时，被校操纵力计的示值误差；

$\bar{f}_i$——第 i 测量点时，被校操纵力计三次测量值的平均值，N；

F_i——第 i 测量点时，加载标准力值，N。

7.5　示值重复性的计算

在“7.3示值误差”校准基础上，按公式（2）计算相应重复性，均应满足第5.3.4条要求。

$$\delta_{zi} = \frac{f_{i\max} - f_{i\min}}{F_i} \times 100\% \tag{2}$$

式中：δ_{zi}——第 i 测量点时，被校操纵力计的示值重复性误差；

$f_{i\max}$——第 i 测量点时，被校操纵力计三次测量示值的最大值，N；

$f_{i\min}$——第 i 测量点时，被校操纵力计三次测量示值的最小值，N。

7.6　倾斜误差的校准

将被校压力式踏板力计的传感器倾斜30°（偏离水平），踏板力计以500 N为校准点。在规定校准点时读取被校踏板力计的相应示值，重复测量3次，以3次测量值的平均值作为校准值。按公式（3）计算相应倾斜误差，均应满足第5.3.5条要求。

$$\delta_q = \frac{\bar{f} - F \cdot \cos 30°}{F \cdot \cos 30°} \times 100\% \tag{3}$$

式中：δ_q——被校踏板力计的倾斜误差；

$\bar{f}$——被校踏板力计3次测量值的平均值，N；

F——加载标准力值，N。

8　校准结果表达

经校准的操纵力计，填发校准证书，校准证书的内容见附录B。

9　复校时间间隔

操纵力计的复校时间间隔由用户自定，建议不超过1年。

附录 A

校准操纵力计示值误差测量结果的不确定度分析

A.1 测量方法

操纵力计（包括踏板力计和手拉力计）的校准是其将被校操纵力计示值与相应进行比较，以确定操纵力计示值是否正确。

A.2 数学模型

以砝码为加载标准力值校准时，

$$\delta = \frac{f - M \cdot g}{M \cdot g} = \frac{f}{M \cdot g} - 1$$

式中：δ——被校操纵力计示值误差；

f——被校操纵力计示值，N；

M——加载砝码标准量，kg；

g——重力加速度，常数：9.80m/s^2。

A.3 方差和灵敏系数

$$c_1 = \frac{\partial\delta}{\partial f} = \frac{1}{M \cdot g}; c_2 = \frac{\partial\delta}{\partial M} = -\frac{f}{M^2 \cdot g}$$

$$u^2(\delta) = \left(\frac{1}{M \cdot g}\right)^2 \times u^2(f) + \left(-\frac{f}{M^2 \cdot g}\right)^2 \times u^2(M)$$

A.4 输入量的不确定度来源

（1）被校操纵力计示值（测量结果重复性）

$$\left(\frac{1}{M \cdot g}\right) \times u_1(f) = u_A$$

（2）被校操纵力计示值（数显量化误差）

$$\left(\frac{1}{M \cdot g}\right) \times u_2(f) = u_1$$

（3）砝码准确度引入误差

$$\left(-\frac{f}{M^2 \cdot g}\right) \times u(M) = u_2$$

A.5 输入量的标准不确定度评定

（1）被校操纵力计示值（测量结果重复性）的标准不确定度评定

被校操纵力计示值 f 估计值的不确定度主要来源于操纵力计的测量结果重复性及数显仪器的示值量化误差。测量结果重复性可以通过连续测量得到的测量列，采用 A 类方法进行评定。

在被校操纵力计正常工况条件下，用 50 kg 对被校操纵力计加载，读取被校操纵力计相应示值。等精度重复测量 10 次，单次实验标准差 $s(f_i)$

$$s(f_i) = \sqrt{\frac{\sum (f_i - \bar{f})^2}{n - 1}} = 2.6 \text{ N}$$

实际测量时，在重复条件下连续测量三次，以三次测量的算术平均值作为测量结果，则可得标准不确定度为

$$u_1(f)=s(f_i)/\sqrt{3}=1.49\ \mathrm{N}$$

自由度 $$\nu_A=10-1=9$$

(2) 被校操纵力计示值（数显量化误差）

数显式操纵力计的分辨力为5 N，其量化误差以等概率分布（矩形分布）落在宽度为5 N/2＝2.5 N的区间内。其引入的标准不确定度为

$$u_2(f)=2.5/\sqrt{3}=1.44\ \mathrm{N}$$

自由度 $$\nu_1\to\infty$$

(3) 砝码准确度引入误差

根据砝码计量检定规程规定，$6_1(M_{22})$级砝码的允许误差为1.5×10^4 mg＝0.015 kg

按均匀分布计，砝码准确度引入的标准不确定度为

$$u(M)=0.015\ \mathrm{kg}/\sqrt{3}=0.0087\ \mathrm{kg}$$

估计该标准不确定度的可靠程度75%，则

自由度 $$\nu_2=\frac{1}{2}\times\left[\frac{\Delta u(M)}{u(M)}\right]^{-2}=8$$

A.6　输出量的标准不确定度分量一览表

序号	输入量估计值的标准不确定度			自由度		输出量估计值的标准不确定度分量		
	来源	符号	数值	符号	数值	符号	灵敏系数 c_i	$\|c_i\|\times u(x)$
1	测量结果重复性	$u_1(f)$	1.49 N	ν_A	9	u_A	$1/Mg$	0.30%
2	数显量化误差	$u_2(f)$	1.44 N	ν_1	∞	u_1	$1/Mg$	0.29%
3	砝码准确度	$u(M)$	0.0087 kg	ν_2	8	u_2	$-f/(M^2\cdot g)$	0.02%

注：上述计算按测量点 f 为500 N、相应砝码值 $M=50$ kg，计算输出量的标准不确定度。

A.7　合成标准不确定度的评定

由于各标准不确定度分量不相关，故合成标准不确定度为

$$u_c(\delta)=\sqrt{u_A^2+u_1^2+u_2^2}=0.42(\%)$$

有效自由度 $$\nu_{\mathrm{eff}}=\frac{u_c^4(\delta)}{\sum\frac{u_i^4}{\nu_i}}=\frac{0.42^4}{\frac{0.30^4}{9}+\frac{0.29^4}{\infty}+\frac{0.02^4}{8}}=34$$

A.8　扩展不确定度的评定

按置信概率 $p=0.95$，有效自由度 $\nu_{\mathrm{eff}}=34$，查 t 分布表，得到 $k=2.03$，故扩展不确定度为

$$U=k\times u_c(\delta)=2.03\times0.42\%=0.9\%$$

A.9 测量不确定度的报告

校准操纵力计示值误差测量结果的不确定度分析得 $U=0.9\%$（$p=0.95$，$k=2.03$），而根据技术要求规定，操纵力计的示值误差不应超过 ±5%。故本校准方法完全能满足量值传递的要求。

附录 B

校 准 证 书 内 容

校准证书的内容应排列有序，格式清晰，至少应包括以下内容：

1. 标题：校准证书；
2. 实验室名称和地址；
3. 进行校准的地点（如果不在实验室内进行校准）；
4. 证书或报告编号、页码及总页数；
5. 送校单位的名称和地址；
6. 被校准仪器名称：汽车制动操纵力计；
7. 被校准汽车制动操纵力计的制造商、型号规格及编号；
8. 校准所使用的计量标准名称、溯源性及有效性说明；
9. 本规范的名称及编号和对本规范的任何偏离、增加或减少的说明；
10. 校准时的环境情况；
11. 校准项目的校准结果；
12. 示值误差校准结果的测量不确定度；
13. 校准人签名，核验人签名，批准人签名；
14. 校准证书签发日期；
15. 复校时间间隔的建议；
16. 未经校准实验室书面批准，不得部分复制校准证书。

第二部分
行业计量检定规程

中华人民共和国交通部部门计量检定规程

JJG(交通)002—2005

滑板式汽车侧滑检验台

Slip Type Automobile Side Slip Tester

2005-03-10 发布　　2005-06-15 实施

中华人民共和国交通部 发布

滑板式汽车侧滑检验台检定规程

1 范围

本规程适用于滑板式双板联动汽车侧滑检验台(以下简称侧滑台)的首次检定、后续检定和使用中检验。

2 概述

侧滑台是测量汽车直线行驶过程中侧滑量的检测设备。侧滑台主要由滑板装置、测量系统和显示仪表等组成。

3 计量性能要求

3.1 零值误差

零值误差±0.2m/km。

3.2 零点漂移

零点漂移±0.2m/km。

3.3 示值误差

示值误差±0.2m/km。

3.4 报警点判定误差

报警点判定误差±0.2m/km。

3.5 重复性误差

重复性误差0.1m/km。

3.6 滑板位移同步性

滑板位移同步性0.1mm。

3.7 滑板移动所需作用力

3.7.1 滑板从零位开始移动0.1mm所需作用力

——滑板有效测量长度大于500mm,不得超过60N;

——滑板有效测量长度不大于500mm,不得超过40N。

3.7.2 滑板移动至侧滑量5m/km时所需作用力

——滑板有效测量长度大于500mm,不得超过120N;

——滑板有效测量长度不大于500mm,不得超过80N。

4 通用技术要求

4.1 侧滑台应有清晰的铭牌和标识。

4.2 各机件应完好,滑板移动灵活、平稳,没有明显的阻滞和晃动现象,调整机构操作灵活、可靠。

4.3 仪表显示应清晰,无影响读数的缺陷。数字显示应在5s内稳定,示值保留时间不少于8s。指针式仪表指针无变形,回转应平稳,不应有跳动、卡滞现象。

5 计量器具控制

5.1 检定环境条件

5.1.1 检定应在污染、噪声、振动和电磁干扰等因素不影响测量工作的环境中进行。

5.1.2 环境温度：(20±10)℃。

5.1.3 相对湿度：不大于85%。

5.1.4 电源电压：(220±20)V，(50±1)Hz。

5.2 检定用仪器设备

检定用仪器设备见表1。

表1 检定用仪器设备

仪器设备名称	数量	测量范围	测量误差或准确度等级
侧滑台综合检定装置	1套	0～15m/km 0～150N	±0.03m/km ±2%(F·S)
百分表	2只	0～30mm	2级
拉力测力计	1只	0～200N	2级
挡位工具	2只	满足工作要求	
磁性表座	2只	满足工作要求	

5.3 检定项目与检定方法

5.3.1 通用技术要求检查

通过目测检查，应符合第4章要求。

5.3.2 零值误差检定

5.3.2.1 如图1安置百分表和挡位工具，百分表测杆轴线应与滑板移动的方向一致，调整好百分表零位。左右移动滑板，当侧滑量超过3m/km时释放，让滑板自由回复，重复三次。每次释放后侧滑量指示均应回零，将其中最大的偏离零位值作为检定值，应符合3.1要求。

5.3.2.2 左右移动滑板，当侧滑量达到0.4m/km时释放，让滑板自由回复，重复三次。每次释放后侧滑量测量指示均应回零，将其中最大的偏离零位置作为检定值，应符合3.1要求。

5.3.3 零点漂移的检定

对数显示式侧滑台调整好零位，每隔10min观察一次，连续三次。每次漂离零位值应符合3.2要求。

5.3.4 示值误差的检定

缓缓推动滑板移动，当侧滑量位移量示值为3、5、7m/km时，分别读取检定装置左、右位移量示值，向内(外)各重复三次。按式(1)计算侧滑量示值误差，其结果应符合3.3要求。

$$\Delta i = X_i - \frac{\bar{S}_i}{L} \tag{1}$$

式中：Δi——第i测量点的侧滑量示值误差，m/km；

X_i——第 i 测量点的侧滑台仪表示值，m/km；

$\bar{S}_i$——第 i 测量点的检定装置仪表三次示值的算术平均值，mm；

L——滑板有效测量长度，m。

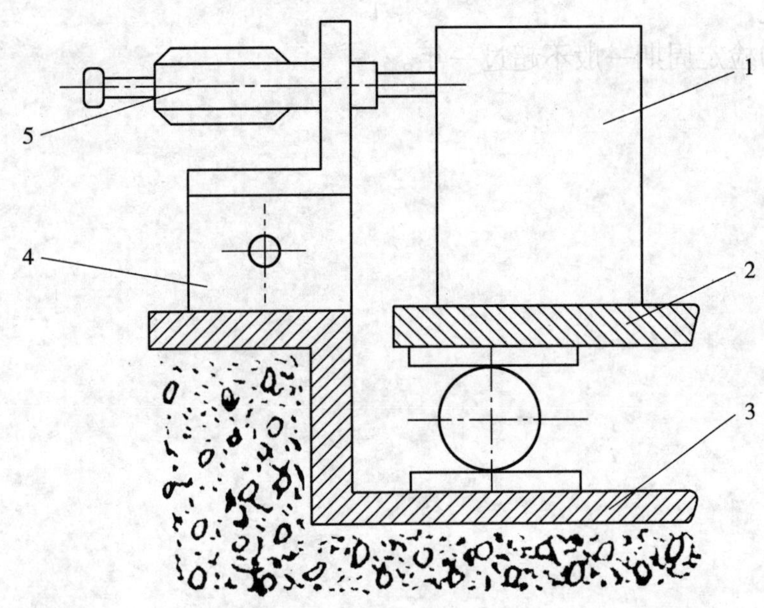

图 1

1-挡位工具；2-滑板；3-基座；4-磁性表座；5-百分表

5.3.5 报警点判定误差的检定

在进行侧滑示值误差检定时，当报警装置起作用的瞬间，读取检定装置位移量示值，重复三次。取其算术平均值，按式(2)计算报警点示值误差，其结果应符合 3.4 要求。

$$\Delta h = X_h - \frac{\bar{S}_h}{L} \tag{2}$$

式中：Δh——报警点的示值误差，m/km；

X_h——报警点标称值为 5，m/km；

$\bar{S}_h$——报警时检定装置仪表三次示值的算术平均值，mm。

5.3.6 重复性误差检定

重复性误差检定在示值误差检定的同时进行。各测量点三次示值的最大偏差作为示值重复性误差，且测量点示值重复性误差均应符合 3.5 要求。

5.3.7 左右滑板位移同步性的误差检定

左右滑板位移同步性的误差检定，在示值误差检定的同时进行，当侧滑量为 5m/km 时读取检定装置左、右示值，检定装置左、右位移量示值之差应符合 3.6 要求。

5.3.8 滑板移动所需作用力的检定

用测力计沿滑板移动方向拉动滑板，当位移量为 0.1mm 时，测力计示值应符合 3.7.1 要求；当侧滑量为 5m/km 时，测力计示值应符合 3.7.2 要求。

5.3.9 双滑板侧滑台

应对左、右滑板向内(外)按 5.3.4、5.3.5、5.3.6、5.3.7、5.3.8 要求分别检定，均应符合对应指标要求。

5.4　检定结果处理和检定周期

5.4.1　检定记录格式见附录 A，检定证书背面格式见附录 B。

5.4.2　经检定合格的侧滑台出具检定证书。检定不合格的出具测试结果通知书，并注明不合格项目名称。

5.4.3　侧滑台的检定周期一般不超过一年。

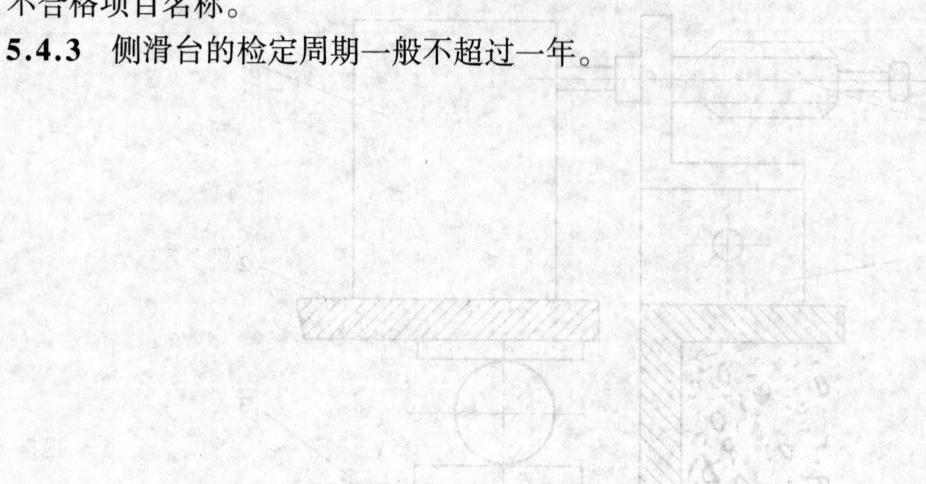

附录 A

滑板式汽车侧滑检验台检定记录

证书编号：

仪器名称		仪器型号			
生产企业		出厂编号		生产日期	
受检单位		检定日期			
检定员		核验员			
环境条件	温度(℃)	相对湿度(%)		电源电压(V)	
外观及性能	仪表显示应清晰，无明显缺陷，5s 稳定，保留 8s				
	滑板移动应灵活，平稳无明显阻滞，行驶方向上无明显间隙				
	打印显示、计算机显示、仪表显示值应符合示值误差要求				
零值误差	移动 3m/km 后回复				最大偏离零位值：
	移动 3m/km 后回复				最大偏离零位值：
零点漂移					最大零点漂移值：

项目	滑板	方向	仪表示值 (m/km)	百分表示值(mm) 1	2	3	平均	示值误差 (m/km)	重复性误差 (m/km)	滑板作用力 (N)
示值误差	左	内	3							初始 0.1mm
			5							
			7							5m/km
			报警							
报警点误差		外	3							初始 0.1mm
			5							
			7							5m/km
			报警							
侧滑板作用力	右	内	3							初始 0.1mm
			5							
			7							5m/km
			报警							
		外	3							初始 0.1mm
			5							
			7							5m/km
			报警							
同步性	侧滑量 5m/km 时									

附录 B

检定证书背面格式

项　　目	检 定 结 果
外观及性能	
零值误差(零点漂移)	
示值误差	
报警点判定误差	
重复性误差	
滑板位移同步性	

中华人民共和国交通部部门计量检定规程

JJG(交通) 003—2005

滚筒反力式汽车制动检验台

Roller Opposite Forces Type Broake Tester

2005-03-10 发布　　　　2005-06-15 实施

中 华 人 民 共 和 国 交 通 部 发 布

滚筒反力式汽车制动检验台检定规程

1 范围

本规程适用于滚筒反力式汽车制动检验台(以下简称制动台)的首次检定、后续检定和使用中检验。

2 概述

制动台是用于测量车辆各轴(左、右轮)制动力的检测设备。它由承载的滚筒装置、带动滚筒旋转的电机与减速机构、制动力测量系统及显示仪表等部分组成。其测量原理是：当车辆制动时,处在滚筒上的车轮会对转动的滚筒施加一个与其转动方向相反的力,这个反作用力反映车辆制动力的大小。

3 计量性能要求

3.1 零值误差和零点漂移

3.1.1 零值误差：±0.1%(F·S)。

3.1.2 数显式制动台 30min 内的零点漂移最大值不超过 0.1%(F·S)。

3.2 示值误差

3.2.1 当制动力不大于 5%(F·S)时：±0.4%(F·S)。

3.2.2 当制动力大于 5%(F·S)时：±5%。

3.3 制动台左右制动力示值间差

3.3.1 当制动力不大于 5%(F·S)时：±5%。

3.3.2 当制动力大于 5%(F·S)时：±3%。

3.4 滚筒表面当量附着系数

不得低于 0.65。

4 通用技术要求

4.1 制动台应有清晰的铭牌。

4.2 滚筒表面清洁,无影响测量的缺陷。各运动部件运转应正常,不应有明显的阻滞和振动现象。

4.3 仪表显示清晰,无影响读数的缺陷。数字式显示应在 5s 内稳定,示值保留时间不少于 8s;指针式仪表指针无变形,转动平稳、灵活,不应有跳动、卡滞现象。

5 计量器具控制

5.1 检定环境条件

5.1.1 检定应在污染、噪声、振动和电磁干扰等因素不影响测量工作的环境中进行。

5.1.2 环境温度：(20±10)℃。

5.1.3 相对湿度不大于 85%。

5.1.4 电源电压：(220±20)V,(50±1)Hz;

(380±38)V,(50±1)Hz。

5.2 检定用仪器设备

检定用仪器设备见表1。

表 1

仪器名称	技术要求
专用测力杠杆	力臂值误差:±0.3%
制动台测力仪	0~(F·S)/J*,±1%
砝码	1kg~(F·S)/J*,6级,M_2

注1:根据具体的被检制动台和实际情况,可以采用测力仪检定方法和砝码检定方法。仲裁采用测力仪检定方法。

注2:J*——等效杠杆比。

5.3 检定项目与检定方法

5.3.1 通用技术要求

通过目测检查,应符合第4章要求。

5.3.2 零值误差和零点漂移的检定

5.3.2.1 零值误差

在制动台空载时启动电机,待滚筒转动稳定后,制动台示值应为零值,若示值不为零值即为零值误差。重复三次,其零值误差均应符合3.1.1的要求。

5.3.2.2 零点漂移

数显式制动台调零后,每隔10min观察一次,连续三次,每次零点漂移均应满足3.1.2要求。

5.3.3 示值误差的检定

5.3.3.1 切断电机的电源后,将专用测力杠杆固定在制动台标定位置上,不加负荷,调整好杠杆的静平衡和水平并紧固,制动台示值为零。

5.3.3.2 按制动台满量程的4%,20%,40%,60%,80%,100%,六点作为检定点。逐级加载至满量程,然后逐级减载至零。重复三次,分别读取制动台各相应点的示值。

5.3.3.3 各测量点示值误差的计算

a) 采用测力仪检定时:

$$\Delta_i = f_i - \frac{F_i \times L}{r} \tag{1}$$

式中:Δ_i——第i测量点绝对示值误差;

f_i——第i测量点时制动台三次示值(增、减载分别计算)的平均值,N;

F_i——第i测量点时,测力仪示值,N;

L——测力杠杆力臂长度,mm;

r——制动台主滚筒半径,mm。

对不大于4%(F·S)的测量点计算示值引用误差:

$$\delta = \frac{\Delta}{(F \cdot S)} \times 100\% \tag{2}$$

式中：δ——示值误差。

对大于4%（F·S）的测量点计算示值相对误差：

$$\delta_i = \frac{\Delta_i}{F_i \times \frac{L}{r}} \times 100\% \tag{3}$$

b） 采用砝码检定时：

$$\Delta_i = f_i - M_i \times g \times \frac{L}{r} \tag{4}$$

式中：M_i——第 i 测量点时，加载砝码质量，kg；

g——检定地区的重力加速度，m/s^2。

对不大于4%（F·S）的测量点按式（2）计算示值引用误差。对大于4%（F·S）的测量点按式（5）计算示值相对误差：

$$\delta_i = \frac{\Delta_i}{M_i \times g \times \frac{L}{r}} \times 100\% \tag{5}$$

以上各检定点示值误差均应符合3.2.1和3.2.2要求。

5.3.4 制动台左右制动力示值间差的检定

按上述方法分别测量并计算出各测量点的左、右制动台示值误差，并按式（6）计算出各测量点的左右制动力示值间差。

$$\delta_{pi} = | \delta_{Li} - \delta_{Ri} | \tag{6}$$

式中：δ_{pi}——第 i 测量点左右制动力示值误差间差；

δ_{Li}——第 i 测量点左制动力示值误差；

δ_{Ri}——第 i 测量点右制动力示值误差。

在所有测量点中左右制动力示值间差，应符合3.3要求。

5.3.5 滚筒表面当量附着系数的检定

5.3.5.1 选择整车质量不小于制动台允许额定载荷40%的车辆，采用达到额定气压的较新轮胎。在轮重仪上，测量出试验用车（非转向轮）的左、右轮荷重。

5.3.5.2 将试验车辆置于制动台上，左右转向轮均加置制动楔使其不能移动。启动制动台，同时采用手制动和脚制动，测出这时左右轮的最大制动力。重复六次，测量值算术平均值的标准偏差不大于3%的条件下，取其平均值作为制动力测定值。

5.3.5.3 按式（7）计算滚筒表面当量附着系数

$$\theta = \frac{F}{m \times g} \tag{7}$$

式中：θ——制动台左（右）滚筒表面当量附着系数；

F——制动台左（右）制动力测定值，N；

m——经轮重仪测定的左（右）轮质量，kg；

g——重力加速度，m/s^2。

左、右轮应当分别计算，当量附着系数均应符合3.4的要求。

5.4 检定结果处理和检定周期

5.4.1 检定记录格式见附录A，检定证书背面格式见附录B。

5.4.2 经检定合格的制动台出具检定证书。检定不合格的出具测试结果通知书，并注明不合格项目名称及数据。

5.4.3 制动台的检定周期一般为一年。

附录 A

滚筒反力式汽车制动检验台检定记录

证书编号：

<table>
<tr><td>仪器名称</td><td></td><td>仪器型号</td><td colspan="3"></td></tr>
<tr><td>生产企业</td><td></td><td>出厂编号</td><td></td><td>生产日期</td><td></td></tr>
<tr><td>受检单位</td><td></td><td>检定日期</td><td colspan="3"></td></tr>
<tr><td>检定员</td><td></td><td>核验员</td><td colspan="3"></td></tr>
<tr><td rowspan="2">环境条件</td><td>温度(℃)</td><td colspan="2">相对湿度(%)</td><td colspan="2">电源电压(V)</td></tr>
<tr><td></td><td colspan="2"></td><td colspan="2"></td></tr>
<tr><td rowspan="3">外观及性能</td><td colspan="4">仪表显示清晰，无影响读数的缺陷</td><td></td></tr>
<tr><td colspan="4">滚筒清洁无损坏，各部件运转灵活，无明显阻滞</td><td></td></tr>
<tr><td colspan="4">打印显示、计算机显示、仪表显示都应符合示值误差要求</td><td></td></tr>
<tr><td>零值误差</td><td></td><td colspan="2"></td><td colspan="2"></td></tr>
<tr><td>零点漂移</td><td></td><td colspan="2"></td><td colspan="2"></td></tr>
</table>

<table>
<tr><td rowspan="15">示值误差</td><td rowspan="3">标准值(N)</td><td rowspan="3">制动台</td><td colspan="5">增载</td><td colspan="5">减载</td><td colspan="2" rowspan="2">左右滚筒示值误差间差</td></tr>
<tr><td colspan="4">仪表示值(N)</td><td rowspan="2">示值误差</td><td colspan="4">仪表示值(N)</td><td rowspan="2">示值误差</td></tr>
<tr><td>1</td><td>2</td><td>3</td><td>平均值</td><td>1</td><td>2</td><td>3</td><td>平均值</td><td>增</td><td>减</td></tr>
<tr><td rowspan="2"></td><td>L</td><td></td><td></td><td></td><td></td><td></td><td></td><td></td><td></td><td></td><td></td><td></td><td></td></tr>
<tr><td>R</td><td></td><td></td><td></td><td></td><td></td><td></td><td></td><td></td><td></td><td></td><td></td><td></td></tr>
<tr><td rowspan="2"></td><td>L</td><td></td><td></td><td></td><td></td><td></td><td></td><td></td><td></td><td></td><td></td><td></td><td></td></tr>
<tr><td>R</td><td></td><td></td><td></td><td></td><td></td><td></td><td></td><td></td><td></td><td></td><td></td><td></td></tr>
<tr><td rowspan="2"></td><td>L</td><td></td><td></td><td></td><td></td><td></td><td></td><td></td><td></td><td></td><td></td><td></td><td></td></tr>
<tr><td>R</td><td></td><td></td><td></td><td></td><td></td><td></td><td></td><td></td><td></td><td></td><td></td><td></td></tr>
<tr><td rowspan="2"></td><td>L</td><td></td><td></td><td></td><td></td><td></td><td></td><td></td><td></td><td></td><td></td><td></td><td></td></tr>
<tr><td>R</td><td></td><td></td><td></td><td></td><td></td><td></td><td></td><td></td><td></td><td></td><td></td><td></td></tr>
<tr><td rowspan="2"></td><td>L</td><td></td><td></td><td></td><td></td><td></td><td></td><td></td><td></td><td></td><td></td><td></td><td></td></tr>
<tr><td>R</td><td></td><td></td><td></td><td></td><td></td><td></td><td></td><td></td><td></td><td></td><td></td><td></td></tr>
<tr><td rowspan="2"></td><td>L</td><td></td><td></td><td></td><td></td><td></td><td></td><td></td><td></td><td></td><td></td><td></td><td></td></tr>
<tr><td>R</td><td></td><td></td><td></td><td></td><td></td><td></td><td></td><td></td><td></td><td></td><td></td><td></td></tr>
</table>

<table>
<tr><td rowspan="4">滚筒附着系数</td><td rowspan="2">台</td><td rowspan="2">轮荷 m(kg)</td><td colspan="7">制动力 F(N)</td><td rowspan="2">当量附着系数</td></tr>
<tr><td>1</td><td>2</td><td>3</td><td>4</td><td>5</td><td>6</td><td>平均</td></tr>
<tr><td>左</td><td></td><td></td><td></td><td></td><td></td><td></td><td></td><td></td><td></td></tr>
<tr><td>右</td><td></td><td></td><td></td><td></td><td></td><td></td><td></td><td></td><td></td></tr>
</table>

附录 B

检定证书背面格式

项　　目	检　定　结　果
外观及性能	
零值误差(零点漂移)	
示值误差	
左右示值误差间差	
滚筒表面附着系数	

中华人民共和国交通部部门计量检定规程

JJG(交通) 004—2005

滚筒式汽车车速表检验台

Roller Type Automobile Speedomter Tester

2005-03-10 发布　　2005-06-15 实施

中华人民共和国交通部 发布

中华人民共和国交通部部门计量检定规程

JJG(交通) 004—2005

滚筒式汽车车速表检验台

Roller Type Automobile Speedometer Tester

2005-03-10发布　　2005-06-15实施

中华人民共和国交通部 发布

滚筒式汽车车速表检验台检定规程

1 范围

本规程适用于滚筒式汽车车速表检验台(以下简称车速台)的首次检定、后续检定和使用中检验。

2 概述

滚筒式汽车车速表检验台是检测汽车车速表示值误差的检测设备。主要由滚筒装置、测量系统、显示仪表等组成。

3 计量性能要求

3.1 零值误差和零点漂移

3.1.1 零值误差不得超过 1km/h。

3.1.2 数显式车速台 30min 内的零点漂移不得超过 1km/h。

3.2 滚筒表面的局部磨损量

不得超过其标称直径的 1%。

3.3 滚筒表面的径向圆跳动

不得超过 1mm。

3.4 示值误差

不得超过 ±2%。

4 通用技术要求

4.1 车速台应有清晰的铭牌和标识。

4.2 运动部件工作协调平稳,转动灵活,滚筒表面无损伤车轮的缺陷。

4.3 仪表显示清晰,无影响读数的缺陷,数字显示应在 5s 内稳定,示值保留时间不少于 8s。指针式仪表指针无变形,不应有跳动、卡滞现象。

5 计量器具控制

5.1 检定环境条件

5.1.1 检定应在污染、噪声、振动和电磁干扰等因素不影响测量工作的环境中进行。

5.1.2 环境温度:(20 ± 10)℃。

5.1.3 相对湿度不大于 85%。

5.1.4 电源电压:(220 ± 20)V;(380 ± 38)V;(50 ± 1)Hz。

5.2 检定用仪器装置

检定用仪器装置见表 1。

5.3 检定项目与检定方法

5.3.1 通用技术要求

通过目测检查,应符合第 4 章要求。

5.3.2　零值误差检定

仪表调零后，在无负荷情况下转动滚筒，让滚筒自由停转，重复三次，将其中最大偏离零位示值作为检定值，应符合 3.1.1 的要求。

表 1　检定用仪器装置

检定用仪器装置	主要技术要求
长量爪游标卡尺	(0～500)mm，分度值 0.02mm；爪长：250mm
速度检验台校准仪(或标准测速仪)	准确度：±0.3%
百分表(含磁性表座)	(0～10)mm，2 级
平尺	(0～500)mm，Ⅰ级
塞尺	Ⅰ型 2 级

5.3.3　零点漂移的检定

数显式车速台调零后，每隔 10min 观察一次，连续三次，每次零点漂移值均应符合 3.1.2要求。

5.3.4　滚筒表面局部磨损量的检定

5.3.4.1　用长量爪游标卡尺分别测量主滚筒(安置有速度传感器的)边缘和中部不少于五处的外径，按式(1)计算局部磨损量，应符合 3.2 要求。

$$\delta_D = \frac{D_{max} - D_{min}}{D} \times 100\% \tag{1}$$

式中：δ_D——局部磨损量；

D_{max}——测量中最大直径，mm；

D_{min}——测量中最小直径，mm；

D——车速台主滚筒标称直径，mm。

5.3.4.2　选择主滚筒沿圆周均匀分布的六条母线，用平尺紧贴各条母线，用塞尺分别测量平尺与各滚筒表面之间的间隙量。按式(2)计算局部磨损量，应符合 3.2 要求。

$$\delta_D = \frac{2 \times \Delta_{max} \times L}{D \times l} \times 100\% \tag{2}$$

式中：Δ_{max}——六次测量中的最大间隙量，mm；

L——车速台主滚筒长度，mm；

l——平尺长度，mm。

5.3.5　滚筒表面径向圆跳动的检定

在四个滚筒上各选择两端及中间共三点，用百分表测量其径向圆跳动量，应符合 3.3 要求。

5.3.6　速度示值误差的检定

由汽车驱动滚筒稳步加速旋转，并做好安全防护工作。在车速台速度示值分别为 30、40、60km/h 时，用测(转)速仪测量实际速度(转速)。重复测量六次，按式(3)或式(4)计算各点每次示值误差：

$$\delta_{Vi} = \left(\frac{V_i}{V_{0i}} - 1\right) \times 100\% \tag{3}$$

式中：δ_{Vi}——第 i 测量点时车速台示值误差；

V_i——第 i 测量点车速台示值，km/h；

V_{0i}——第 i 测量点测速仪测得速度值，km/h。

$$\delta_{Vi} = \left(\frac{V_i \times 10^5}{6\pi D n_i} - 1\right) \times 100\% \tag{4}$$

式中：n_i——第 i 测量点转速仪测得转速值，r/min；

D——车速台主滚筒标称直径，mm。

将各点六次测量计算出的示值误差取平均值，作为该点检定值。均应符合 3.4 要求。

5.4 检定结果处理和检定周期

5.4.1 检定记录格式见附录 A，检定证书背面格式见附录 B。

5.4.2 经检定合格的车速台出具检定合格证书。检定不合格的出具检定结果通知书，并注明不合格项目。

5.4.3 车速台的检定周期一般为一年。

附录 A

滚筒式汽车车速表检验台检定记录

证书编号：

<table>
<tr><td>仪器名称</td><td colspan="2"></td><td>仪器型号</td><td colspan="3"></td></tr>
<tr><td>生产企业</td><td colspan="2"></td><td>出厂编号</td><td></td><td>生产日期</td><td></td></tr>
<tr><td>受检单位</td><td colspan="2"></td><td>检定日期</td><td colspan="3"></td></tr>
<tr><td>检定员</td><td colspan="2"></td><td>核验员</td><td colspan="3"></td></tr>
<tr><td rowspan="2">环境条件</td><td colspan="2">温度(℃)</td><td colspan="2">相对湿度(%)</td><td colspan="2">电源电压(V)</td></tr>
<tr><td colspan="2"></td><td colspan="2"></td><td colspan="2"></td></tr>
<tr><td rowspan="3">外观及性能</td><td colspan="4">滚筒表面完好,转动灵活</td><td colspan="2"></td></tr>
<tr><td colspan="4">仪表显示清晰,无影响读数缺陷</td><td colspan="2"></td></tr>
<tr><td colspan="4">打印显示、仪表显示都应符合示值误差要求</td><td colspan="2"></td></tr>
<tr><td>零值误差</td><td></td><td></td><td></td><td>最大零值误差</td><td colspan="2"></td></tr>
<tr><td>零点漂移</td><td></td><td></td><td></td><td>最大零点漂移</td><td colspan="2"></td></tr>
<tr><td rowspan="2">表面局部磨损量</td><td></td><td></td><td></td><td>最大表面局部磨损量</td><td colspan="2"></td></tr>
<tr><td></td><td></td><td></td><td>最小表面局部磨损量</td><td colspan="2"></td></tr>
</table>

<table>
<tr><td rowspan="6">径向圆跳动</td><td>滚筒</td><td>1</td><td>2</td><td>3</td><td>最大径向圆跳动</td></tr>
<tr><td></td><td></td><td></td><td></td><td></td></tr>
<tr><td></td><td></td><td></td><td></td><td></td></tr>
<tr><td></td><td></td><td></td><td></td><td></td></tr>
<tr><td></td><td></td><td></td><td></td><td></td></tr>
<tr><td></td><td></td><td></td><td></td><td></td></tr>
</table>

<table>
<tr><td rowspan="5">示值误差</td><td rowspan="2">检定点</td><td colspan="3">1</td><td colspan="3">2</td><td colspan="3">3</td><td colspan="3">4</td><td colspan="3">5</td><td colspan="3">6</td><td rowspan="2">δ</td></tr>
<tr><td>V_0</td><td>V</td><td>δ</td><td>V_0</td><td>V</td><td>δ</td><td>V_0</td><td>V</td><td>δ</td><td>V_0</td><td>V</td><td>δ</td><td>V_0</td><td>V</td><td>δ</td><td>V_0</td><td>V</td><td>δ</td></tr>
<tr><td>30</td><td></td><td></td><td></td><td></td><td></td><td></td><td></td><td></td><td></td><td></td><td></td><td></td><td></td><td></td><td></td><td></td><td></td><td></td><td></td></tr>
<tr><td>40</td><td></td><td></td><td></td><td></td><td></td><td></td><td></td><td></td><td></td><td></td><td></td><td></td><td></td><td></td><td></td><td></td><td></td><td></td><td></td></tr>
<tr><td>60</td><td></td><td></td><td></td><td></td><td></td><td></td><td></td><td></td><td></td><td></td><td></td><td></td><td></td><td></td><td></td><td></td><td></td><td></td><td></td></tr>
</table>

附录 B

检定证书背面格式

项　　目	检　定　结　果
外观及性能	
零值误差(零点漂移)	
表面局部磨损量	
径向圆跳动	
示值误差	

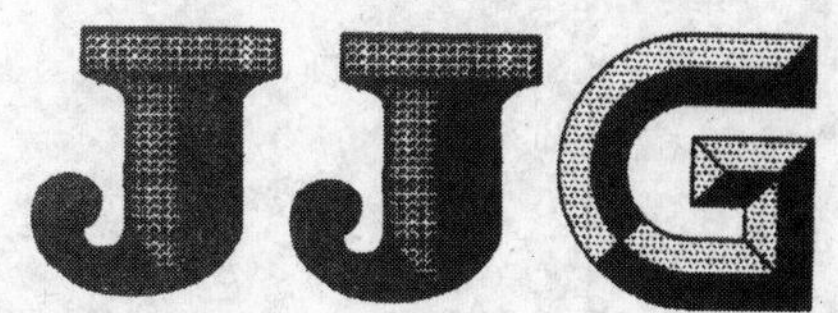

中华人民共和国交通部部门计量检定规程

JJG（交通）005—2005

汽车轴重动态检测仪

Automotive Axles Weight Dynamic Tester

2005-03-10 发布　　2005-06-15 实施

中华人民共和国交通部　发布

汽车轴重动态检测仪检定规程

1 范围

本规程适用于汽车轴重动态检测仪（以下简称轴重仪）首次检定、后续检定和使用中检验。

2 概述

轴重仪是指通过测量汽车在运动状态下各轮胎对路面施加的动态力，来测算一辆运动的车辆总重和部分重量（如轴荷）的称重仪器。通过传感器输出信号，经计算处理后，提供整车重、轴重、组轴重和车辆轴距等数据。

轴重仪通常可应用在三种不同的领域中。不同的应用领域，对检测仪有不同的技术要求。

3 计量性能要求

3.1 轴重仪的精度要求

轴重仪按照不同的应用领域有不同精度要求。精度指标用允许误差规定，精度等级越高允许误差越小。轴重仪的检测精度只能用统计学的方法定义为相对误差的置信区间。相对误差定义为$(W_d - W_s)/W_s$。其中 W_d 是汽车轴载称量装置所测得的值，即动态荷载；W_s 是相应的静态荷载（重量），或一个规定的参考值。这个以静态荷载（重量）为中心的置信区间可以表达为：$[-\delta, +\delta]$，此处 δ 是置信度95%下的允许误差。

3.1.1 用于执法和收费为目的的轴重仪：

——车辆总重允许误差：±7%；

——车辆轴重允许误差：±11%；

——轴距允许误差：±150mm。

3.1.2 用于基础设施（道路和桥梁等）设计、维护或评估和超载车辆预选为目的的轴重仪：

——车辆总重允许误差：±10%；

——车辆轴重允许误差：±15%；

——轴距允许误差：±150mm。

3.1.3 用于交通数据采集和统计为目的的轴重仪：

——车辆总重允许误差：±20%；

——车辆轴重允许误差：±25%；

——轴距允许误差：±150mm。

3.2 轴重仪置信度

轴重仪按3.1的相应允许误差作为置信区间计算出的置信度应不小于95%。

4 通用技术要求

4.1 轴重仪应有清晰的铭牌和标志。

4.2 各种开关、按钮、旋钮、插座都应有明显文字或符号标志。操作灵活可靠。传感器与路面结合紧密,无起翘松动现象。

4.3 数字显示应正确、清晰,无影响读数的缺陷。

4.4 打印装置的打印值应与显示值一致。

5 计量器具控制

5.1 检定条件

5.1.1 环境条件

5.1.1.1 环境温度:0℃~40℃。

5.1.1.2 相对湿度:不大于85%。

5.1.1.3 电源:(220±20)V,(50±1)Hz。

5.1.1.4 检定应在污染、振动、噪声和电磁干扰等不影响工作的环境中进行。

5.1.2 检定用器具

5.1.2.1 两轴载货汽车一辆,加载重物(载荷应均布且固定牢靠与货厢无相对移动)。

5.1.2.2 钢卷尺,量程5m,分度值1mm。

5.1.2.3 静态轴(轮)重仪一台或汽车磅秤一台,测量范围16t,准确度±1%。

5.2 检定项目与方法

5.2.1 通用技术要求检查

通过目测检查,应符合第4章的要求。

5.2.2 精度要求的检定

5.2.2.1 检定用的两轴汽车在满载、半载两种状态分别在静态轴重仪或汽车磅秤上测量三次,然后分别算出在两种状态下的汽车总重、前后轴重的平均值,作为静态测量真值;用钢卷尺测量汽车轴距,作为检定用真值。

5.2.2.2 检定用的两轴汽车在满载、半载两种状态下按表1所列车速和测量次数通过轴重仪,然后分别测出汽车每次通过该装置的总重、前后轴重和和轴距值。

5.2.3 轴重仪置信概率

5.2.3.1 动态称重的相对误差,服从独立的正态分布,检定汽车每次测量的整车重、各轴重与各自的静态测量真值之间的相对误差作为一个随机样本,其均值为 m,均方差为 s,设这些样本在$(1-\alpha)$的置信度下,置信区间为$[-\delta,\delta]$,则在本检定规程中 δ 就对应于3.1中所对应的允许误差的限值,如:$\delta=7\%$。

表1 检定时测试车速和测试次数

速度	测试次数			
	满载		半载	
	一般情况	当 $1.2V_m$ 超过限速值	一般情况	当 $1.2V_m$ 超过限速值
$1.2V_m$	3	—	3	—
V_m	9	10	9	10
$0.8V_m$	3	5	3	5

注:V_m 为车流平均车速。如车流平均车速不可获取,对于高速系统,推荐 $V_m=75\text{km/h}$。

5.2.3.2 计算得出的置信概值率应符合3.2的要求。

5.3 数据处理

5.3.1 检测数据项

计算每一个检测的数据项（如总重、轴重、轴组重等）按式（1）计算相对误差。

$$x_i = \frac{(W_{di} - W_{si})}{W_{si}} \times 100(\%) \tag{1}$$

式中：W_{di}、W_{si}——同一数据的动态测试值和参考（静态）值。

在此基础上，计算出每个数据项相对误差的均值 m 和均方差 s。

5.3.2 计算置信度

动态称重的相对误差，服从独立的正态分布。从中随机抽取 n 个样本，均值为 m，均方差为 s，则这些样本在$(1-a)$的置信度下，集中分布于置信区间$[-\delta,\delta]$的概率下限为：

$$\pi = \Phi(u_1) - \Phi(u_2) \tag{2}$$

$$u_1 = (\delta - m)/s - t_{n-1,1-\alpha/2}/n^{1/2} \tag{3}$$

$$u_2 = (-\delta - m)/s + t_{n-1,1-\alpha/2}/n^{1/2} \tag{4}$$

式中：Φ——具有$(n-1)$个自由度的 t 分布（学生分布）的概率分布函数；

t——具有$(n-1)$个自由度的 t 分布（学生分布）的概率单尾临界函数；

$\alpha = 0.05$。

根据式（3）、式（4）可以计算出每一组测试样本的置信度。为方便计算，附录A给出了采用Windows Excel计算置信度 π 的方法。

5.4 检定结果处理和检定周期

5.4.1 检定记录格式见附录B，检定证书背面格式见附录C。

5.4.2 经检定合格的轴重仪出具检定证书。检定不合格的出具检定结果通知书，并注明不合格项目名称及数据。

5.4.3 轴重仪的检定周期一般不超过一年。

附录 A

用 Windows Excel 计算置信度 π 的方法

设相对误差样本为：$x_1, x_2, \cdots, x_n$

则：

$$m = \text{AVERAGE}(x_1, x_2 \cdots x_n)$$

$$s = \text{STDEV}(x_1, x_2 \cdots x_n)$$

$$\mu = (\delta - m)/s - \text{TINV}(\alpha, n-1)/\text{SQRT}(n)$$

$$\mu_2 = (\delta + m)/s - \text{TINV}(\alpha, n-1)/\text{SQRT}(n)$$

$$\pi = 1 - \text{TDIST}(\mu, n-1, 1) - \text{TDIST}(\mu_2, n-1, 1)$$

其中 AVERAGE，STDEV，TINV，TDIST，SQRT 都是 Excel 函数。

附录 B

汽车轴重动态检测仪检定记录

证书编号：

<table>
<tr><td>仪器名称</td><td colspan="2"></td><td>仪器型号</td><td colspan="4"></td></tr>
<tr><td>生产企业</td><td colspan="2"></td><td>出厂编号</td><td colspan="2"></td><td>生产日期</td><td></td></tr>
<tr><td>受检单位</td><td colspan="2"></td><td>检定日期</td><td colspan="4"></td></tr>
<tr><td>检定员</td><td colspan="2"></td><td>核验号</td><td colspan="4"></td></tr>
<tr><td>有效车速</td><td colspan="2"></td><td>车流平均速度</td><td colspan="4"></td></tr>
<tr><td rowspan="2">环境条件</td><td colspan="2">温度(℃)</td><td>相对湿度(%)</td><td colspan="4">电源</td></tr>
<tr><td colspan="2"></td><td></td><td colspan="4"></td></tr>
</table>

<table>
<tr><td rowspan="9">质量(kg)</td><td colspan="2">检定载荷</td><td>总重</td><td>前轴重</td><td>左前轮重</td><td>右前轮重</td><td>后轴重</td><td>左后轮重</td><td>右后轮重</td></tr>
<tr><td rowspan="4">满载状态</td><td>1</td><td></td><td></td><td></td><td></td><td></td><td></td><td></td></tr>
<tr><td>2</td><td></td><td></td><td></td><td></td><td></td><td></td><td></td></tr>
<tr><td>3</td><td></td><td></td><td></td><td></td><td></td><td></td><td></td></tr>
<tr><td>均值</td><td></td><td></td><td></td><td></td><td></td><td></td><td></td></tr>
<tr><td rowspan="4">半载状态</td><td>1</td><td></td><td></td><td></td><td></td><td></td><td></td><td></td></tr>
<tr><td>2</td><td></td><td></td><td></td><td></td><td></td><td></td><td></td></tr>
<tr><td>3</td><td></td><td></td><td></td><td></td><td></td><td></td><td></td></tr>
<tr><td>均值</td><td></td><td></td><td></td><td></td><td></td><td></td><td></td></tr>
<tr><td colspan="2">轴距(mm)</td><td>1</td><td colspan="2">2</td><td colspan="2">3</td><td colspan="2">均值</td><td></td></tr>
</table>

一般要求检查

<table>
<tr><td rowspan="9">置信度的计算</td><td colspan="2">检定载荷(kg)</td><td>总重</td><td>前轴重</td><td>后轴重</td><td>轴距(mm)</td></tr>
<tr><td rowspan="8">满载状态</td><td>1</td><td></td><td></td><td></td><td></td></tr>
<tr><td>2</td><td></td><td></td><td></td><td></td></tr>
<tr><td>3</td><td></td><td></td><td></td><td></td></tr>
<tr><td>4</td><td></td><td></td><td></td><td></td></tr>
<tr><td>5</td><td></td><td></td><td></td><td></td></tr>
<tr><td>6</td><td></td><td></td><td></td><td></td></tr>
<tr><td>7</td><td></td><td></td><td></td><td></td></tr>
<tr><td>8</td><td></td><td></td><td></td><td></td></tr>
</table>

续上表

一般要求检查						
	检定载荷(kg)		总重	前轴重	后轴重	轴距(mm)
置信度的计算	满载状态	9				
		10				
		11				
		12				
		13				
		14				
		15				
	半载状态	1				
		2				
		3				
		4				
		5				
		6				
		7				
		8				
		9				
		10				
		11				
		12				
		13				
		14				
		15				
	平均值 m					
	均方差 s					—
	置信区间宽度 δ					—
	置信度					—

附录 C

检定证书背面格式

<table>
<tr><td colspan="4">检 定 项 目</td><td>检定结果</td></tr>
<tr><td colspan="4">一 般 要 求</td><td></td></tr>
<tr><td rowspan="2">置信度</td><td rowspan="2">精度要求
（%）</td><td>车辆总重</td><td></td><td></td></tr>
<tr><td>车辆轴重</td><td></td><td></td></tr>
<tr><td colspan="4">轴距允许误差(mm)</td><td></td></tr>
</table>

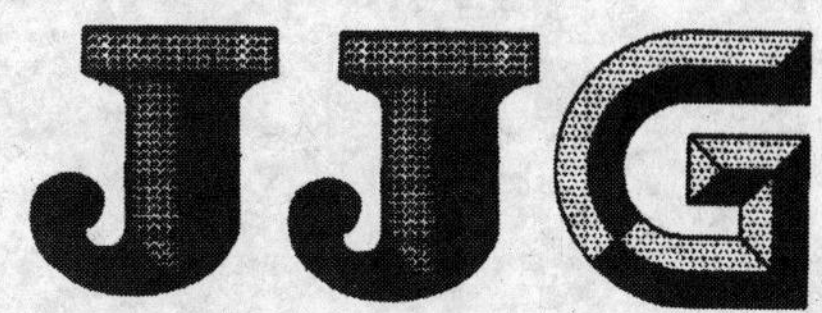

中华人民共和国交通部部门计量检定规程

JJG(交通) 006—2005

滤纸式烟度计

Filter Type Smokemeter

2005-03-10 发布　　　　2005-06-15 实施

中 华 人 民 共 和 国 交 通 部 发布

中华人民共和国交通部部门计量检定规程

JJG(交通)006—2005

滤纸式烟度计

Filter Type Smokemeter

2005-03-10发布　　　　2005-06-15实施

中华人民共和国交通部　发布

滤纸式烟度计检定规程

1 范围

本规程适用于滤纸式烟度计（以下简称烟度计）的首次检定、后续检定和使用中检验。

2 概述

烟度计由取样装置和测量装置组成，是用于柴油汽车排气烟度的检测设备。

烟度计的工作原理：在一定的时间内从汽车排气管中抽取一定容积的排气气体，并使之通过一定面积的专用滤纸，排气中的碳烟被过滤在滤纸上，然后测定此滤纸的光反射率，以此为依据显示出被测气体的烟度值。

3 计量性能要求

3.1 零点漂移：±2%（F·S）。

3.2 示值误差：±3%（F·S）。

3.3 重复性误差：±2%（F·S）。

3.4 抽气时间：（1.4±0.2）s。

3.5 抽气量：（330±15）mL。

3.6 密封性：要求在60s内，外界空气渗入量应不超过30mL。

4 通用技术要求

4.1 烟度计应有清晰的铭牌和标志。

4.2 采样探头和导管不得有破裂、漏气、堵塞等现象。

4.3 指针式显示装置，表盘应清晰，指针摆动应平稳；数字式显示装置，显示应清晰、准确，配有打印装置时，打印结果应清楚、正确。

4.4 各开关、旋钮、按键功能正常，操作灵活可靠。

5 计量器具控制

5.1 检定条件

5.1.1 环境条件

5.1.1.1 温度：（20±10）℃。

5.1.1.2 相对湿度：不大于85%。

5.1.1.3 电源电压：（220±20）V，（50±1）Hz。

5.1.1.4 检定应在污染、振动、噪声和电磁干扰等不影响工作的环境中进行。

5.1.2 检定用仪器设备

检定用仪器设备见表1。

5.2 检定项目和检定方法

5.2.1 零点漂移的检定

表1　检定用仪器设备

检定用仪器设备	主要技术要求
标准烟度卡六张	标称值约为 Rb:0.4~9.0(精度2级)
量筒一个	量程500mL,分度值5mL
秒表一块	分度值0.01s,计时误差不超过±0.5s/24h
固定支架一个	
水盆一个	
橡胶塞一个	
橡胶软管一根	内径6mm,长2m
滤纸	绝对反射率为85%±2.5%

按使用说明书要求通电预热,待各部分工作正常后,方可进行检定。

5.2.1.1　将示值调至满量程的4%。

5.2.1.2　使烟度计连续运行60min,每隔20min记录一次烟度计起始示值。

5.2.1.3　按式(1)计算,其结果应符合3.1的要求。

5.2.2　示值误差检定

5.2.2.1　用标称值约为Rb5的标准值烟度卡对烟度计进行校准。

5.2.2.2　对使用中的烟度计,用标称值约为Rb:1、3、7、9的四张标准烟度卡分别进行测量,重复三次。在测量过程中不得对烟度计再做调整。

5.2.2.3　按式(2)计算,其结果应符合3.2的要求。

5.2.3　重复性检定

5.2.3.1　用标称值约为Rb5的标准烟度卡在烟度计上重复测量五次。

5.2.3.2　按式(3)计算,其结果应符合3.3的要求。

5.2.4　抽气时间检定

5.2.4.1　装好滤纸,用取样软管连接烟度计的取样入口端,使抽气泵活塞复位。

5.2.4.2　踩下踏板开关,测定活塞的运动时间即为抽气时间。

5.2.4.3　重复测量三次,其平均值应符合3.4的要求。

5.2.5　抽气量检定

5.2.5.1　装好滤纸,按图1安装好抽气量检定装置,水盆内注入清水,量筒应垂直于水面。

5.2.5.2　使抽气泵活塞复位,按下相应开关使活塞抽气,量筒内水柱上升的容积即为抽气量。

5.2.5.3　重复测量三次,其平均值应符合3.5的要求。

5.2.6　密封性检定

5.2.6.1　按照5.2.5的检定方法,不装滤纸,保持水已被吸上来的状态1min,水位下降的容积即为外界空气渗入量。

5.2.6.2　重复测量三次,其平均值应符合3.6的要求。

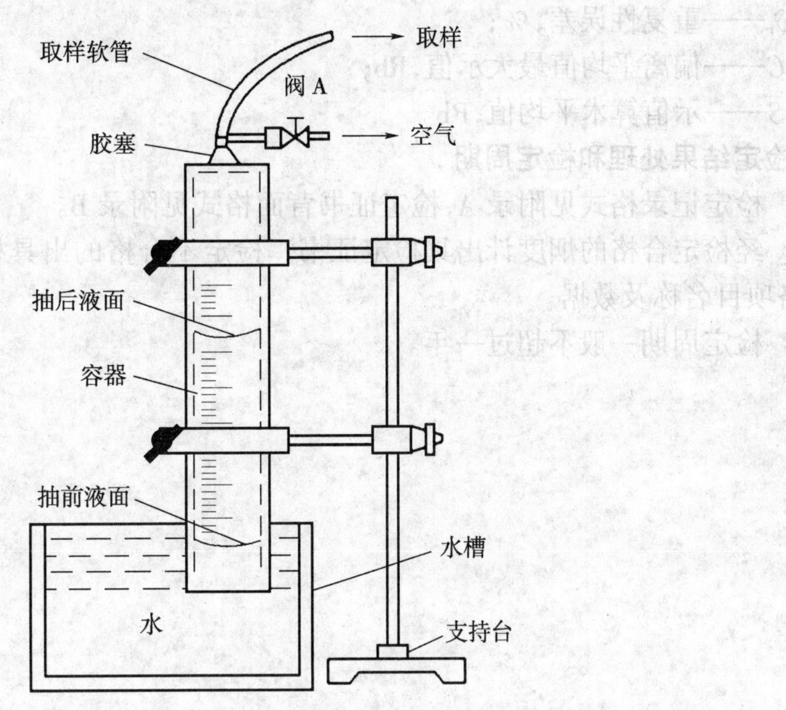

图 1　抽气试验装置示意图

5.2.7　通用技术要求的检查。

通过目测进行，其结果应符合第 4 章的要求。

5.3　数据处理

5.3.1　零点漂移

零点漂移按式(1)计算

$$\delta_0 = \frac{D_2 - D_i}{A} \times 100\% \tag{1}$$

式中：δ_0——零点漂移，%；

D_i——起始示值，Rb；

D_2——60min 内偏离起始示值最大的示值，Rb；

A——满量程读数。

5.3.2　示值误差

示值误差按式(2)计算

$$\delta_n = \frac{\bar{S}_n - B_n}{A} \times 100\% \tag{2}$$

式中：δ_n——示值误差，%，$n = 1$、2、3、4；

$\bar{S}_n$——示值算术平值，Rb；

B_n——标准烟度卡标称值，Rb。

5.3.3　重复性误差

重复性误差按式(3)计算

$$\delta_r = \frac{C - \bar{S}}{A} \times 100\% \tag{3}$$

式中：δ_r——重复性误差，%；

C——偏离平均值最大示值，Rb；

$\bar{S}$——示值算术平均值，Rb。

5.4 检定结果处理和检定周期

5.4.1 检定记录格式见附录 A，检定证书背面格式见附录 B。

5.4.2 经检定合格的烟度计出具检定证书。检定不合格的出具检定结果通知书，并注明不合格项目名称及数据。

5.4.3 检定周期一般不超过一年。

附录 A

滤纸式烟度计检定记录

证书编号：

<table>
<tr><td>设备名称</td><td colspan="3"></td><td colspan="2">设备型号</td><td colspan="3"></td></tr>
<tr><td>生产企业</td><td colspan="3"></td><td colspan="2">出厂编号</td><td></td><td>生产日期</td><td></td></tr>
<tr><td>受检单位</td><td colspan="3"></td><td colspan="2">检定日期</td><td colspan="3"></td></tr>
<tr><td>主检员</td><td></td><td colspan="2">检验员</td><td colspan="2"></td><td>校核员</td><td colspan="2"></td></tr>
<tr><td>环境条件</td><td>温度(℃)</td><td colspan="2"></td><td colspan="2">相对湿度(%)</td><td></td><td>电源电压(V)</td><td></td></tr>
<tr><td rowspan="2">抽气时间(s)</td><td colspan="2">1</td><td colspan="2">2</td><td colspan="2">3</td><td colspan="2">平均值</td></tr>
<tr><td colspan="2"></td><td colspan="2"></td><td colspan="2"></td><td colspan="2"></td></tr>
<tr><td rowspan="2">抽气量(mL)</td><td colspan="2">1</td><td colspan="2">2</td><td colspan="2">3</td><td colspan="2">平均值</td></tr>
<tr><td colspan="2"></td><td colspan="2"></td><td colspan="2"></td><td colspan="2"></td></tr>
<tr><td rowspan="2">密封性(mL)</td><td colspan="2">1</td><td colspan="2">2</td><td colspan="2">3</td><td colspan="2">平均值</td></tr>
<tr><td colspan="2"></td><td colspan="2"></td><td colspan="2"></td><td colspan="2"></td></tr>
<tr><td rowspan="3">零点漂移</td><td rowspan="2">起始示值(Rb)</td><td colspan="3">60min 内示值(Rb)</td><td colspan="2" rowspan="2">量程(Rb)</td><td colspan="2" rowspan="2">零漂(%)</td></tr>
<tr><td>20</td><td>40</td><td>60</td></tr>
<tr><td></td><td></td><td></td><td></td><td colspan="2"></td><td colspan="2"></td></tr>
<tr><td rowspan="6">示值误差</td><td rowspan="2">烟度卡标称值(Rb)</td><td colspan="5">烟度计示值(Rb)</td><td colspan="2" rowspan="2">示值误差(%)</td></tr>
<tr><td>1</td><td>2</td><td>3</td><td colspan="2">平均值</td></tr>
<tr><td></td><td></td><td></td><td></td><td colspan="2"></td><td colspan="2"></td></tr>
<tr><td></td><td></td><td></td><td></td><td colspan="2"></td><td colspan="2"></td></tr>
<tr><td></td><td></td><td></td><td></td><td colspan="2"></td><td colspan="2"></td></tr>
<tr><td></td><td></td><td></td><td></td><td colspan="2"></td><td colspan="2"></td></tr>
<tr><td rowspan="3">重复性误差</td><td colspan="6">烟度卡示值(Rb)</td><td rowspan="3" colspan="2">重复性误差(%)</td></tr>
<tr><td>1</td><td>2</td><td>3</td><td>4</td><td>5</td><td>平均值</td></tr>
<tr><td></td><td></td><td></td><td></td><td></td><td></td></tr>
</table>

附录 B

检定证书背面格式

检　定　项　目	检　定　结　果
通用技术要求	
抽气时间(s)	
抽气量(mL)	
密封性(mL)	
零点漂移	
示值误差	
重复性误差	

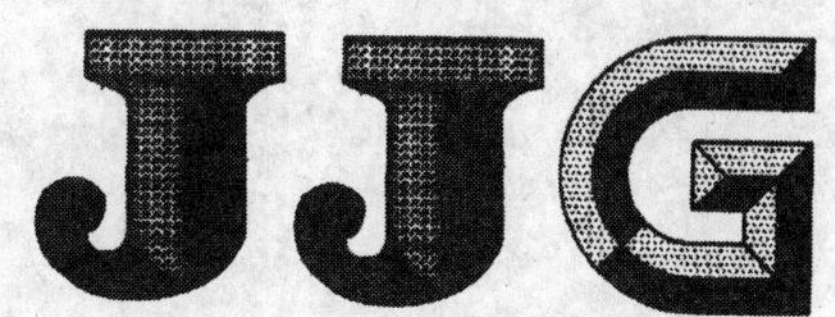

中华人民共和国交通部部门计量检定规程

JJG(交通) 007—2005

汽车转向盘转向力—转向角检测仪

Steering Force-Steeting Angle Tester of Motor Car

2005-03-10 发布　　　　2005-06-15 实施

中 华 人 民 共 和 国 交 通 部 发布

汽车转向盘转向力—转向角检测仪检定规程

1 范围

本规程适用于汽车转向盘转向力—转向角检测仪(以下简称力角仪)的首次检定、后续检定和使用中检验。

2 概述

力角仪是用来测量汽车转向盘操纵力及转动角度的仪器。转向力通过测力机构经传感器转换为电信号的方法进行测量;转向角通过角位移传感器转换成电信号的方法进行测量,也可通过指针和角度盘的方法进行测量。

3 计量性能要求

3.1 转向力

3.1.1 零点漂移:不大于 $2d$。

3.1.2 鉴别力阈:不大于 $2d$。

3.1.3 示值误差:±2%(F·S)。

3.1.4 重复性误差:不大于2%(F·S)。

3.2 转向角

示值误差:±2°。

4 通用技术要求

4.1 仪器应有清晰的铭牌和标志。

4.2 显示仪表为数字式时,显示应清晰,不能有影响读数的缺陷,示值保持时间不少于8s。

4.3 显示仪表为指针式时,表盘刻度应清晰,指针运转应平稳,无松动、卡滞和弯曲现象。

4.4 机械和电气装置应完整无损,工作可靠。

5 计量器具控制

5.1 检定条件

5.1.1 环境条件

5.1.1.1 温度:(20±10)℃。

5.1.1.2 相对湿度:不大于85%。

5.1.1.3 电源:(220±20)V,(50±1)Hz。

5.1.1.4 检定应在污染、振动、噪声和电磁干扰等不影响工作的环境中进行。

5.1.2 检定用仪器。

检定用仪器见表1。

5.2 检定项目和检定方法

5.2.1 通用技术要求检查

表1 检定用仪器

检定项目	检定用仪器设备	主要技术要求	备　注
转向力	砝码检定法专用支架		砝码法
	砝码	6_1 级、6 级(200g)	砝码法
	秒表	0.1s	
	测力计	B_1 级	测力计法
	测力计检定法专用支架		测力计法
转向角	量角器	分度值 30′ 量程 0°～360°	

通过目测检查,应符合第4章要求。

5.2.2 力角仪的安装

将力角仪固定在专用检定装置上(见图1、图2),且力角仪在受力后不得有周向转动现象,即受力方向与力角仪受力支点的径向夹角应稳定在90°。

图1 砝码检定

1-砝码检定法专用支架;2-力角仪;3-砝码

5.2.3 转向力零点漂移

开机后调零,使其处于测量状态,用秒表计时,10min后观察并记录,重复三次(对用键控制左、右旋向的,左右各重复三次)。每次零点漂移值均应符合3.1.1要求。

5.2.4 转向力鉴别力阈

沿力角仪的转向盘外缘切线方向,向左、向右分别施加 $2d$ 的力或挂200g砝码,力角仪示值应有变化,应符合3.1.2要求。

5.2.5 转向力示值误差

5.2.5.1 用砝码检定转向力示值误差

按力角仪满量程的约10%,20%,40%,50%,80%,100%六个点无冲击逐级加载,然后

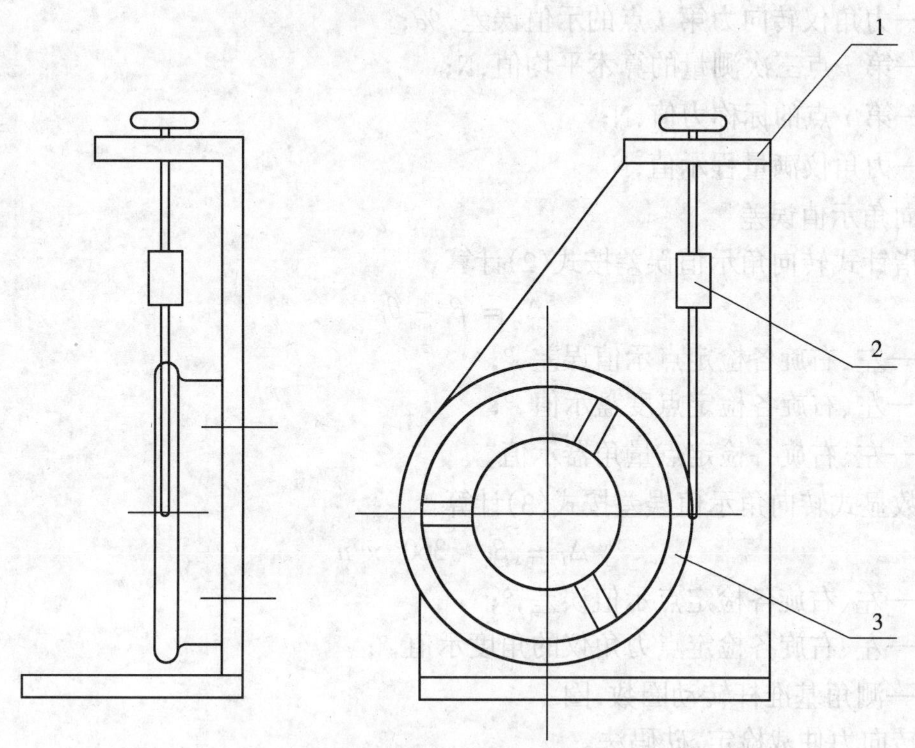

图2　测力计检定

1-测力计检定法专用支架;2-测力计;3-力角仪

依次减载,向左、向右各重复三次,分别读取各相应点的示值,示值误差应符合3.1.3要求。

5.2.5.2　用测力计检定转向力示值误差

按5.2.5.1给出的六个检定点依次缓慢加载,然后依次减载,向左、向右各重复三次,分别读取各相应点的示值,示值误差应符合3.1.3要求。

5.2.6　转向力重复性误差

转向力重复性误差的检定与转向力示值误差检定同时进行,相同测量点的三次示值的最大偏差为重复性误差,误差应符合3.1.4要求。

5.2.7　转向角示值误差

5.2.7.1　指针式转向角示值误差

量角器的圆心与力角仪的角度圆心重合,量角器的0°刻线与力角仪0°刻线对齐。取10°,15°,30°,45°作为检定点,转动量角器依次检定,向左、向右各重复三次并记录示值,示值误差应符合3.1.3要求。

5.2.7.2　数显式转向角示值误差

取360°,720°,1080°作为检定点,量角器的圆心与力角仪圆心处的角度传感器旋钮重合,使旋钮成为测角基准杆的支点,转动基准杆当仪器显示零时,基准杆所指的任一刻度即为零标记点,向左、向右各重复三次并记录示值,示值误差应符合3.1.3要求。

5.3　数据处理

5.3.1　转向力示值误差

转向力示值误差按式(1)计算。

$$\sigma_i = \frac{F_i - F_{ti}}{F_{\max}} \times 100\% \tag{1}$$

式中：σ_i——力角仪转向力第 i 点的示值误差，%；

F_i——第 i 点三次测量的算术平均值，N；

F_{ti}——第 i 点的标称力值，N；

$F_{\max}$——力角仪满量程示值，N。

5.3.2 转向角示值误差

5.3.2.1 指针式转向角示值误差按式(2)计算。

$$\Delta_i = \beta_i - \theta_i \tag{2}$$

式中：Δ_i——左、右旋各检定点示值误差，°；

β_i——左、右旋各检定点度盘示值，°；

θ_i——左、右旋各检定点量角器示值，°。

5.3.2.2 数显式转向角示值误差按式(3)计算。

$$\Delta_i = \beta_i - 360° \times n \tag{3}$$

式中：Δ_i——左、右旋各检定点示值误差，°；

β_i——左、右旋各检定点力角仪的角度示值，°；

n——测角基准杆转动圈数，圈。

5.3.2.3 转向力仲裁检定：砝码法。

5.4 检定结果处理和检定周期

5.4.1 检定记录格式见附录 A，检定证书背面格式见附录 B。

5.4.2 经检定合格的力角仪出具检定证书。不合格的出具检定结果通知书，并注明不合格项目名称及数据。

5.4.3 检定周期一般不超过一年。

附录 A

汽车转向盘转向力—转向角检定记录

证书编号：

仪器名称		仪器型号		生产企业	
生产日期		出厂编号		受检单位	
检定日期		检定温度(℃)			
检定员		核验员		检定湿度(%)	

外观及性能		
	仪器应有清晰的铭牌标志	
	数显式仪表的显示应清晰，不能有影响读数的缺陷，示值保留时间不少于 8s	
	指针式仪表的表盘刻度应清晰，指针运转应平稳，无松动、卡滞和弯曲现象，能回零	
	机械和电器装置应完整无损、工作可靠	

零点漂移	测　量　次　数		最大零点漂移
	左 1　(　　)	右 1　(　　)	
	左 2　(　　)	右 2　(　　)	
	左 3　(　　)	右 3　(　　)	

鉴别力阈	测　量　次　数	
	左 1(　　)　左 2(　　)　左 3(　　)	右 1(　　)　右 2(　　)　右 3(　　)

转向力检定		检定点	向左						向右					
			示值(N)				示值误差(%)	重复性误差	示值(N)				示值误差(%)	重复性误差
			1	2	3	平均			1	2	3	平均		
	加载													
	减载													

转向角检定	检定点	示值(向左)	示值误差(最大)	示值(向右)	示值误差(最大)

附录 B

检定证书背面格式

项　　　　目	检　　定　　结　　果
外观及性能	
零点漂移	
鉴别力阈	
转向力示值误差	
转向力重复性误差	
转向角示值误差	

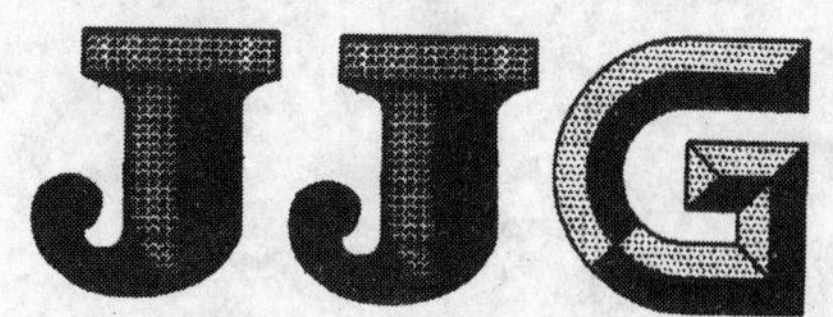

中华人民共和国交通部部门计量检定规程

JJG（交通）008—2005

汽车制动踏板力计

Automobile Brake Pedal Force Tester

2005-03-10 发布　　2005-06-15 实施

中华人民共和国交通部　发布

中华人民共和国交通部部门计量检定规程

JJG(交通)008—2005

汽车制动踏板力计

Automobile Brake Pedal Force Tester

2005-03-10 发布　　2005-06-15 实施

中华人民共和国交通部　发布

汽车制动踏板力计检定规程

1 范围

本规程适用于汽车制动踏板力计(以下简称踏板力计)的首次检定、后续检定和使用中的检验。

2 概述

踏板力计是测量作用于汽车制动踏板上力值的装置,主要由力值传感器和显示仪表组成。踏板力计通过固定在汽车制动踏板上的力值传感器,将作用于制动踏板上的力转换为电信号,并由显示仪表显示出力值。

3 计量性能要求

3.1 零点漂移:不超过 $2d$。

3.2 鉴别力阈:不超过 $2d$。

3.3 示值误差:±3%。

3.4 重复性误差:不超过3%。

3.5 倾斜误差:在30°内不超过5%。

4 通用技术要求

4.1 踏板力计仪表应有清晰的铭牌和标识。

4.2 显示仪表为数字式时,显示应清晰,不能有影响读数的缺陷,示值保留时间不少于8s。

4.3 显示仪表为指针式时,表盘刻度应清晰,指针回转应平稳,无松动、卡滞和弯曲现象,能回零。

4.4 机械和电气装置应完整无损,工作可靠。

4.5 踏板力计必须有设定值报警装置。

5 计量器具控制

5.1 检定条件

5.1.1 环境条件

5.1.1.1 温度:(20±10)℃。

5.1.1.2 相对湿度:不大于85%。

5.1.1.3 检定应在污染、振动、噪声和电磁干扰等因素不影响测量工作的环境条件中进行。

5.1.2 检定用仪器

检定用仪器设备见表1。

5.2 检定项目和检定方法

5.2.1 通用技术要求检查

表1　检定用仪器设备

检定用仪器设备	主要技术要求	备　注
标准斜块	30°±1°	砝码法、传感器法
砝码检定法专用支架		砝码法
砝码1	6_1级	砝码法:5kg(2块)、10kg(2块)、20kg(4块)
砝码2	6_1级	砝码法200g(1块)
秒表	0.1s	砝码法、传感器法
传感器检定法专用支架		传感器法
传感器	准确度:±1%	传感器法

通过目测检查,应符合第4章要求。

5.2.2　踏板力计的安装

将踏板力计安装到专用检定装置上(见图1、图2)。

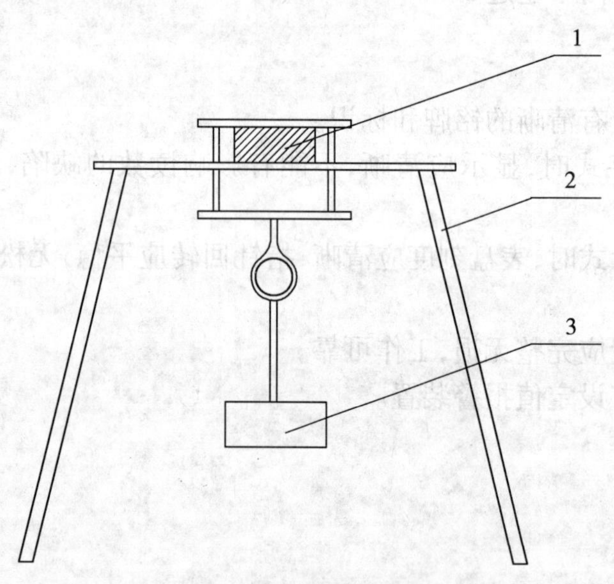

图1　砝码法检定简图

1-踏板力计传感器;2-砝码检定专用支架;3-检定用砝码

5.2.3　零点漂移检定

按仪器使用说明书要求预热后,使其处于测量状态,10 min后观察并记录示值,重复三次。仪表示值应符合3.1规定。

5.2.4　鉴别力阈检定

在安装好的踏板力计上施加$2d$的力值,重复三次。示值应符合3.2规定。

5.2.5　示值误差的检定

5.2.5.1 选择踏板力计的测定范围上限值的约 20%，40%，60%，80%，100%作为检定点。

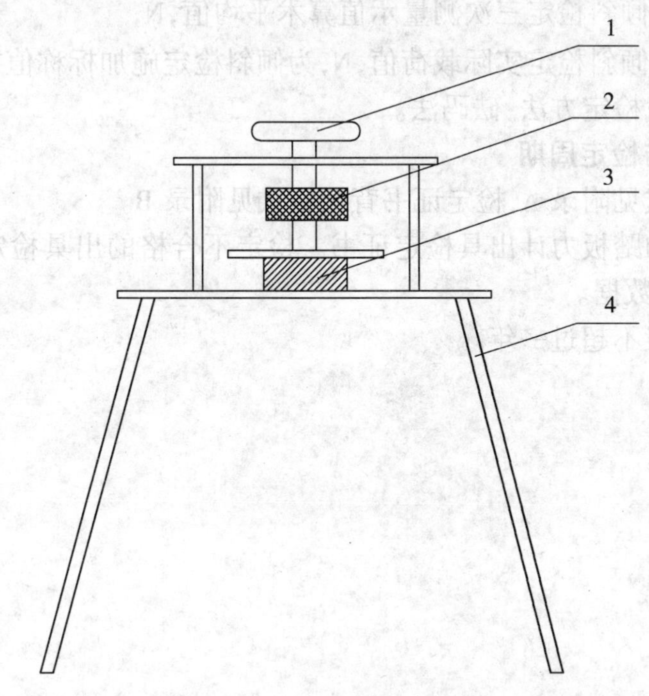

图 2　传感器法检定简图

1-施力装置；2-测力传感器；3-踏板力计传感器；4-传感器法检定专用支架

5.2.5.2 按检定点，在安装好的踏板力计上依次施加相应的力值，记录各检定点仪表示值，重复测量三次。各检定点的示值误差按式(1)计算，其结果应符合 3.3 要求。

$$\sigma_i = \frac{F_i - F_{ki}}{F_{ki}} \times 100\% \tag{1}$$

式中：σ_i——踏板力计各检定点示值误差，%；

F_{ki}——踏板力计各检定点标称值，N；

F_i——踏板力计各检定点三次测量的算术平均值，N。

5.2.6 重复性误差的检定

重复性误差的检定在 5.2.5.2 示值误差检定的同时进行，各检定点的重复性误差按式(2)计算，其结果应符合 3.4 要求。

$$\delta_i = \frac{F_{mi} - F_{ni}}{F_{ki}} \times 100\% \tag{2}$$

式中：δ_i——检定点重复性误差，%；

F_{mi}——检定点三次检定示值之间最大值，N；

F_{ni}——检定点三次检定示值之间最小值，N；

F_{ki}——检定点标称值，N。

5.2.7 倾斜误差的检定

将被检踏板力计传感器倾斜 30°，以测量范围上限值的 60%作为检定点力值，重复测量三次。各检定点的倾斜误差按式(3)计算，其结果应符合 3.5 要求。

$$S = \frac{\overline{P}_S - P}{P} \times 100\% \tag{3}$$

式中：S——踏板力计倾斜误差，%；

$\overline{P}_S$——踏板力计倾斜检定三次测量示值算术平均值，N；

P——踏板力计倾斜检定实际载荷值，N，为倾斜检定施加标称值乘 cos30°。

5.2.8 踏板力计仲裁检定方法：砝码法。

5.3 检定结果处理与检定周期

5.3.1 检定记录格式见附录 A，检定证书背面格式见附录 B。

5.3.2 经检定合格的踏板力计出具检定证书。检定不合格的出具检定结果通知书，并注明不合格项目名称及数据。

5.3.3 检定周期一般不超过一年。

附录 A

汽车制动踏板力计检定记录

证书编号：

<table>
<tr><td>仪器名称</td><td></td><td>仪器型号</td><td colspan="3"></td></tr>
<tr><td>生产企业</td><td></td><td>出厂编号</td><td></td><td>生产日期</td><td></td></tr>
<tr><td>受检单位</td><td></td><td>检定日期</td><td colspan="3"></td></tr>
<tr><td>检定员</td><td></td><td>核验员</td><td colspan="3"></td></tr>
<tr><td rowspan="2">环境条件</td><td>温度(℃)</td><td>相对湿度(%)</td><td colspan="3">电源</td></tr>
<tr><td></td><td></td><td colspan="3"></td></tr>
</table>

<table>
<tr><td rowspan="5">外观及性能</td><td>仪表的铭牌和标识</td><td></td></tr>
<tr><td>数显式仪表</td><td></td></tr>
<tr><td>指针式仪表</td><td></td></tr>
<tr><td>机械和电器装置</td><td></td></tr>
<tr><td>设定值报警装置</td><td></td></tr>
</table>

<table>
<tr><td rowspan="3">零点漂移</td><td>第 1 次</td><td></td><td>最大零点漂移</td></tr>
<tr><td>第 2 次</td><td></td><td rowspan="2"></td></tr>
<tr><td>第 3 次</td><td></td></tr>
<tr><td rowspan="2">鉴别力阈</td><td>第 1 次</td><td>第 2 次</td><td>第 3 次</td></tr>
<tr><td></td><td></td><td></td></tr>
</table>

<table>
<tr><td rowspan="2">检定点</td><td colspan="4">示 值 (N)</td><td rowspan="2">示值误差
(%)</td><td rowspan="2">重复性误差
(%)</td></tr>
<tr><td>1</td><td>2</td><td>3</td><td>平均值</td></tr>
<tr><td></td><td></td><td></td><td></td><td></td><td></td><td></td></tr>
<tr><td></td><td></td><td></td><td></td><td></td><td></td><td></td></tr>
<tr><td></td><td></td><td></td><td></td><td></td><td></td><td></td></tr>
<tr><td></td><td></td><td></td><td></td><td></td><td></td><td></td></tr>
<tr><td></td><td></td><td></td><td></td><td></td><td></td><td></td></tr>
</table>

<table>
<tr><td>倾斜误差
检定点</td><td>第 1 次</td><td>第 2 次</td><td>第 3 次</td><td>平均值</td><td>倾斜误差</td></tr>
<tr><td></td><td></td><td></td><td></td><td></td><td></td></tr>
</table>

附录 B

检定证书背面格式

项　　目	检定结果
外　　观	
零点漂移	
鉴别力阈	
示值误差	
重复性误差	
倾斜误差	

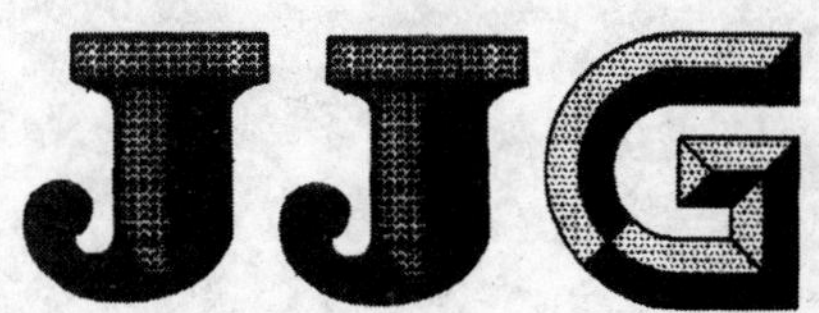

中华人民共和国交通部部门计量检定规程

JJG(交通) 010—2005

车轮动平衡机

Whell Dynamic Balancer

2005-03-10 发布　　　　2005-06-15 实施

中 华 人 民 共 和 国 交 通 部 发布

中华人民共和国交通部部门计量检定规程

JJG(交通)010—2005

车轮动平衡机

Wheel Dynamic Balancer

2005-03-10 发布　　　　2005-06-15 实施

中华人民共和国交通部 发布

车轮动平衡机检定规程

1 范围

本检定规程适用于车轮动平衡机（以下简称平衡机）的首次检定、后续检定和使用中检验。

2 概述

平衡机是用来测量车轮动不平衡量值及动不平衡点所在相位的检测设备。由机电转换系统将动不平衡量值转换为可测的电信号，通过电测系统测量和数据处理后，输出其量值。

3 计量性能要求

3.1 计算相对最小剩余不平衡量 e 值时，质量为 40kg 以下校验转子的平衡品质取 G16；质量为 40kg 以上（含 40kg）校验转子的平衡品质取 G40。

3.2 当平衡各点示值 A_i 满足 $8.8A_0 < A_i < 11.2A_0$ 示值误差条件时，相对最小剩余不平衡质量 e 值应达到 3.1 的取值要求。

3.3 分离比不大于 1:8。

3.4 重复性误差不大于 $0.30e$。

3.5 相位误差 ±10°。

4 通用技术要求

4.1 平衡机应有清晰的铭牌和标识。

4.2 数值显示应清晰、稳定、无影响读取量值的缺陷，显示应在 5s 内稳定，示值保留时间不少于 8s。

4.3 各开关、旋钮、按键功能正常，操作灵活可靠，应有明显文字或符号标志。

4.4 配有打印装置的动平衡机，其打印值与仪表显示值均应符合示值误差要求。

5 计量器具控制

5.1 检定环境条件

5.1.1 环境温度：（20 ± 10）℃。

5.1.2 相对湿度：不大于 85%。

5.1.3 电源电压：（220 ± 20）V、（380 ± 38）V。

5.1.4 检定应在污染、噪声、振动和电磁干扰等因素不影响测量工作的环境中进行。

5.2 检定用仪器设备

5.2.1 检定转子，见附录 A。

5.2.2 试重 1 组，见附录 A。

5.2.3 天平一台：0 ~ 200g，分辨率 10mg。

5.2.4 天平砝码一套：M_2 级。

5.3 检定项目与检定方法

5.3.1 相对最小剩余不平衡量的检定

5.3.1.1 选择一个质量约为平衡机额定平衡最大质量的1/3的标准转子。

5.3.1.2 根据车轮的最大工作转速，由附录B中“对应各平衡转子品质等级的最大许用不平衡度”查得 e_{per}（g·mm/kg）按式(1)计算 e 值

$$e=\frac{m\times e_{per}}{2R} \tag{1}$$

式中：m——选定检定转子的质量，kg；

R——选定转子的工作半径，mm；

e_{per}——许用剩余不平衡量，g·mm/kg。

5.3.1.3 e 值计算举例

步骤1：车轮最大工作转速 $n=2000\text{r/min}$。

由附录B中查得对应于平衡品质等级G16的许用剩余不平衡量为 $e_{per}=80\ \text{g·mm/kg}$；

步骤2：选定检定转子的工作质量 $m=(20\pm1)\text{kg}$，工作半径 $R=178\text{mm}$，则相对最小剩余不平衡质量 $e=\frac{20\times80}{2\times178}=4.52\text{g}$。

5.3.1.4 安装好检定转子，按平衡机使用说明书要求设定相关参数。启动平衡机，将检定转子平衡到剩余不平衡量 $1.0e$ 以下。

5.3.1.5 按平衡机规定的操作程序和平衡转速，在左、右校验工作面上（即检定转子的两端面）用 $1.0e$ 以下的试重（可用天平在现场称重），进行不超过四次的初始动平衡，应达到该平衡机的最小初始剩余不平衡量，即最低可显示不平衡质量，并记录。

5.3.2 平衡机动不平衡量示值误差的检定

5.3.2.1 用两个相当于 $10e$ 的试重依次同相分别加在左、右校验圆周的螺孔内，位置是0，30°，60°，90°，120°，150°，180°，210°，240°，270°，300°，330°（或0°，45°，90°，135°，180°，225°，270°，315°），顺序任意（每次启动只允许一次读数记作 A_i）。

5.3.2.2 求 A_i 值的算术平均值记作 $\overline{A}$ 和 A_0，分别按式(2)和式(3)计算：

a） 当检定转子的校验工作圆周上为12个校验螺孔时：

$$\overline{A}=\frac{1}{12}\sum_{i=1}^{12}A_i \tag{2}$$

$$A_e=\frac{1}{10}\overline{A_i} \tag{3}$$

b） 当检定转子的校验工作圆周上为8个校验螺孔时：

$$\overline{A}=\frac{1}{8}\sum_{i=1}^{8}A_i \tag{4}$$

$$A_0=\frac{1}{10}\overline{A} \tag{5}$$

式中：A_i——12个校验点（或八个校验点）中任意点的平衡机示值；

$\overline{A}$——12个校验点（或八个校验点）示值的算术平均值；

A_0——相当于相对最小剩余不平衡质量 e 值。

5.3.2.3 平衡机动不平衡量示值误差应符合 3.2 的要求。

5.3.3 左、右校验工作面分离比的检定

5.3.3.1 将一个 10*e* 试重每间隔 90°依次置于检定转子右校验工作面的圆周螺孔内，分别作四次动平衡试验（每次启动只允许一次读数）。

5.3.3.2 将同一试重每间隔 90°依次置于检定转子的左校验工作面的圆周螺孔内，分别作四次动平衡试验（每次启动只允许一次读数）。

5.3.3.3 检定转子左、右校验工作面的各点动平衡试验示值，应符合 3.3 的要求。

5.3.4 平衡机示值重复性的检定

将一个 10*e* 的试重分别置于检定转子左、右校验平面任一螺孔内，每一校验平面重复启动四次，每一校验平面的最大值与最小值的差值应符合 3.4 的要求。

5.3.5 平衡机相位示值误差的检定

5.3.5.1 将一个 10*e* 的试重分别置于检定转子右校验面上 0，90°，180°，270°的圆周螺孔内，启动平衡机，分别记录每次平衡机相位示值。

5.3.5.2 将一个 10*e* 的试重分别置于检定转子左校验面上 0，90°，180°，270°的圆周螺孔内，启动平衡机，分别记录每次平衡机相位示值。

5.3.5.3 检定转子左、右校验工作面上各已知相位与平衡机实际显示值之差应符合 3.5 的要求。

5.4 检定结果处理和检定周期

5.4.1 检定记录格式见附录 C，检定证书背面格式见附录 D。

5.4.2 经检定合格的，出具计量检定合格证书，不合格的出具测试结果通知书，并注明不合格项目名称及数据。

5.4.3 动平衡机检定周期一般不超过一年。

附录 A

检定转子质量级别及几何尺寸

A.1 检定转子质量级别及几何尺寸

检定转子质量级别及几何尺寸见图 A.1 和表 A.1。

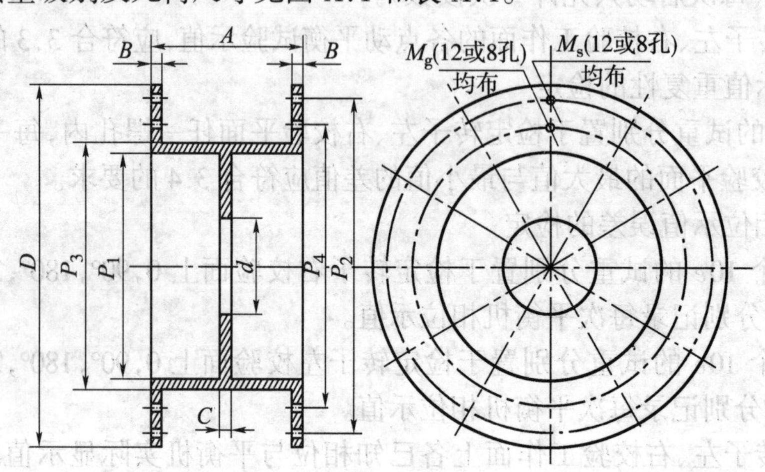

图 A.1

表 A.1 检定转子尺寸

序号	m (kg)	d (mm)	D (mm)	P_1 (mm)	P_2 (mm)	P_3 (mm)	P_4 (mm)	A (mm)	B (mm)	C (mm)
1	10	100	350	220	330	240	280	165	8	8
2	20	100	380	240	356	260	300	165	10	10
3	30	100	530	430	508	450	450	229	10	12
4	40	100	580	460	558	480	500	342	12	14
注 1:P_2——A 值加工尺寸应符合 GB/T 1084 要求; 注 2:形状位置偏差应符合 GB 1184—1996 要求。										

A.2 试重

A.2.1 试重质量准确度不大于 0.5%。

A.2.2 试重的规格与数量如表 A.2 所示。

A.2.3 试重的形式应是螺钉、螺栓等便于试验的形式,并应标明质心位置。

表 A.2 试重规格与数量

质量(g)	1	5*	5	10	15	20	35	40	50	60	70	80
数量(个)	10	12	8	4	4	4	2	2	2	2	2	2
*代表螺钉												

附录 B

对应于各平衡品质等级的最大许用不平衡度

（参照 GB 9239—88）

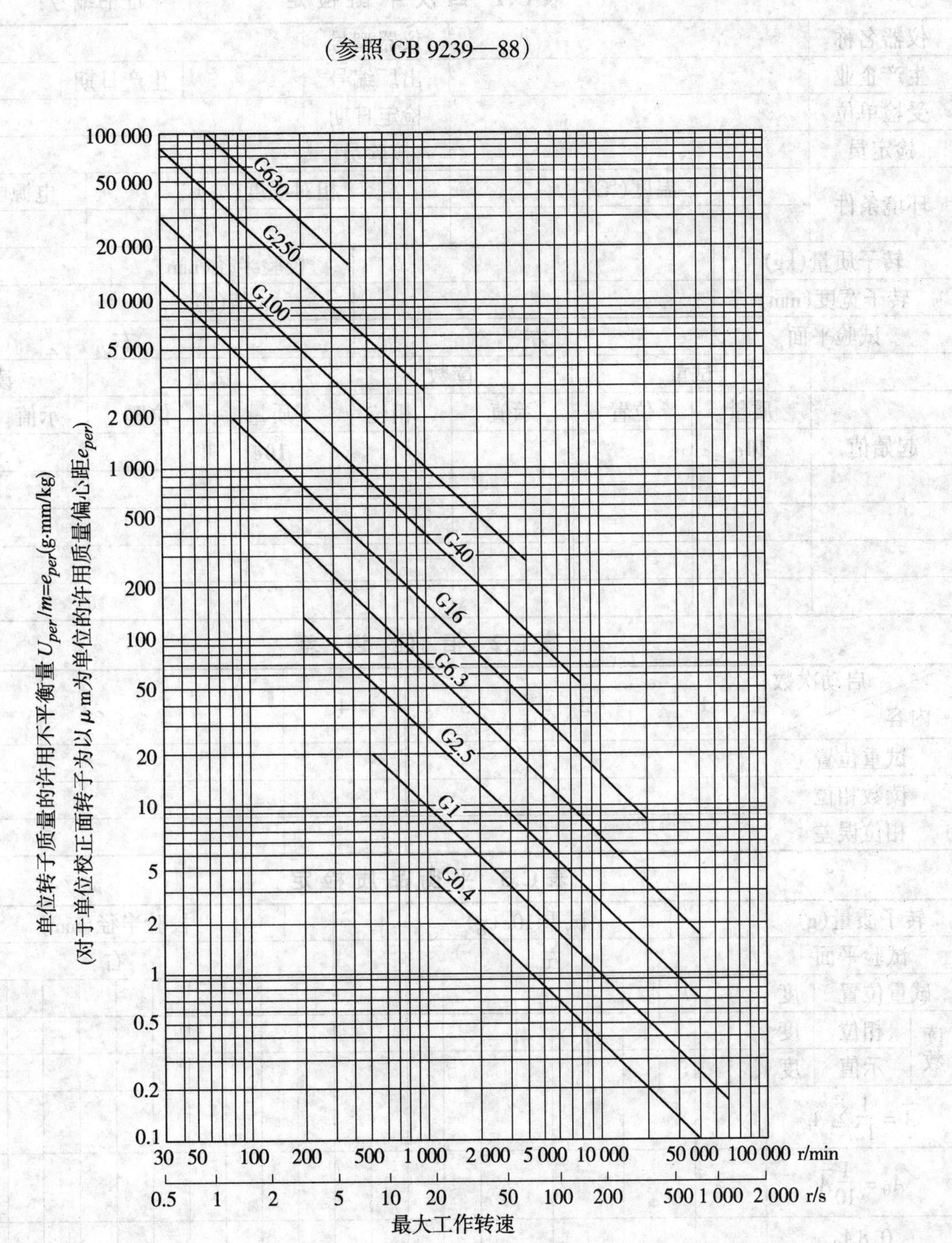

附录 C

车轮动平衡机检定记录

表 C.1 四 次 平 衡 检 定　　　　证书编号：

仪器名称				仪器型号				
生产企业				出厂编号		生产日期		
受检单位				检定日期				
检定员				核验员				
环境条件	温度(℃)			相对湿度(%)			电源电压(V)	
转子质量(kg)				校验半径(mm)				
转子宽度(mm)				e 值(g)				
试验平面	左				右			
	试重		读数		试重		读数	
	质量	位置	示值	相位	质量	位置	示值	相位
起始值	**10*e***				**10*e***			

表 C.2 相 位 误 差

启动次数 / 内容	1	2	3	4				
试重位置								
读数相位								
相位误差								

表 C.3 平 衡 品 质 检 定

转子质量(g)										试重 10*e*(g)								校验半径(mm)							
试验平面		左												右											
试重位置	度																								
读数 相位	度																								
读数 示值	度																								
$\overline{A}=\frac{1}{12}\sum_{i=1}^{12}A_i$																									
$A_0=\frac{1}{10}\overline{A}$																									
$0.8A_0$																									
$11.2A_0$																									
结论																									

注：若转子为 8 孔时，此公式应为 $\overline{A}=\frac{1}{8}\sum_{i=1}^{8}A_i$。

表 C.4 分 离 比 检 定

项目 次数	相位	示值(左)	示值(右)	分离比
加试重位置	左校验工作面			
1				
2				
3				
4				
加试重位置	右校验工作面			
1				
2				
3				
4				

表 C.5 重复性误差检定

校验面 次数	左	右
1		
2		
3		
4		
差值		

附录 D

车轮动平衡机检定证书背面格式

转子质量(kg)____________________　　校验半径(mm)____________________

项　　目	检 定 结 果
外观及性能	
最小可达剩余不平衡量	
分离比	
重复性误差	
相位误差	

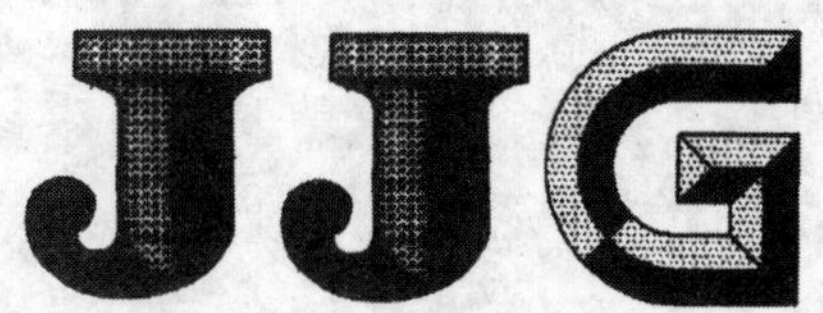

中华人民共和国交通部部门计量检定规程

JJG(交通)011—2005

就车式车轮动平衡仪

The Wheel Field Balancing Equipment

2005-03-10 发布　　2005-06-15 实施

中华人民共和国交通部 发布

中华人民共和国交通部部门计量检定规程

JJG(交通) 011—2005

就车式车轮动平衡仪

The Wheel Field Balancing Equipment

2005-03-10 发布　　2005-06-15 实施

中华人民共和国交通部 发布

就车式车轮动平衡仪检定规程

1 范围

本检定规程适用于就车式车轮动平衡仪(以下简称平衡仪)的首次检定、后续检定和使用中检验。

2 概述

平衡仪是用来测量安装在汽车上的车轮不平衡量值和动不平衡点所在相位的检测设备。由机电转换系统将动不平衡量值转换为可测的电信号,通过测量和数据处理后,输出其量值。用频闪光观察预先加在车轮上的白色标记,确定不平衡量的相位。

3 计量性能要求

3.1 相对最小剩余不平衡量 e 值计算时,平衡品质等级取 G40。

3.2 当平衡各点示值 A_i 满足 $8.8A_0 < A_i < 11.2A_0$ 示值误差条件时,最小剩余不平衡质量 e 值应达到 3.1 的取值要求。

3.3 重复性误差不大于 $0.30e$。

4 通用技术要求

4.1 平衡机应有清晰的铭牌和标识。

4.2 数值显示应清晰、稳定,无影响读取量值的缺陷,显示应在 5s 内稳定,示值保留时间不少于 8s。

4.3 各开关、旋钮、按键功能正常,操作灵活可靠,应有明显文字或符号标志。

5 计量器具控制

5.1 检定环境条件

5.1.1 环境温度:(20±10)℃。

5.1.2 相对湿度:不大于 85%。

5.1.3 电源电压:(220±20)V、(380±40)V。

5.1.4 检定应在污染、噪声、振动和电磁干扰等因素不影响测量工作的环境中进行。

5.2 检定用仪器设备

5.2.1 根据被检车轮动平衡仪最小可测车轮直径,选择具有该车轮尺寸的汽车作为检定用车。

5.2.2 试重 1 组(若干)。

5.2.3 天平一台:0~200g,分辨率 10mg。

5.2.4 天平砝码一套:M_2 级。

5.3 检定项目和检定方法

5.3.1 相对最小剩余不平衡量的检定

5.3.1.1 根据车轮的最大工作转速,由附录 A 各平衡转子品质等级的最大许用不平衡度

中查得 e_{per}(g·mm/kg)按式(1)计算 e 值:

$$e = \frac{m \times e_{per}}{2R} \tag{1}$$

式中:m——选定的车轮质量,kg;

R——选定车轮钢圈半径,mm;

e_{per}——许用剩余不平衡量,g·mm/kg。

5.3.1.2 e 值计算举例

以车轮最大工作转速 $n = 2000\text{r/min}$ 为例:

由附录 A 中查得对应于平衡品质等级 G40 的许用剩余不平衡量为 $e_{per} = 200\text{g·mm/kg}$,轮胎质量 $m = 40\text{kg}$,钢圈半径 $R = 279\text{mm}$,则对应于轮胎的试验平面的不平衡量

$$e = \frac{40 \times 200}{2 \times 279} = 14.3\text{g}$$

5.3.1.3 称出选定的车轮质量,并在离车式车轮动平衡机上完成平衡修正,将车轮平衡到剩余不平衡量 1.0e 以下。

5.3.2 平衡机的四次平衡

5.3.2.1 在被选车轮钢圈外侧加上两个相当于试验平面上(10~20)e 的试重。

5.3.2.2 按平衡机规定的操作程序在被选车轮钢圈外侧,根据平衡仪最低可显示不平衡质量,进行四次的初始动平衡,应达到该平衡机的最小初始剩余不平衡量,即最低可显示不平衡质量,并记录。

5.3.3 最小可达剩余不平衡量检定

5.3.3.1 用 10e 的试重依次分别加在钢圈外侧上,位置是 0,45°,90°,135°,180°,225°,270°,315°,顺序任意(每次启动只允许一次读数)。

5.3.3.2 A_i 的算术平均值 $\overline{A}$ 和 A_0 的计算按式(2)和式(3)进行。

$$\overline{A} = \frac{1}{8}\sum_{i=1}^{8} A_i \tag{2}$$

$$A_0 = \frac{1}{10}\overline{A} \tag{3}$$

式中:A_i——8 个点中任意一点的示值;

$\overline{A}$——8 个点示值的算术平均值;

A_0——相当于在某端已加上 1.0e 试重时仪表相应的读数值。

5.3.3.3 A_i 的所有读数符合公式(4)要求时,则最小可达剩余不平衡量应符合 3.2 的要求。

$$8.8A_0 < A_i < 11.2A_0 \tag{4}$$

5.3.4 重复性误差的检定

5.3.4.1 启动平衡仪,将所选车轮平衡到剩余不平衡量 1.0e 以下。

5.3.4.2 用一个 10e 的试重置于钢圈外侧任意位置上,重复启动五次,记录每次的读数值,其最大值与最小值的差值应符合 3.2 的要求。

5.4 检定结果处理和检定周期

5.4.1 检定记录格式见附录 B，检定证书背面格式见附录 C。

5.4.2 经检定合格的平衡仪，出具计量检定合格证书，不合格的出具测试结果通知书，并注明不合格项目名称和数值指标。

5.4.3 平衡仪检定周期一般不超过一年。

附录 A

对应于各平衡品质等级的最大许用不平衡度

（参照 GB 9239—88）

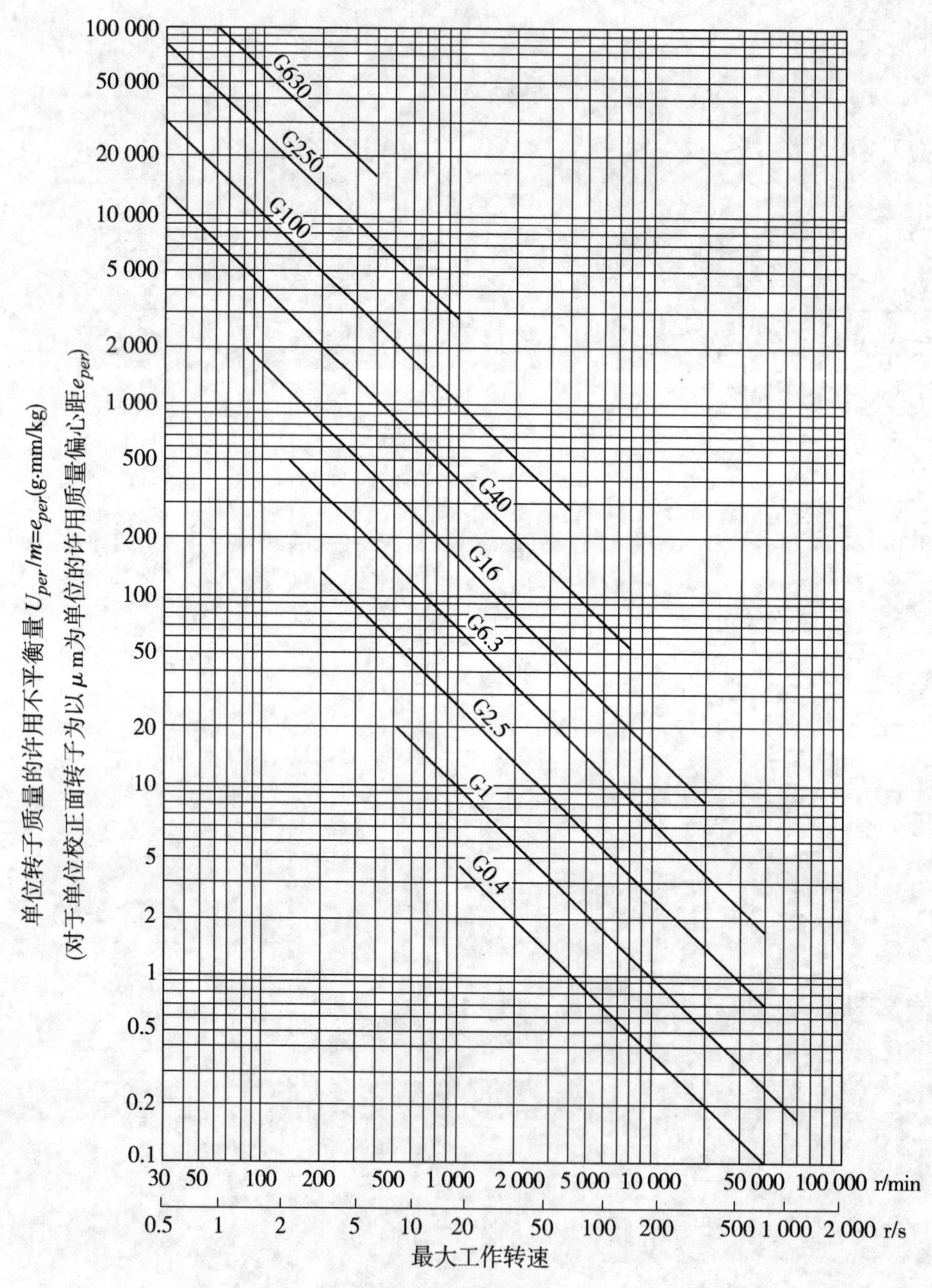

附录 B

就车式车轮动平衡仪检定记录

证书编号：

仪器名称		仪器型号			
生产企业		出厂编号		生产日期	
受检单位		检定日期			
检定员		核验员			
环境条件	温度(℃)	相对湿度(%)		电源电压(V)	

车轮质量(kg)		钢圈半径(mm)	
钢圈宽度(mm)		e 值(g)	
试验平面	左	右	

四次平衡	试重		读数		试重		读数	
	质量	位置	示值	相位	质量	位置	示值	相位
起始值	10e				10e			
1								
2								
3								
4								

最小可达剩余不平衡量

车轮质量(g)				试重 10e(g)								
钢圈半径(mm)				e 值(g)								
试重位置	标称	度										
	实际	度										
读数	相位	度										
	示值	度										
$\overline{A}=\frac{1}{8}\sum_{i=1}^{12}A_i$												
$A_0=\frac{1}{10}\overline{A}$												
$0.8A_0$												
$11.2A_0$												
结　论												

重复性误差

车轮质量(kg)			e 值(g)		
钢圈宽度(mm)			钢圈半径(mm)		
试　重			相　位		
重复性	次数	1	2	3	4	5
	示值					
	结论					

附录 C

检定证书背面格式

项　目	检　定　结　果
外观及性能	
最小可达剩余不平衡量	
重复性误差	

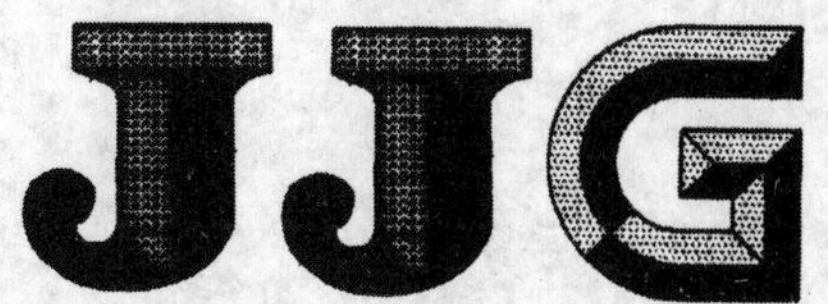

中华人民共和国交通部部门计量检定规程

JJG(交通)012—2005

汽车发动机曲轴箱窜气量测量仪

The Automobile Engine Crankcase Force Tester

2005-03-10 发布　　　　2005-06-15 实施

中华人民共和国交通部 发布

中华人民共和国交通部部门计量检定规程

JJG(交通)012—2005

汽车发动机曲轴箱窜气量测量仪

The Automobile Engine Crankcase Force Tester

2005-03-10 发布　　2005-06-15 实施

中华人民共和国交通部　发布

汽车发动机曲轴箱窜气量测量仪检定规程

1 范围

本规程适用于汽车发动机曲轴箱窜气量测量仪(简称测量仪)首次检定、后续检定和使用中检验。

2 概述

测量仪用于对往复活塞式发动机曲轴箱中窜气量进行检测。其基本工作原理是:在堵死发动机曲轴箱其他通孔的条件下,使发动机工作过程中窜入曲轴箱的气体全部经过安装在机油加注口的测量装置排入大气。气体流经测量装置节流断面处会产生压力变化。利用传感器直接测出压力变化信号或由压力变化引起的流速变化信号,通过量值转换,由显示装置指示出窜气量值。

3 计量性能要求

3.1 零值误差:不大于 3L/min

3.2 示值误差:±5%(F·S)

4 通用技术要求

4.1 仪器应有清晰的铭牌和标志。

4.2 显示仪表为数字式时,显示应清晰,不能有影响读数的缺陷,示值保持时间不少于8s。

4.3 显示仪表为指针式时,表盘刻度应清晰,指针运转应平稳,无松动、卡滞和弯曲现象。

4.4 机械和电气装置应完整无损,工作可靠。

5 计量器具控制

5.1 检定条件

5.1.1 环境条件

5.1.1.1 温度:(20±10)℃。

5.1.1.2 相对湿度:不大于 85%。

5.1.1.3 电源:(220±20)V,(50±1)Hz。

5.1.1.4 气源应稳定,气体清洁干燥。

5.1.1.5 检定应在污染、振动、噪声和电磁干扰等不影响工作的环境中进行。

5.1.2 检定用器具

5.1.2.1 标准流量计:(10~150)L/min,1.5 级。

5.1.2.2 压力表:(0~10000)Pa,2.5 级。

5.2 检定项目与方法

5.2.1 通用技术要求检查

通过目测检查,应符合第 4 章要求。

5.2.2 零值误差检定

将标准流量计与测量仪串联，如图1所示。

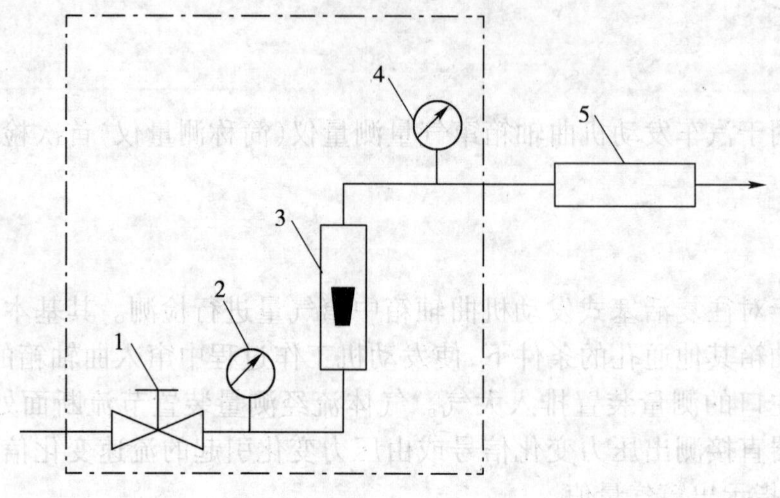

图 1

1-流量调节阀；2-标准流量计气体入口压力表；3-标准流量计；4-窜气量测量仪气体入口压力表；5-窜气量测量仪

将测量仪开机，按仪器使用说明书要求预热后调零，加载到80L/min后卸载，重复三次。每次卸载后仪器示值应为零，其中最大的偏离零位值即为零值误差，应符合3.1要求。

5.2.3 示值误差检定

5.2.3.1 在测量仪的测量范围内，选择四个流量检定点：30、60、80、100L/min。分别测出标准流量计和测量仪的流量及其标准流量计和测量仪气体进口处的压力，每点检定三次，取其算术平均值。然后根据式(1)，计算出测量仪的实际流量 Q（L/min）。

$$Q=\sqrt{\frac{P_s}{P_m}}Q_{sn} \tag{1}$$

式中：Q_{sn}——标准流量计示值，L/min；

P_s、P_m——分别为标准流量计和测量仪气体进口处的绝对压力，Pa。

注：绝对压力 = 相对压力 + 101325(Pa)

5.2.3.2 示值误差按式(2)计算，其结果应符合3.2的要求。

$$\Delta i=\frac{\overline{Q}_{Li}-Q_i}{Q_A}\times 100\% \tag{2}$$

式中：Δi——示值误差，$i=1,2,3,4$；

$\overline{Q}_{Li}$——第 i 点测量仪示值的算术平均值，L/min；

Q_A——测量范围上限，L/min，对于分段式仪表为每段的测量范围上限值；

Q_i——计算出的测量仪的实际流量，L/min。

5.3 检定结果处理与检定周期

5.3.1 检定记录格式见附录A，检定证书背面格式见附录B。

5.3.2 经检定合格的测量仪发给检定合格证书，不合格的出具检定结果通知书，并注明不合格项目名称及数据。

5.3.3 检定周期一般不超过一年。

附录 A

汽车发动机曲轴箱窜气量测量仪检定记录

证书编号：

仪器名称		仪器型号		生产企业		出厂编号	
生产日期		受检单位		检定日期		检定员	
核验员		检定温度(℃)		相对湿度(%)		电源	
外观及性能						零值误差	

标准装置示值 Q_{sn} (L/min)	标准装置入口					被检装置入口					检定点实际值 Q_{Li} (L/min)	仪器示值 Q_{Li} (L/min)				示值误差 (%F·S)
	相对压力 P'_s ×100(Pa)				绝对压力 P_s (Pa)	相对压力 P'_m ×100(Pa)				绝对压力 P_m (Pa)						
	1	2	3	平均		1	2	3	平均			1	2	3	平均	

附录 B

检定证书背面格式

检 定 项 目	检 定 结 果
外观	
零值误差(L/min)	
示值误差(%F·S)	

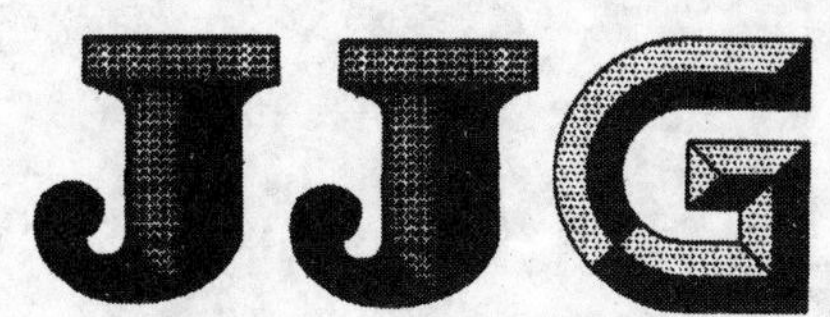

中华人民共和国交通部部门计量检定规程

JJG(交通)013—2005

汽车发动机检测仪

Automobile Engine Measuring Instruments

2005-03-10 发布　　2005-06-15 实施

中华人民共和国交通部 发布

汽车发动机检测仪检定规程

1 范围

本规程适用于汽车发动机检测仪(以下简称检测仪)的首次检定、后续检定和使用中检验。

2 概述

检测仪是通过对发动机多项参数检测,进行性能分析和故障诊断的一种仪器。主要由多种传感器、信号采集处理系统和显示打印装置等部分组成。

3 计量性能要求

3.1 发动机转速:测量范围 0r/min ~ 2500r/min,示值误差不大于 1%;
测量范围 2501r/min ~ 7200r/min,示值误差不大于 0.5%。

3.2 点火提前角:测量范围 0° ~ 50°,示值误差 ± 1°。

3.3 导通角(白金闭合角):测量范围 0° ~ 90°,示值误差 ± 1°(凸轮转角)。

3.4 起动电压、充电电压:测量范围 0V ~ 45V,示值误差 ± 2%。

3.5 起动电流:测量范围 50A ~ 500A,其示值误差 ± 5%。

3.6 充电电流:测量范围 0 ~ 25A,其示值误差 ± 1A。

3.7 气缸压力:测量范围 0MPa ~ 4MPa,其示值误差 ± 5%。

3.8 供油压力:测量范围 0MPa ~ 30MPa,其示值误差 ± 5%。

3.9 加速时间:测量范围 200ms ~ 2000ms,示值误差 ± 5%。

3.10 温度:测量范围 - 50℃ ~ 150℃,示值误差 ± 2℃。

3.11 真空压力:测量范围 40kPa ~ 120kPa,示值误差 ± 2%。

3.12 上述各检测参数的重复性误差,均应不大于其示值误差值。

4 通用技术要求

4.1 检测仪应有清晰的铭牌,标明检测仪名称、型号、制造厂、出厂编号、出厂日期等。

4.2 检测仪外形结构完好,附件齐全,各部分工作正常。

4.3 检测仪显示应清晰,数据及波形显示清楚、稳定,无影响读数的缺陷,指针式仪表指针回转应平稳,不应有跳动、卡住和阻滞现象。

5 计量器具控制

5.1 检定条件

5.1.1 环境条件

5.1.1.1 环境温度:(20 ± 10)℃。

5.1.1.2 相对湿度:不大于 85%。

5.1.1.3 电源电压:(220 ± 20)V,(50 ± 1)Hz。

5.1.1.4 检定应在污染、振动、噪声和电磁干扰等不影响工作的环境中进行。

5.1.2 检定用仪器设备

检定用仪器设备见表1。

表1 检定用仪器设备

检定用仪器设备	主要技术参数
发动机检测仪检定装置	转速：300r/min～7200r/min时为±0.2%； 点火提前角：0°～50°时为±0.3°； 白金闭合角（导通角）：0°～90°时为±0.3°； 加速时间：200ms～2000ms时为±1%； 能提供点火初、次级波形
标准电压、电流源	电压：0V～30V时为±0.5%或±0.01V； 起动电流：50A～500A时为±1%或±0.1A； 充电电流：0A～30A时为±1%或±0.1A
精密压力测试仪	(0～1.0)MPa 0.4级； (0～4.0)MPa 0.4级； (1～60)MPa 0.4级
数显温度计	－60℃～180℃；分辨力0.5℃
真空度计	40kPa～120kPa
油恒温槽	温场均匀

5.2 检定项目和检定方法

按检测仪使用说明书要求，通电预热，待各部分工作正常后，方可进行检定。

5.2.1 外观及一般检查

通过目测进行，其结果应符合4.1、4.2和4.3要求。

5.2.2 转速检定

5.2.2.1 示值误差检定

按图1连接。将检定装置置于转速输出状态，检测仪置于测速状态。设定检定装置的测量标称值为400、800、1200、1800、2400、5000、7200r/min时，分别读取检测仪对应的各点示值并记录，各点重复检测三次。

5.2.2.2 重复性误差

检定方法同5.2.2.1。

5.2.3 点火提前角检定

5.2.3.1 示值误差检定

按图1连接。检定点火提前角时，检测仪应置于汽油机检测状态。

方法A：缸压法

将检定装置置于提前角输出状态，检测仪置于测量提前角状态。

a) 检定装置转速设定为600.0r/min，在标准提前角为4.0°，10.0°，14.0°三个检定点

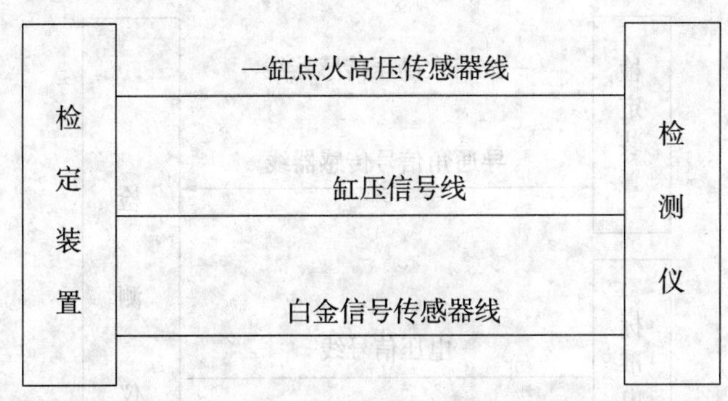

图1　检定装置与检测仪连接示意图

时,分别读取检测仪对应的各点示值并记录,各点重复检测三次。

b）　检定装置转速设定为1200.0r/min,在标准提前角为12.0°,16.0°,24.0°三个检定点时,分别读取检测仪对应的各点示值并记录,各点重复检测三次。

c）　检定装置转速设定为2400.0r/min,在标准提前角为24.0°,36.0°,48.0°三个检定点时,分别读取检测仪对应的各点示值并记录,各点重复检测三次。

方法B:频闪灯法

检定点选择与方法A相同。将检测仪的频闪灯对准检定装置上的光接收窗。然后调整频闪灯上的相位旋钮,当检定装置上的示值有效时,读取检测仪示值并记录。各点重复检测三次。

5.2.3.2　重复性误差

方法同5.2.3.1。

5.2.4　导通角(白金闭合角)检定

5.2.4.1　示值误差检定

按图1连接。检测仪置于导通角测量状态,检定装置置于导通角输出状态,转速设定在1200.0r/min时,在发动机缸数设定的标准闭合角为三缸60.0°,65.0°,70.0°;四缸40.0°,45.0°,50.0°;六缸30.0°,40.0°,50.0°;八缸20.0°,30.0°,40.0°时,分别读取检测仪对应的各检定点示值并记录,各点重复检测三次。

5.2.4.2　重复性误差检定

方法同5.2.4.1。

5.2.5　起动电压、起动电流检定

5.2.5.1　示值误差检定

汽油发动机:按图2连接将检测仪置于汽油机起动电压、电流检测状态,标准电源电压设定在12.0V,电流输出依次为100.0、150.0、200.0A进行检测,各点重复检测三次,读取并记录示值。

柴油发动机:将检测仪置于柴油机起动电压、电流检测状态,标准电源电压输出设置在24.0V,电流输出依次为200.0、300.0、500.0A,进行检测,各点重复检测三次,读取并记录示值。

5.2.5.2　重复性误差

检定方法同5.2.5.1。

5.2.6　充电电压、充电电流检定

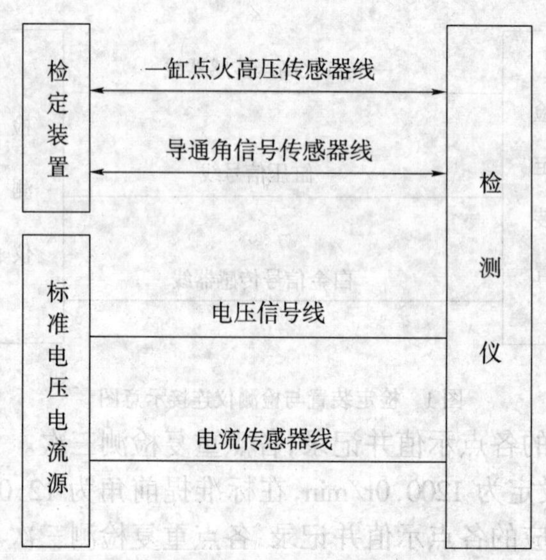

图2 检定电压、电流时检定装置与检测仪连接示意图

5.2.6.1 示值误差检定

按图2连接。将标准电压、电流源的电压值分别设置在13.0、28.0V,电流值依次设置在10.0、20.0、30.0A进行检测。各点重复检测三次,读取并记录示值。

5.2.6.2 重复性误差

检定方法同5.2.6.1。

5.2.7 气缸压力检定

5.2.7.1 示值误差检定

按图3连接。将检测仪置于气缸压力检测状态,操作精密压力测试仪,依次给气缸压力传感器施加0.5、0.8、1.2、1.5、1.8、2.5、3.0MPa的压力,进行检测,各点重复检测三次,读取并记录示值。

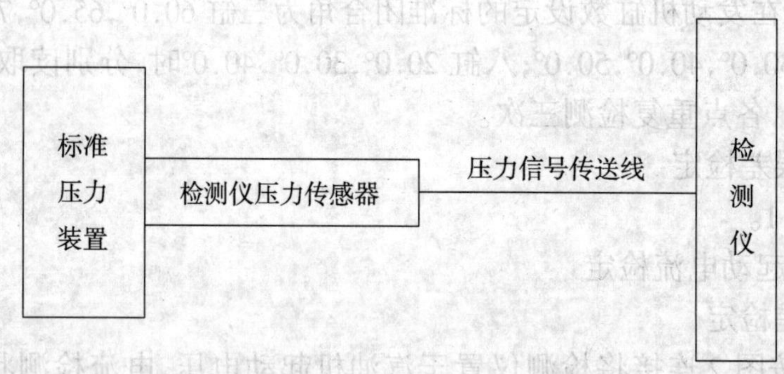

图3 压力检定连接示意图

5.2.7.2 重复性误差

检定方法同5.2.7.1。

5.2.8 供油压力检定

5.2.8.1 示值误差检定

按图3连接,将检测仪置于供油压力检测状态,操作精密压力测试仪,给供油压力传感器施加10.0、20.0、25.0、30.0MPa的压力,进行检测,各点重复检测三次,读取并记录示值。

5.2.8.2 重复性误差

检定方法同 5.2.8.1。

5.2.9 加速时间检定

5.2.9.1 示值误差检定

按图 1 连接。检定装置置于检定加速时间的状态，检测仪置于加速时间的测量状态。将检定装置和检测仪加速时间测量转速的上、下限分别设置在 2400、1200r/min，并将加速时间依次设置在 200、400、800、1200、2000ms 进行检测，各点重复检测三次，读取并记录示值。

5.2.9.2 重复性误差

检定方法同 5.2.9.2。

5.2.10 温度测量的检定

5.2.10.1 示值误差检定

温度测量的示值误差用油恒温槽和数显温度计进行检定。将分析仪温度测量传感器和数显温度计的传感器一起放在油恒温槽中，通过油恒温槽升温到 70、90、120℃三个检定点，读取并记录示值，各点重复检测三次。

5.2.10.2 重复性误差

检定方法同 5.2.10.1。

5.2.11 真空压力检定

5.2.11.1 示值误差检定

真空度测量的示值误差用真空压力计和真空抽取装置进行检定。将检测仪真空度测量传感器和真空压力计同时连接在真空抽取装置中，将真空压力设定在 40、60、80、100kPa 四个检定点，读取并记录示值，各点重复检测三次。

5.2.11.2 重复性误差

检定方法同 5.2.11.1。

5.3 数据处理

5.3.1 示值相对误差

5.3.1.1 示值误差按式(1)计算

$$\delta_x = \frac{\sum_{i=1}^{3} S_i/3 - B_n}{B_n} \times 100\% \tag{1}$$

式中：δ_x——示值误差；

S_i——检测仪示值（$i = 1、2、3$）；

B_n——检定点标称值。

5.3.1.2 示值绝对误差按式(2)计算

$$\delta_z = \sum_{i=1}^{3} S_i/3 - B_n \tag{2}$$

式中：δ_z——示值绝对误差。

5.3.2 重复性误差

5.3.2.1 示值重复性相对误差按式(3)计算

$$\delta_y = \frac{S_{max} - S_{min}}{B_n} \times 100\% \tag{3}$$

式中：δ_y——重复性误差：

S_{max}——检测仪示值的最大值；

S_{min}——检测仪示值的最小值。

5.3.2.2 示值重复性绝对误差按式(4)计算

$$\delta_w = S_{max} - S_{min} \tag{4}$$

式中：δ_w——示值的重复性绝对误差。

5.3.2.3 各项目检测结果的最大示值误差与重复性误差均应符合第3章要求。

5.4 检定结果处理和检定周期

5.4.1 检定记录格式见附录A，检定证书背面格式见附录B。

5.4.2 经检定合格的汽车发动机检测仪出具检定证书。不合格的出具检定结果通知书，并注明不合格项目名称及数据。

5.4.3 检定周期一般不超过一年。

附录 A

汽车发动机检测仪检定记录

表 A.1 基 本 情 况 证书编号：

设备名称		设备型号			
生产企业		出厂编号		生产日期	
受检单位		检定日期			
主检员		检验员		校核员	
环境条件	温度(℃)	相对湿度(%)	电源电压(V)		

表 A.2 转 速 检 验 记 录

标称值（r/min）	检 测 仪 示 值(r/min)				示值误差（%）	重复性误差（%）
	1	2	3	平均值		
400.0						
800.0						
1200.0						
1800.0						
2400.0						
5000.0						
7200.0						

表 A.3 转速 600r/min 时点火提前角检验记录

标称提前角(°)	检 测 仪 示 值(°)				示值误差(°)	重复性误差(°)
	1	2	3	平均值		
4.0						
10.0						
14.0						

表 A.4　转速 1200r/min 时点火提前角检验记录

标称提前角 (°)	检 测 仪 示 值(°)				示值误差 (°)	重复性误差 (°)
	1	2	3	平均值		
12.0						
16.0						
24.0						

表 A.5　转速 2400r/min 时点火提前角检验记录

标称提前角 (°)	检 测 仪 示 值(°)				示值误差 (°)	重复性误差 (°)
	1	2	3	平均值		
24.0						
36.0						
48.0						

表 A.6　导通角(白金闭合角)检验记录

缸数	导通角 (白金闭合角) (°)	检 测 仪 示 值(°)				示值误差 (°)	重复性误差 (°)
		1	2	3	平均值		

表 A.7 起动电压、电流检验记录

设　置	1	2	3	平均值	示值误差（%）	重复性误差（%）
电压 12V　电流 100A						
电压 12V　电流 150A						
电压 12V　电流 200A						
电压 24V　电流 200A						
电压 24V　电流 300A						
电压 24V　电流 500A						

表 A.8 充电电流检验记录

设　置	1	2	3	平均值	示值误差（%）	重复性误差（%）
电压 13V　电流 10.0A						
电压 13V　电流 20.0A						
电压 13V　电流 30.0A						
电压 28V　电流 10.0A						
电压 28V　电流 20.0A						
电压 28V　电流 30.0A						

表 A.9 加速时间检验记录

加速时间(ms)						示值误差（%）	重复性误差（%）
标准设置值	检定装置示值	检测仪示值					
		1	2	3	平均值		

表 A.10　气缸压力检验记录

标准值 (MPa)	检测仪示值 (MPa)				示值误差 (%)	重复性误差 (%)
	1	2	3	平均值		
0.5						
0.8						
1.2						
1.5						
1.8						
2.5						
3.0						

表 A.11　供油压力检验记录

标准值 (MPa)	检测仪示值(MPa)				示值误差 (%)	重复性误差 (%)
	1	2	3	平均值		
10.0						
20.0						
25.0						
30.0						

表 A.12　温度检验记录

标准值 (℃)	检测仪示值(℃)				示值误差 (%)	重复性误差 (%)
	1	2	3	平均值		
70.0						
90.0						
120.0						

表 A.13　真空度检验记录

标准值 (kPa)	检测仪示值(kPa)				示值误差 (%)	重复性误差 (%)
	1	2	3	平均值		
40.0						
60.0						
80.0						
100.0						

附录 B

检定证书背面格式

检 定 项 目	检 定 结 果
通用技术要求	
转　　速	
点火提前角	
白金闭合角	
起动电压、电流	
充电电流	
加速时间	
气缸压力	
供油压力	
温　　度	
真空度	

中华人民共和国交通部部门计量检定规程

JJG(交通)015—1999

汽车前照灯检测仪校准器

Headlamp for Vehicle Tester's Aligner

1999-03-01发布　　　　1999-06-01实施

中华人民共和国交通部 发布

中华人民共和国交通部部门计量检定规程

JJG(交通)015—1999

汽车前照灯检测仪校准器

Headlamp for Vehicle Tester's Aligner

1999-03-01发布　　　　1999-06-01实施

中华人民共和国交通部发布

汽车前照灯检测仪校准器检定规程

本规程适用于新制造、使用中和修理后的汽车前照灯检测仪校准器(以下简称校准器)的检定。

1 概述

校准器是专门用于检定汽车前照灯检测仪发光强度、光束照射方位偏移量(角)、近光明暗截止线转角位置及暗区光强等准确度的计量标准器具。它主要由远近光标准灯、光束偏移角旋转机构、对正装置、电压调压稳压装置及光强—电压对应表等组成。其工作原理是:安置好校准器,使校准器射出一束已知发光强度或光束方位偏移角度值的光,测出汽车前照灯检测仪的发光强度示值或方位照射角度示值的准确性。

2 技术要求

2.1 外观

2.1.1 校准器应有清晰的铭牌,标有型号、制造单位、出厂日期、出厂编号。

2.1.2 校准器配置的标准灯玻壳应为无色透明洁净,没有明显反碱、气泡、砂粒和擦伤等缺陷。

2.1.3 各转动手柄、旋钮应转动灵活、平稳,锁定可靠。

2.1.4 校准器角度旋钮刻线、仪器显示应清晰,无影响读数的缺陷。

2.2 校准器远光

2.2.1 发光强度示值误差不应超过 ±4%。

2.2.2 发光强度示值重复性不应超过 1%。

2.2.3 发光强度示值稳定性不应超过 2%/h。

2.2.4 光束照射方位:偏移量(角)误差不应超过 ±5′。

2.2.5 光束照射方位:偏移量(角)重复性不应超过 5′。

2.3 校准器近光

2.3.1 远光中心点距明暗截止线:垂直距离值的准确度不应超过 ±30mm/dam。

2.3.2 远光中心点距明暗截止线转角点:水平距离值的准确度不应超过 ±25mm/dam。

2.3.3 近光暗区发光强度值准确度不应超过 ±60cd。

3 检定条件

3.1 检定环境条件

3.1.1 环境温度:(20 ±5)℃。

3.1.2 相对湿度:≤85%。

3.1.3 电源电压:220V ±10%。

3.1.4 检定在暗室进行,室内要有良好的遮光设施,暗度应不大于 0.04lx。

3.2　检定用仪器设备

汽车前照灯检测仪校准器检定装置1套(其主要技术参数见附录A)。

4　检定项目和检定方法

4.1　外观检查

4.1.1　通过目测和手感检查,其结果应符合2.1.1,2.1.3,2.1.4要求。

4.1.2　将校准器标准灯玻壳擦拭干净(戴洁白手套,不允许用手直接接触玻璃)打开标准灯,在约15×10^3cd光强下,遮住灯丝的直射光检查玻壳,应符合2.1.2要求,不合格者不作量值检定。

4.2　校准器远光的检定

4.2.1　校准器检定原理见图1:

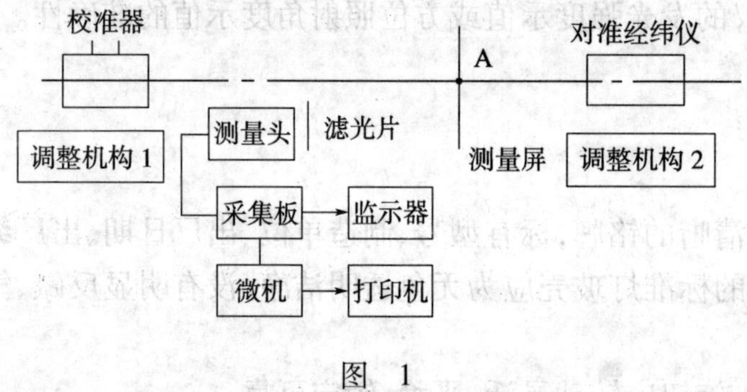

图　1

4.2.2　准备工作

a)按示意图把校准器置于调整机构1上,用校准经纬仪(或钢卷尺)保证校准器基准中心到测量屏间距离不超过(10±0.025)mm。

b)校准器调水平和调零,通过对准经纬仪,使校准器的对正基准与测量基准在同一垂直平面上,并使校准器和基准中心与测量基准中心重合。

c)校准器标准灯在15×10^3cd条件下稳定1h,待光学性能稳定后,将校准器的光束中心与测量基准中心重合。

d)将检定过程中的测试数据记录在附录B中。

4.2.3　发光强度示值误差的检定

在校准器方位角旋钮为零时,根据校准器配置的发光强度—电压对应表的电压值,将校准器的发光强度值依次5×10^3,8×10^3,10×10^3,12×10^3,15×10^3,20×10^3,30×10^3cd和校准满量程共计8个检定点进行测量,重复测量6次,每次的示值应在光照射2min后读取。按公式(1)计算其发光强度示值误差。各检定点的示值误差均应符合2.2.1要求。

$$\delta_i = \frac{I_{Ai} - \bar{I}_i}{\bar{I}_i} \times 100\% \tag{1}$$

式中:δ_i——第i检定点校准器的示值误差,%;

I_{Ai}——第i检定点校准器的发光强度标称值,cd;

$\bar{I}_i$——第i检定点校准器检定装置6次示值的算术平均值,cd。

4.2.4　发光强度示值重复性检定

发光强度示值重复性检定是在发光强度示值误差检定的同时进行,其重复性按公式(2)、(3)计算,其各点的结果应符合 2.2.2 要求。

$$S=\sqrt{\frac{\sum_{i=1}^{6}(I_{ij}-\bar{I}_i)^2}{5}} \tag{2}$$

$$\delta_R=\frac{S}{\bar{I}_i}\times 100\% \tag{3}$$

式中:δ_R——校准器发光强度示值重复性,%;

S——标准偏差;

I_{ij}——各点各次实测值。

4.2.5　发光强度示值稳定性检定

发光强度示值稳定检定以光强 15×10^3cd 或 20×10^3cd 为检定点,光照射 2min 后,读出校准器的示值,记为 I_o,然后在此光强下继续照射,每隔 10min 读取一次示值,连续照射 1h。稳定性按公式(4)计算,其结果应符合 2.2.3 要求。

$$\delta_s=\frac{|I_o-I_{max}|}{I_o}\times 100\% \tag{4}$$

式中:δ_s——校准器发光强度示值稳定性,%/h;

I_{max}——连续照射 1h 内所测得的与 I_o 差值最大的光强值,cd;

I_o——光照射 2min 后校准器光强度示值,cd。

4.2.6　光束照射方位偏移量(角)误差的检定

在光强值为 15×10^3cd 或 20×10^3cd 条件下,调整校准器旋钮使光束照射方位分别置于 0°,上 1°,上 1.5°,下 1°,下 2°,左 1°,左 2°,左 3°,右 1°,右 2°,右 3°,上 1°左 3°,上 1°右 3°,下 2°右 3°和下 2°左 3°共计 15 个检定点,分别读取各点的示值,按公式(5)计算其误差,其误差应符合 2.2.4 要求。

$$\delta_\alpha=\sqrt{\frac{\sum(A_i-A_{oi})^2}{n}} \tag{5}$$

式中:δ_α——校准器光束照射方位偏移量(角)误差,(′);

A_i——校准器第 i 检定点方位角度值,(°);

n——测量次数;

A_{oi}——第 i 检定点检定装置测得的光束照射方位角,(°)。

4.2.7　光束照射方位偏移量(角)重复性检定

光束照射方位偏移量(角)重复性检定在光束照射方位偏移量(角)示值误差检定的同时进行,可任取 4 点检定,重复测量 3 次,3 次中最大间差为该点重复性值。其各点的结果应符合 2.2.5 要求。

4.3　校准器近光示值误差的检定

4.3.1　校准器近光示值误差检定是在校准器远光示值误差检定完毕后进行。在远光照射方位角为零,光强值为 20×10^3cd 对应的电压值的条件下,进行为近光测试。

4.3.2 远光中心点与近光水平明暗截止线垂直距离值准确度的检定在近光照射状态下,以检定装置显示屏上连续读取不低于6次显示值,其测量准确度按公式(6)、(7)计算,并以 $v_i=|x_i-\bar{x}|>3\sigma$(即残差的绝对值大于3倍标准差)为准则剔除粗大误差,其结果应符合2.3.1要求。

$$S=\sqrt{\frac{\sum_{i=1}^{m}(x_i-\bar{x})^2}{m-1}} \tag{6}$$

式中:m——在同一点上测量的次数;

x_i——在同一点上各次测量的垂直距离值,mm/dam;

$\bar{x}$——在同一点的 m 次测量的平均值,mm/dam。

$$A_y=t_p(\nu)\frac{S}{\sqrt{m}} \tag{7}$$

式中:A_y——远光中心点与明暗截止线垂直距离误差,mm/dam;

$t_p(\nu)$——取概率 $p=95\%$,自由度 $\nu=m-1$ 条件下的t分布值(见附录C)。

4.3.3 远光中心点距明暗截止线转角点水平距离值准确度的检定远光中心点明暗截止线转角点水平距离度检定,是在远光中心距水平明暗截止线垂直距离准确度检定的同时进行,并按4.3.2剔除粗大误差,准确度按公式(6)、(7)计算,其结算应符合2.3.2要求。

4.3.4 近光状态下暗区发光强度值的检定

暗区发光强度值检定是在远光中心距水平明暗截止线垂直距离准确度检定的同时进行,暗区发光强度在远光中心点处测定,连续测量不低于6次,其测量准确度按公式(8)、(9)计算,并以 $v_i=|x_i-\bar{x}|>3\sigma$ 为准剔除粗大误差,其结果应符合2.3.3要求。

$$S=\sqrt{\frac{\sum_{x=1}^{m}(x_i-x)^2}{m-1}} \tag{8}$$

式中:m——测量次数;

x_i——第 i 次测量的近光暗区发光强度值,cd;

$\bar{x}$——m 次测量的近光暗区发光强度平均值,cd。

$$A_I=t_p(\nu)\frac{S}{\sqrt{m}} \tag{9}$$

式中:A_I——近光暗区发光强度准确度,cd;

$t_p(\nu)$——取概率 $p=95\%$,自由度 $\nu=m-1$ 条件下的t分布值(见附录C)。

5 检定结果处理和检定周期

5.1 经检定合格的校准器,出具检定证书,不合格的出具检定结果通知书,并注明不合格项目。检定证书背面格式,见附录D。

5.2 校准器检定周期一般为1年。

附录 A

汽车前照灯检测仪校准器检定装置技术参数

1. 测量光强范围:0 ~ 6×10^4cd(一般 5×10^3 ~ 6×10^4cd)。
2. 发光强度测量不确定度:≤ ±1.6%(δ)。
3. 光束偏移角测量范围:上 1.5°,下 2.5°,左、右各 3°。
4. 光束偏移角测量不确定度:≤ ±1.6′(δ)。
5. 远光中心点距近光明暗截止线垂直距离
测量范围:50 ~ 150mm/dam。
6. 远光中心点距近光明暗截止线垂直距离
测量准确度: ±25mm/dam。
7. 远光中心点距近光明暗截止线转角点
水平距离测量范围:左、右各 40mm/dam。
8. 远光中心点距近光明暗截止线转角点
水平距离测量准确度: ±25mm/dam。
9. 近光暗区光强测量范围:400 ~ 800cd。
10. 近光暗区光强测量准确度: ±20cd。

附录 B

汽车前照灯检测仪校准器检定记录表

型号及规格		制造厂		出厂编号	
生产日期		送检单位		检定日期	
检定温度、湿度		检定员		证书号	

	检定点	实际光强值(×10)							示值误差	重复性
	($\times 10^2$)	1	2	3	4	5	6	I	%	%
校准仪远光光强示值检测	50									
	80									
	100									
	120									
	150									
	200									
	300									
	400									

发光强度示值稳定性检定	1	2	3	4	5	6	δ_i (%/h)

	检测点 (°)	实测值 (°)	误差值 (′)	检测点 (°)	实测值 (°)	误差值 (′)	检测点 (°)	实测值 (°)	误差值 (′)	偏移值误差 (′)
校准仪光束照射偏移角示值检测	0			左1.0			右3.0			
	上1.0			左2.0			上1.0 右3.0			
	上1.5			左3.0			上1.0 左3.0			
	下1.0			右1.0			下2.0 左3.0			
	下2.0			右2.0			下2.0 右3.0			

（续表）

<table>
<tr><td rowspan="5">校准仪光束照射偏移角示值检测</td><td>测定点(°)</td><td>1</td><td>2</td><td colspan="3">3</td><td colspan="4">重复性误差(′)</td></tr>
<tr><td></td><td></td><td></td><td colspan="3"></td><td colspan="4"></td></tr>
<tr><td></td><td></td><td></td><td colspan="3"></td><td colspan="4"></td></tr>
<tr><td></td><td></td><td></td><td colspan="3"></td><td colspan="4"></td></tr>
<tr><td></td><td></td><td></td><td colspan="3"></td><td colspan="4"></td></tr>
<tr><td rowspan="6">校准器近光检测</td><td colspan="4">远光中心与近光明暗截止垂直距 mm/dam</td><td></td><td></td><td></td><td></td><td></td><td></td></tr>
<tr><td colspan="4">远光中心与近光明暗截止线转角点水平直距 mm/dam</td><td></td><td></td><td></td><td></td><td></td><td></td></tr>
<tr><td colspan="4">近光暗区光强值 cd</td><td></td><td></td><td></td><td></td><td></td><td></td></tr>
<tr><td colspan="9">远光中心与近光明暗截止线垂直距准确度 mm/dam</td><td></td></tr>
<tr><td colspan="9">远光中心与近光明暗截止线转角点水平直距准确度 mm/dam</td><td></td></tr>
<tr><td colspan="9">近光暗区光强值准确度 cd</td><td></td></tr>
</table>

附录 C

统计分布数值表 t 分布

$\nu = m-1$	5	6	7	8	9	10
$t_p(\nu)$	2.570 58	2.446 91	2.364 62	2.306 00	2.262 16	2.228 14

注:1. 此表的 $t_p(\nu)$ 值均为 $p=95\%$,不同自由度的 $t_p(\nu)$ 值;

2. 此表摘自 GB 4086.3—1983《统计分布数值表 t 分布》。

附录 D

检定证书背面格式

外观____________________

发光强度示值误差____________________

发光强度示值重复性____________________

发光强度示值稳定性____________________

光束照射方位____________________

偏移量(角)误差____________________

光束照射方位偏移量(角)重复性____________________

远光中心点距近光明暗截止线垂直距离值的准确度____________________

远光中心点距近光明暗截止线的转角点水平距离值的准确度____________________

近光暗区发光强度值准确度____________________

中华人民共和国交通部部门计量检定规程

JJG（交通）016—1999

滚筒反力式制动检验台检定仪

Roller Opposite Force Type Tester's Aligner

1999-03-01 发布　　　　1999-06-01 实施

中华人民共和国交通部 发布

中华人民共和国交通部部门计量检定规程

JJG（交通）016—1999

滚筒反力式制动检验台检定仪

Roller Opposite Force Type Tester's Aligner

1999-05-01发布　　　　1999-08-01实施

中华人民共和国交通部发布

滚筒反力式制动检验台检定仪检定规程

本规程适用于新制造、使用中和修理后的滚筒反力式制动检验台检定仪(以下简称检定仪)的检定。

1 概述

检定仪是检定制动检验台制动力的专用计量标准器具,主要由加力装置、支架(筒形或三角支架等)、力传感器、专用测力杠杆和显示仪表等组成。其工作原理是:将专用杠杆固定在制动检验台滚筒适当位置上,调整测力杠杆,使其处于水平和平衡状态,在测力杠杆一端上连接好力传感器和支架,转动加力手轮,通过测力杠杆模拟汽车轮胎对制动台滚筒表面的制动力。

2 技术要求

2.1 外观和性能

2.1.1 检定仪应有清晰的铭牌,标有型号、制造厂名、出厂日期、出厂编号。

2.1.2 检定仪运动部位应灵活、平衡,没有明显阻滞现象。

2.1.3 检定仪显示应清晰、无影响读数缺陷。配有打印装置的,其打印结果应与显示结果一致。各开关和按钮应灵活可靠。

2.1.4 检定仪支架、测力杠杆等部件的外露焊缝应平整,涂漆或发蓝,色泽均匀。

2.2 测力杠杆力臂长度误差应不超过力臂标称值的 ±0.3%。

2.3 零值允许误差不应超过 1d(d 为仪器分度值)。

2.4 示值允许误差不应超过 ±1.5%。

2.5 重复性误差不应超过 1.0%

2.6 滞后误差不应超过 1.5%。

3 检定条件

3.1 检定环境条件

3.1.1 环境温度:(20 ±5)℃。

3.1.2 相对湿度:≤85%。

3.1.3 电源电压:220V ±10%。

3.1.4 检定在周围无影响测量的污染、振动、噪声和电磁干扰下的室内进行。

3.2 检定用仪器设备

3.2.1 检定仪检定装置 1 套,准确度 ±0.5%。

3.2.2 测力杠杆专用测量装置:不大于力臂标称值 ±0.03%。

3.2.3 百分表:0 ~10mm,Ⅰ级。

3.2.4 直角尺:(200 ×125)mm,Ⅰ级。

3.2.5　磁性表座。

3.2.6　游标卡尺:0～1 000mm,分度值0.05mm。

3.2.7　量块:不低于6等或3级。

将检定过程中的测试数据记录在附录A中。

4　检定项目和检定方法

4.1　外观检查

通过目测、手感检查,其结果应符合2.1要求。

4.2　测力杠杆力臂长度误差的检定

4.2.1　力臂长度检定原理见图1。

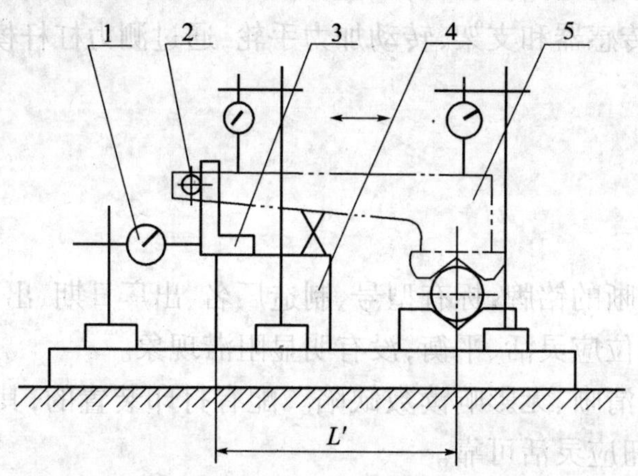

图1　力臂长度检定原理图

1-百分表;2-心轴;3-直角尺;4-专用测量装置;5-专用测力杠杆

4.2.2　被检测力杠杆应在检定条件下放置不少于4h,保证其温度与检定条件的温度相同并稳定,根据测力杠杆力臂长度的标称值,用游标卡尺调整专用测量装置的长度基准(L')符合3.2.2要求。

4.2.3　按图1安装测力杠杆并调整与专用测量装置的相应基准平行,其平行度应不大于1mm。选择相应尺寸的量块与直角尺,将百分表指针调零,参照图1检定原理图所示,重复测量3次,读取百分表示值,按公式(1)计算测力杠杆力臂长度误差。其结果应符合2.2的要求。

$$\Delta L = \left(\frac{L' \pm \overline{S}_e + \Delta}{L} - 1 \right) \times 100\% \tag{1}$$

式中:ΔL——测力杠杆力臂长度误差,%;

$\overline{S}_e$——百分表3次示值的平均值,mm;

L'——专用测量装置的长度基准,mm;

L——测力杠杆力臂的标称长度,mm;

Δ——所选量块的标称尺寸,mm。

4.3　检定前准备

4.3.1　检定仪检定原理见图2。

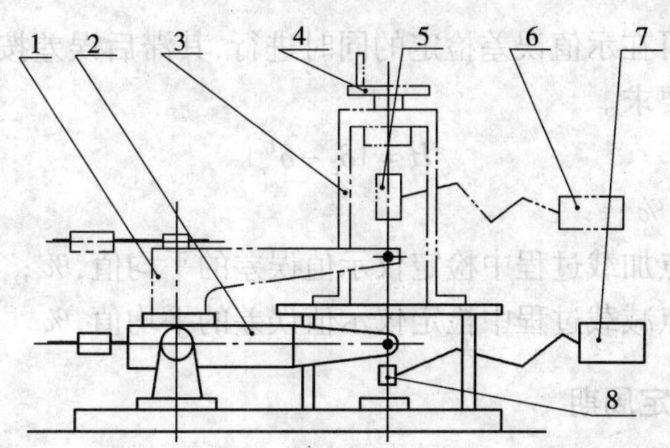

图2　检定仪检定原理图

1-检定仪测力杠杆;2-检定装置测力臂;3-支架;4-手轮;5-检定仪传感器;6-检定仪显示仪表;7-检定装置显示仪表;8-检定装置传感器

4.3.2　检定仪在检定条件下放置足够长的时间,保证其温度和检定条件的温度相同并稳定。检定仪的放置时间应不少于4h。

4.3.3　检定仪的仪器应通电预热,预热时间符合制造厂规定。当制造厂没有规定预热时间时,检定仪一般应预热30min~1h。

4.3.4　调整标准装置测力臂的水平与平衡。

4.4　零值误差的检定

按规定安装并调整好检定仪,施加至少3次额定预负荷,每次加荷后退回到零负荷,检查指示装置的回零情况,在施加最后1次额定预负荷前,重新调整零点。读取最后1次预负荷前后检定仪的零点读数值,其结果应符合2.3的要求。

4.5　示值误差的检定

4.5.1　选取检定仪额定负荷的10%,20%,40%,60%,80%和100%共6个点作为检定点。

4.5.2　按确定的检定点逐级加载至满量程,然后逐级减载到零。重复3次,分别读取各点相应的示值误差,按公式(2),(3)计算其示值误差,其结果应符合2.4的要求。

$$\delta_{ij}=\frac{f_{ij}-F_{ij}}{F_{ij}}\times 100\% \tag{2}$$

$$\delta_i=\frac{\sum\delta_{ij}}{3} \tag{3}$$

式中:δ_i——第i检定点的示值误差,%;

δ_{ij}——第i检定点第j次的示值误差,%;

f_{ij}——第i检定点第j次检定仪示值,N;

F_{ij}——第i检定点第j次检定装置示值,N。

4.6　重复性误差的检定

重复性误差的检定在示值误差检定的同时进行。各检定点3次示值误差的最大差值的绝对值作为该点重复性误差,各检定点重复性误差均应符合2.5要求。

4.7　滞后误差的检定

滞后误差的检定可在示值误差检定的同时进行,其滞后误差按公式(4)计算,各检定点的结果应符合2.6要求。

$$H = |\delta_i - \delta'_i| \tag{4}$$

式中:H——滞后误差,%;

δ_i——第i检定点加载过程中检定仪示值误差的平均值,%;

δ_i'——第i检定点减载过程中检定仪示值误差的平均值,%。

5 检定结果处理和检定周期

5.1 经检定合格的检定仪出具检定证书;检定不合格的出具检定结果通知书,并注明不合格项目。检定证书背面格式见附录B。

5.2 检定仪的检定周期一般为1年。

附录 A

滚筒反力式制动检验台检定仪检定记录

<table>
<tr><td>型号规格</td><td colspan="2"></td><td colspan="2">生产厂</td><td colspan="2"></td><td colspan="2">出厂日期</td><td colspan="3"></td><td colspan="2">出厂编号</td><td colspan="3"></td></tr>
<tr><td>送检单位</td><td colspan="2"></td><td colspan="2">测量范围</td><td colspan="2"></td><td colspan="2">检定日期</td><td colspan="3"></td><td colspan="2">检定温度、湿度</td><td colspan="3"></td></tr>
<tr><td>标准器型号</td><td colspan="2"></td><td colspan="2">检定员</td><td colspan="2"></td><td colspan="2">核验员</td><td colspan="3"></td><td colspan="2">证书编号</td><td colspan="3"></td></tr>
<tr><td rowspan="3">外观</td><td colspan="13">仪表显示清晰、无影响读数缺陷</td><td colspan="3"></td></tr>
<tr><td colspan="13">运动部件应灵活、平衡、无明显阻滞</td><td colspan="3"></td></tr>
<tr><td colspan="13">零件焊接应平整、外表涂漆、发蓝均匀、美观</td><td colspan="3"></td></tr>
<tr><td rowspan="2">零值误差</td><td colspan="6">加载前零值</td><td colspan="6">加载后零值</td><td colspan="4">差　值</td></tr>
<tr><td colspan="6"></td><td colspan="6"></td><td colspan="4"></td></tr>
<tr><td rowspan="3">检定点
(FS)</td><td colspan="7">加　载</td><td colspan="7">减　载</td><td rowspan="3">重复性
误差
%</td><td rowspan="3">滞后
误差
%</td></tr>
<tr><td colspan="3">标准器示值 N</td><td colspan="3">检定仪示值 N</td><td rowspan="2">示值
误差%</td><td colspan="3">标准器示值 N</td><td colspan="3">检定仪示值 N</td><td rowspan="2">示值
误差%</td></tr>
<tr><td>1</td><td>2</td><td>3</td><td>1</td><td>2</td><td>3</td><td>1</td><td>2</td><td>3</td><td>1</td><td>2</td><td>3</td></tr>
<tr><td>10%</td><td></td><td></td><td></td><td></td><td></td><td></td><td></td><td></td><td></td><td></td><td></td><td></td><td></td><td></td><td></td><td></td></tr>
<tr><td>20%</td><td></td><td></td><td></td><td></td><td></td><td></td><td></td><td></td><td></td><td></td><td></td><td></td><td></td><td></td><td></td><td></td></tr>
<tr><td>40%</td><td></td><td></td><td></td><td></td><td></td><td></td><td></td><td></td><td></td><td></td><td></td><td></td><td></td><td></td><td></td><td></td></tr>
<tr><td>60%</td><td></td><td></td><td></td><td></td><td></td><td></td><td></td><td></td><td></td><td></td><td></td><td></td><td></td><td></td><td></td><td></td></tr>
<tr><td>80%</td><td></td><td></td><td></td><td></td><td></td><td></td><td></td><td></td><td></td><td></td><td></td><td></td><td></td><td></td><td></td><td></td></tr>
<tr><td>100%</td><td></td><td></td><td></td><td></td><td></td><td></td><td></td><td></td><td></td><td></td><td></td><td></td><td></td><td></td><td></td><td></td></tr>
<tr><td></td><td></td><td></td><td></td><td></td><td></td><td></td><td></td><td></td><td></td><td></td><td></td><td></td><td></td><td></td><td></td><td></td></tr>
<tr><td></td><td></td><td></td><td></td><td></td><td></td><td></td><td></td><td></td><td></td><td></td><td></td><td></td><td></td><td></td><td></td><td></td></tr>
<tr><td></td><td></td><td></td><td></td><td></td><td></td><td></td><td></td><td></td><td></td><td></td><td></td><td></td><td></td><td></td><td></td><td></td></tr>
<tr><td rowspan="3">专用
测力杠杆</td><td colspan="3">杠杆力臂标称尺寸</td><td colspan="3">实测值 1</td><td colspan="3">实测值 2</td><td colspan="3">实测值 3</td><td colspan="4">误　差</td></tr>
<tr><td colspan="3"></td><td colspan="3"></td><td colspan="3"></td><td colspan="3"></td><td colspan="4"></td></tr>
<tr><td colspan="3"></td><td colspan="3"></td><td colspan="3"></td><td colspan="3"></td><td colspan="4"></td></tr>
</table>

附录 B

检定证书背面格式

外观____

测力杠杆力臂长度误差________________________

零值误差____________________________________

示值误差____________________________________

重复性误差__________________________________

滞后误差____________________________________

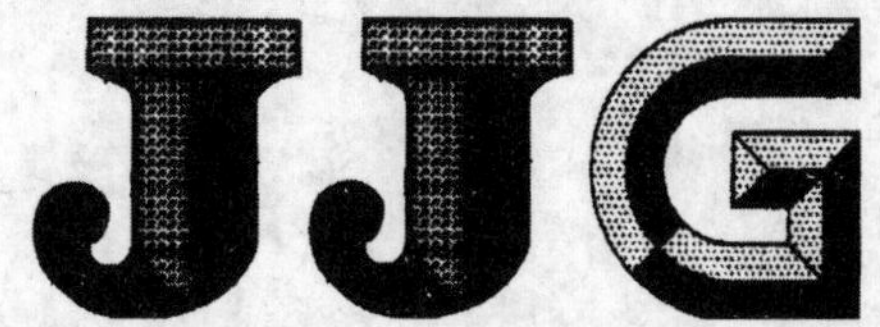

中华人民共和国交通部部门计量检定规程

JJG(交通) 017—1999

滑板式汽车侧滑检验台检定仪

Slip Plate Type Automobile Side Slip Tester's Aligner

1999－03－01 发布　　　　1999－06－01 实施

中华人民共和国交通部 发布

中华人民共和国交通部部门计量检定规程

JJG(交通)017—1999

滑板式汽车侧滑检验台检定仪

Slip Plate Type Automobile Side Slip Tester's Aligner

1999-03-01发布　　　　1999-06-01实施

中华人民共和国交通部 发布

滑板式汽车侧滑检验台检定仪检定规程

本规程适用于新制造、使用中和修理后的滑板式汽车侧滑检验台检定仪(以下简称检定仪)的检定。

1 概述

检定仪是用于对滑板式汽车侧滑检验台进行计量检定的具有综合量值传递能力的计量标准器具。它由位移、力值测量系统和显示仪表等组成。检定时,当给一定力值时,位移传感器便产生与该力相对应的位移量,其力值与位移量通过仪表分别同时显示出来,从而达到综合测量的目的。本规程适用于各种型式检定仪的检定。

2 技术要求

2.1 外观

2.1.1 检定仪应有清晰的铭牌,标有型号、制造厂名、出厂日期、出厂编号等。

2.1.2 检定仪的活动部位移动应灵活、平稳,无明显阻滞和晃动现象。

2.1.3 检定仪显示应清晰、无影响读数的缺陷。数字显示稳定,示值保留时间不少于8s;指针式仪表指针回转应平稳,不应有跳动,卡住和阻滞现象。

2.2 侧滑量

2.2.1 零值误差:传感器移动量为5 m/km时,回零不应超过±0.03 m/km。

2.2.2 零点漂移:数显式检定仪30 min内的零点漂移不超过0.02 m/km。

2.2.3 示值误差:在10 mm内最大误差不大于±0.06 m/km。

2.2.4 示值重复性误差不应超过0.03 m/km。

2.3 力值

2.3.1 零点误差:施加40 N回零,不应超过±1 d。

2.3.2 示值误差不应超过±2%(*FS*)。

2.3.3 示值重复性误差不应超过2%(*FS*)。

3 检定条件

3.1 环境条件

3.1.1 环境温度:(20±5)℃。

3.1.2 相对湿度:≤85%。

3.1.3 电源电压:220V±10%。

3.1.4 检定在室内进行,其环境应无影响测量结果的污染、振动、噪声、电磁干扰等现象。

3.2 检定用仪器设备

3.2.1 检定用位移检定装置的技术指标应优于被检检定仪的3倍,即准确度±0.02 m/km,测量范围0~15 m/km。

3.2.2 检定用力值检定装置的技术指标应优于被检检定仪的 3 倍,即准确度 ±0.6%(FS),测量范围 0 ~150 N。

4 检定项目及检定方法

4.1 外观检查

通过目测、手感检查,其结果应符合 2.1.1 ~2.1.3 要求。

4.2 侧滑量示值误差的检定

4.2.1 零值误差的检定:将检定仪置于检定装置上,通电 20min,使之充分稳定。将传感器与检测面紧密接触,按"清零"键后,移动传感器 5m/km 回复。其值应符合 2.2.1 要求。

4.2.2 零点漂移的检定:将仪表清零后,每隔 10 min 观察一次,连续 3 次,每次漂离零位值应符合 2.2.2 要求。

4.2.3 示值误差的检定:移动位移传感器使之被测面压缩 1 ~2 mm,按"清零"按钮,使显示屏的示值为"零",对 3,5,7,10 m/km 四个点分别进行测试,每点重复 3 次,分别读取检定仪显示值。如果位移和施加力为一体的检定仪,还应测试施加 120 N 时,机械刚性变形的最大误差值 δ。并按公式(1)计算出示值误差:

$$\Delta_i = \overline{S}_i + \delta - x_i \quad (1)$$

式中:Δ_i——第 i 测量点的示值误差,m/km;

x_i——第 i 测量点的标称值,m/km;

δ——施加 120 N 时检定仪刚度变形引起的最大误差值,m/km,对于分体式检定仪 $\delta = 0$,m/km;

$\overline{S}_i$——第 i 测量点检定仪 3 次显示值的算术平均值,m/km。

以上各测量点示值误差均应符合 2.2.3 要求。

4.2.4 示值重复性的检定:示值重复性的检定在 4.2.3 示值误差检定的同时进行,以各测量点 3 次示值之间的最大偏差的绝对值作为示值重复性误差。各测量点的示值重复性误差均应符合 2.2.4 要求。

4.3 力值示值误差的检定

4.3.1 力值零点误差的检定:施加 40 N 力后,再减载为零,重复 3 次,每次释放后示值均应为零,将其中最大的偏离零位值作为检定值。其结果应符合 2.3.1 要求。

4.3.2 示值误差的检定:将检定仪力传感器固定于力值检定装置上,通电预热 15 min,调节"调零"旋钮,使之初始状态为零,然后在力值检定装置上,从 10N 加载至满量程,测试 8 个点,每点重复 3 次,读取示值,其示值误差按公式(2)计算:

$$\delta_{Fi} = \frac{\overline{d}_i - d}{d_o} \times 100\% \quad (2)$$

式中:δ_{Fi}——第 i 测量点的示值误差,%(FS);

$\overline{d}_i$——第 i 测量点检定仪 3 次示值的算术平均值,N;

d——力值标称值,N;

d_o——检定仪满量程的示值,N。

以上示值误差应符合 2. 3. 2 要求。

4. 3. 3　示值重复性的检定:示值重复性的检定在 4. 3. 2 示值误差检定的同时进行,以各测试点 3 次示值之间的最大偏差的绝对值作为示值重复性误差。各测量点的示值重复性误差均应符合 2. 3. 3 要求。

5　检定结果处理和检定周期

5. 1　经检定合格的检定仪出具检定证书;不合格的出具检定结果通知书,并注明不合格项目。检定证书背面格式见附录 B。

5. 2　检定仪的检定周期一般为 1 年。

附录 A

滑板式汽车侧滑检验台检定仪检定记录

设备名称		生产厂		出厂日期		出厂编号	
被检单位		标准装置		检定日期		检定温度、湿度	
检定单位		检定员		核验员		证书号	
外观							

零点误差	位移:移动 5m/km 后回复				
	力值:移动 40N 后回复				
零点漂移	位移零漂				
	力值零漂				

	方向	标称值（mm）	检定仪示值(m/km)				示值误差（m/km）	示值重复性（m/km）
			1	2	3	平均		
位移示值误差		3(1.5)						
		5(2.5)						
		7(3.5)						
		10(5)						
		3(1.5)						
		5(2.5)						
		7(3.5)						
		10(5)						

（续表）

	序号	施力(N)	检定仪示值 N				示值误差(%)(*FS*)	示值重复性(%)(*FS*)
			1	2	3	平均		
力值示值误差	1	10						
	2	20						
	3	40						
	4	60						
	5	80						
	6	90						
	7	100						
	8	120						

附录 B

检定证书背面格式

外观______________________________

位移零值误差______________________________

位移零点漂移______________________________

位移示值误差______________________________

位移示值重复性误差______________________________

力值零点误差______________________________

力值示值误差______________________________

力值示值重复性误差______________________________

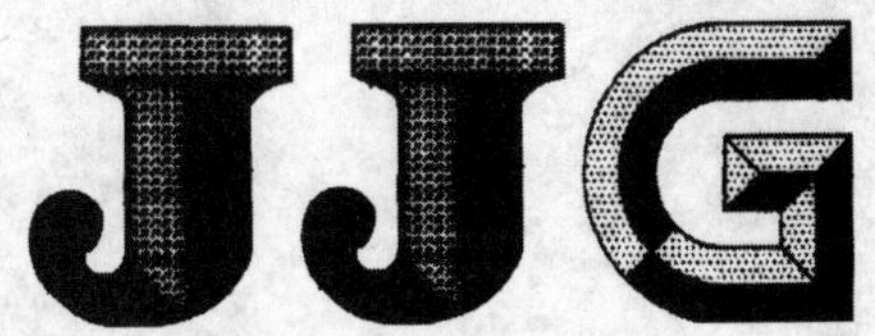

中华人民共和国交通部部门计量检定规程

JJG(交通) 018—1999

滚筒式车速表检验台校准仪

Roller Type Speedometer Tester's Aligner

1999-03-01 发布　　　　1999-06-01 实施

中 华 人 民 共 和 国 交 通 部 发布

滚筒式车速表检验台校准仪检定规程

本规程适用于新制造、使用中和修理后的滚筒式车速表检验台校准仪(以下简称校准仪)的检定。

1 概述

校准仪是检定滚筒式车速表检验台滚筒线速度值的专用计量标准装置。校准仪主要分为主动式和被动式两大类:主动式校准仪是指本身具有输出标准转速值的校准仪,在检定车速台时不需要其他速度源,靠自身的速度源输出的标准转速检定车速台的示值误差;被动式校准仪是指检定时必须有其他速度源的情况下(一般采用汽车驱动),才能对车速台的示值误差进行检定。主动式校准仪主要由传动系统(包括电机和变速机构)、测量系统和显示仪表组成;被动式校准仪主要由测速传感器(光电、磁感应、霍尔、光栅编码器等)、测量系统和显示仪表组成。两种形式的校准仪都具有使用方便、精度高、量限宽等优点。其测量原理是:①主动式:将车速台的测速传感器正确安装在校准仪上,调整校准仪的标准转速值,模拟滚筒纯滚动时的线速度,测出车速台的示值准确性;②被动式:将校准仪的测速传感器正确安装于车速台上,用汽车驱动车速台滚筒旋转,测出车速台的示值准确性。

2 技术要求

2.1 外观

2.1.1 校准仪应有清晰的铭牌,标有型号、制造厂名、出厂日期、出厂编号以及测量范围等。

2.1.2 校准仪的显示应清晰、无影响读数的缺陷。

2.1.3 校准仪上各种开关、按钮和旋钮的工作位置应正确、灵活可靠。

2.1.4 校准仪使用说明书应注明传感器的使用方法和安装要求,按照其要求使用时,应能准确可靠地传递与转速相应的电脉冲信号,传感器与主机相连的接线应可靠,接插件及传感器附件应齐全。

2.1.5 主动式校准仪的传动系统在工作时,转动应平稳,在整个调速范围内应能连续均匀调速。

2.2 测速及显示系统误差不应超过 ±0.1%。

2.3 示值误差不应超过 ±0.3%。

2.4 示值变动性不应超过 0.3%。

2.5 长量爪游标卡尺示值误差应不超过分度值 0.10mm 级的要求。

3 检定条件

3.1 环境条件

3.1.1　环境温度:(20±5)℃。

3.1.2　相对湿度:≤85%。

3.1.3　交流电源电压220V±10%,直流供电电池应满足被检仪器正常工作。

3.1.4　检定应在清洁、无影响正常工作的振动,无腐蚀气体和电磁干扰的环境下进行。

3.2　检定用仪器设备

3.2.1　标准频率源、高精度电子计数器的准确度的稳定性均应优于被检校准仪的一个数量级。

3.2.2　转速仪的准确度和标准转速源的稳定度均应优于被检校准仪的3倍。

3.2.3　量块:不低于6等或3级。

3.2.4　游标卡尺:分度值0.02mm。

将检定过程中的测试数据记录在附录A中。

4　检定项目及检定方法

4.1　外观检查

通过目测、手感检查,外观应符合2.1要求。

4.2　测速和显示系统准确度的检定

4.2.1　检定原理见图1:

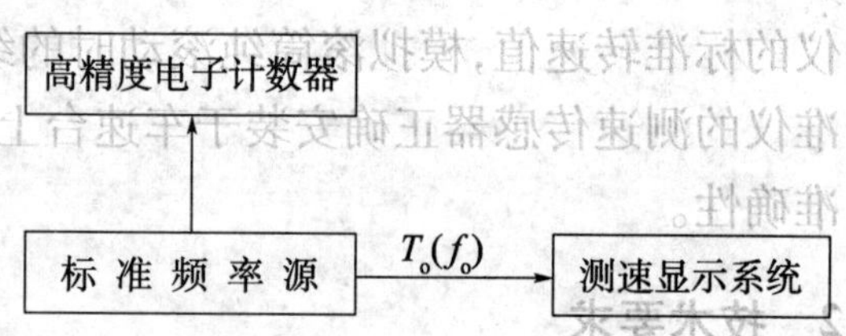

图1　测速和显示系统准确度检定原理图

4.2.2　检定时,将标准频率源和被检校准仪预热30min后,检定点从10km/h开始至满量程之间应均匀分布,并且不小于8个检定点。对脉冲频率低于1kHz的检定点采用测周法,其余点均采用测频法测试。标准频率源按公式(1),(2)计算,其值输给被检校准仪标准周期或频率信号,直接读取并记录10次校准仪显示值,其示值误差(δ_{fi})按公式(3)计算。其测试结果均应符合2.2要求。

$$T_o=\frac{3.6\pi D}{ZV_o}\times 10^{-3} \tag{1}$$

$$f_o=\frac{ZV_o}{3.6\pi D}\times 10^{3} \tag{2}$$

式中:T_o——检定点速度值对应的标准周期值,s;

f_o——检定点速度值对应的标准频率值,Hz;

V_o——检定点对应的线速度值,km/h;

Z——校准仪所配速度传感器倍增数;

D——校准仪所适应车速台滚筒直径(或经测量所得的接触式传感器直径),mm。

$$\delta_{fi}=\left(\frac{V_i}{V_{oi}}-1\right)\times 100\% \tag{3}$$

式中:V_i——第i检定点连续测定10次校准仪示值的平均值,km/h;

V_{oi}——第i检定点标准周期或频率换算的理论示值,km/h。

4.3 示值误差检定

4.3.1 将校准仪和转速仪预热 30min，按校准仪使用说明书的要求正确安装好速度传感器，以 40，80 和 100km/h 3 点为必检点，其余根据情况确定检定点。

除选定的检定点外，对其他直径示值的误差有疑问，可进行抽检。

4.3.2 校准仪检定原理图

a) 主动式校准仪检定原理见图 2；

b) 从动式校准仪检定原理见图 3：

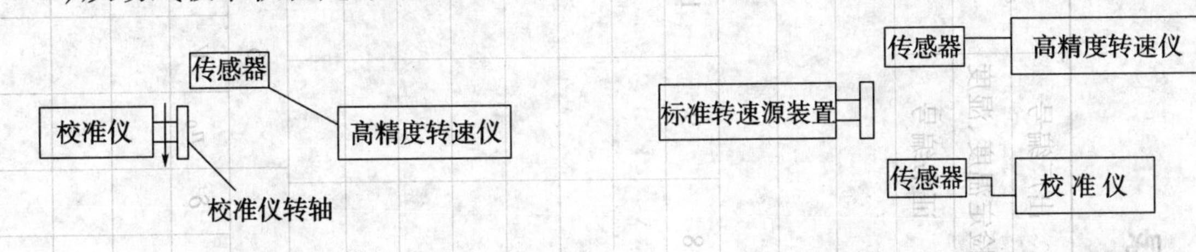

图 2 校准仪(主动式)检定原理图

图 3 校准仪(从动式)检定原理图

4.3.3 检定时，将标准转速源装置(或校准仪)转速调至检定点，在同一检定点上分别连续读取 6 次转速仪显示值和校准仪的显示值，按公式(4)计算出校准仪的示值误差，将 6 次示值误差的平均值作为该点的示值误差值。其各检定点示值误差均应符合 2.3 要求。

$$\delta_i = \left(\frac{V_{ij} \times 10^5}{6\pi D n_{ij}} - 1 \right) \times 100\% \tag{4}$$

式中：δ_i——第 i 检定点第 j 次校准仪示值误差，%；

V_{ij}——第 i 检定点第 j 次校准仪的显示值，km/h；

n_{ij}——第 i 检定点第 j 次转速仪的示值，r/min；

D——校准仪所适应车速台滚筒直径(或经测量所得的接触式传感器直径)，mm。

4.4 示值变动性检定

示值变动性检定在示值误差检定的同时进行，同一检定点连续 6 次的示值误差变化的最大差值为该检定点的示值变动性。各检定点的示值变动性均应符合 2.4 要求。

4.5 长量爪游标卡尺示值误差检定

长量爪游标卡尺示值误差检定参照 JJG 30—1992 规程相关要求进行。

5 检定结果处理和检定周期

5.1 经检定合格的校准仪出具检定证书；检定不合格的出具检定结果通知书，并注明不合格项目。检定证书背面格式见附录 B。

5.2 校准仪的检定周期一般为 1 年。

附录 A

滚筒式车速表检验台校准仪检定记录

<table>
<tr><td>型号规格</td><td></td><td>生产厂</td><td></td><td>出厂日期</td><td></td><td>出厂编号</td><td></td></tr>
<tr><td>送检单位</td><td></td><td>测量范围</td><td></td><td>检定日期</td><td></td><td>检定温度、湿度</td><td></td></tr>
<tr><td>标准器型号</td><td></td><td>检定员</td><td></td><td>核验员</td><td></td><td>证书编号</td><td></td></tr>
<tr><td rowspan="3">外　观</td><td colspan="7">转动仪表显示清晰、无影响读数缺陷</td></tr>
<tr><td colspan="7">部件应灵活、平衡、无明显阻滞</td></tr>
<tr><td colspan="7">传感器与主机连接线可靠、附件齐全</td></tr>
</table>

<table>
<tr><td rowspan="8">速度检定系统</td><td rowspan="8">测速及显示系统误差</td><td>检定点 km/h</td><td>1</td><td>2</td><td>3</td><td>4</td><td>5</td><td>6</td><td>7</td><td>8</td><td>9</td><td>10</td><td>$\bar{v}$</td><td>δ_f</td></tr>
<tr><td></td><td></td><td></td><td></td><td></td><td></td><td></td><td></td><td></td><td></td><td></td><td></td><td></td></tr>
<tr><td></td><td></td><td></td><td></td><td></td><td></td><td></td><td></td><td></td><td></td><td></td><td></td><td></td></tr>
<tr><td></td><td></td><td></td><td></td><td></td><td></td><td></td><td></td><td></td><td></td><td></td><td></td><td></td></tr>
<tr><td></td><td></td><td></td><td></td><td></td><td></td><td></td><td></td><td></td><td></td><td></td><td></td><td></td></tr>
<tr><td></td><td></td><td></td><td></td><td></td><td></td><td></td><td></td><td></td><td></td><td></td><td></td><td></td></tr>
<tr><td></td><td></td><td></td><td></td><td></td><td></td><td></td><td></td><td></td><td></td><td></td><td></td><td></td></tr>
<tr><td></td><td></td><td></td><td></td><td></td><td></td><td></td><td></td><td></td><td></td><td></td><td></td><td></td></tr>
</table>

<table>
<tr><td rowspan="5">速度检定系统</td><td rowspan="5">示值综合误差</td><td rowspan="2">检定点 km/h</td><td colspan="3">1</td><td colspan="3">2</td><td colspan="3">3</td><td colspan="3">4</td><td colspan="3">5</td><td colspan="3">6</td><td rowspan="2">δ</td><td rowspan="2">示值变动性%</td></tr>
<tr><td>n_0</td><td>V</td><td>δ</td><td>n_0</td><td>V</td><td>δ</td><td>n_0</td><td>V</td><td>δ</td><td>n_0</td><td>V</td><td>δ</td><td>n_0</td><td>V</td><td>δ</td><td>n_0</td><td>V</td><td>δ</td></tr>
<tr><td></td><td></td><td></td><td></td><td></td><td></td><td></td><td></td><td></td><td></td><td></td><td></td><td></td><td></td><td></td><td></td><td></td><td></td><td></td><td></td><td></td></tr>
<tr><td></td><td></td><td></td><td></td><td></td><td></td><td></td><td></td><td></td><td></td><td></td><td></td><td></td><td></td><td></td><td></td><td></td><td></td><td></td><td></td><td></td></tr>
<tr><td></td><td></td><td></td><td></td><td></td><td></td><td></td><td></td><td></td><td></td><td></td><td></td><td></td><td></td><td></td><td></td><td></td><td></td><td></td><td></td><td></td></tr>
</table>

附录 B

检定证书背面格式

外观______________________________

测速及显示系统误差______________________________

示值误差______________________________

示值变动性______________________________

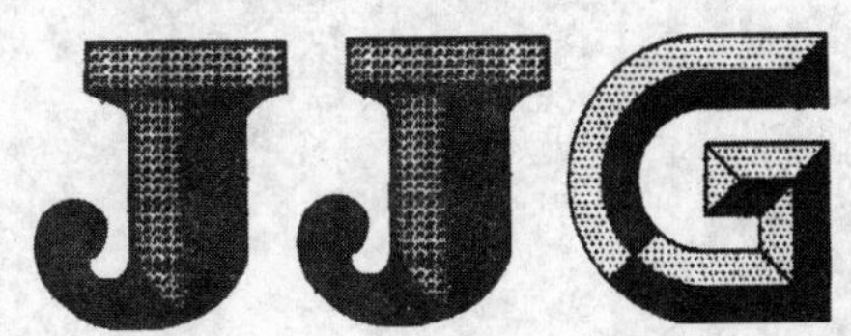

中华人民共和国交通部部门计量检定规程

JJG(交通) 019—1999

车轮动平衡机检定转子

Wheel Dynamic Balancer's Aligner Rotator

1999-03-01 发布　　1999-06-01 实施

中华人民共和国交通部 发布

中华人民共和国交通部部门计量检定规程

JJG(交通)012—1999

车轮动平衡机检定转子

Wheel Dynamic Balancer's Aligner Rotator

1999-03-01发布　　1999-06-01实施

中华人民共和国交通部发布

车轮动平衡机检定转子检定规程

本规程适用于新制造、使用中和修理后的车轮动平衡机用检定转子的检定。

1 概述

检定转子是用于对车轮动平衡机进行检定的专用计量标准器具,一般由钢制成,它具有两个校正平面,每个校正平面上零度基准应在同一角度方向上。检定转子质量级别及几何尺寸见附录 A 所示。其工作原理是:应用检定转子自身高品质的平衡精度,对车轮动平衡机的分离比、重复性、相位误差以及平衡精度等计量指标,通过在检定转子上加相应试重进行检定。

2 技术要求

2.1 外观

转子应有清晰的铭牌、质量级别、出厂日期和出厂编号,应有相位刻线,无明显损坏、锈迹等缺陷。

2.2 检定转子主要参数应符合附录 A 的要求。

2.3 检定转子不平衡质量 e 值应符合平衡品质 G6.3 要求。

2.4 角度位置偏差小于 1°。

3 检定条件

3.1 环境条件

3.1.1 温度:(20 ±5)℃。

3.1.2 相对湿度:≤85%。

3.1.3 电源电压波动量不应超过额定值的 ±10%。

3.1.4 检定现场周围应无腐蚀介质、振动源及电磁干扰存在。

3.2 检定用仪器设备

3.2.1 卧式硬支承平衡机一台,最小可达剩余不平衡量 e_{mar} ≤0.24g · mm/kg,不平衡量减少率 U_{RR} ≥90%,测量范围 0 ~60kg(常用)。

3.2.2 芯轴一根,符合平衡品质 G1.0 要求。

3.2.3 测角装置:0 ~360°(准确度优于 20′)。

3.2.4 游标卡尺:0 ~1 000mm(分度值 0.05mm)。

3.2.5 天平 1 架:0 ~200g(分度值 10mg)。

3.2.6 砝码(与天平配套):克、毫克各 1 套(M_2 级)。

3.2.7 试重 1 组(见附录 B)。

3.2.8 电子计重秤:测量范围小于 60kg(分度值 10g)。

4 检定项目及检定方法

4.1 外观

通过目测、手感进行检查,其结果应符合 2.1 要求。

4.2 主要几何参数(校验半径,两校正面之间距离)的检定

4.2.1 用游标卡尺测量出校正圆的校验半径($P_2/2$),并记录在附录 C 表中,其测量结果应符合 2.2 要求。

4.2.2 用游标卡尺直接测量出两校正面之间的距离(A),其测量结果应符合 2.2 要求。

4.3 检定转子不平衡质量 e 值的检定

4.3.1 实际质量 m 的测量:用电子计重秤直接测量出检定转子的实际质量(m),并记录在附录 D 表中。

4.3.2 e 值的确定:根据被检对象的最大工作转速,由附录 E 查出 e_{per}(g·mm/kg)值,再由公式(1)计算 e 值。

$$e=\frac{m\cdot e_{per}}{2R} \tag{1}$$

式中:m——检定转子质量,kg;

R——检定转子校验半径,mm;

e_{per}——许用剩余不平衡量,g·mm/kg。

4.3.3 将检定转子紧固在芯轴上,并将其安装到平衡机支承架上,调整好平衡机的皮带松紧度。

4.3.4 输入转子有关尺寸及相关数据。选择支承方式,输入检定尺寸数据,即 a,b,c,R_1,R_2,n,T 的设定。其各字母表示意义如下(见附录 F 图 1):

a——支承点Ⅰ与相近校正平面间的距离,mm;

b——两校正平面间的距离(即 4.2.2 的 A 值),mm;

c——支承点Ⅱ与相近校正平面间的距离,mm;

R_1、R_2——两校正平面的校正半径(即 4.2.1 的 $P_2/2$ 值),mm;

n——检定转速,r/min;

T——允许误差限(即 $T=\frac{m\cdot e_{per}}{2}$),g·mm。

4.3.5 启动平衡机,将检定转子平衡到剩余不平衡量在 1.0e 以下,再将检定转子相对于芯轴旋转 180°(或 120°),各启动平衡机,其剩余不平衡量均应在 1.0e 以下。

4.3.6 用两个相当于 10e 的试重 $U_{试}$ 依次相同地分别放在左、右校正试验圆的螺孔内,位置是 0°,30°,60°,90°,120°,150°,180°,210°,240°,270°,300°,330°(或 0°,45°,90°,135°,180°,225°,270°,315°),顺序任意(每次启动只允许 1 次读数),将各次的读数 $A_{L(R)i}$ 记入附录 D 表内。

4.3.7 仪表指示对 $U_{试}$ 质量的响应值 $V_{eL(R)}$ 按下式(2)或式(3)进行:

$$V_{eL(R)}=\frac{1}{12}\sum_{i=1}^{12}A_{L(R)i} \tag{2}$$

或

$$V_{eL(R)}=\frac{1}{8}\sum_{i=1}^{8}A_{L(R)i} \tag{3}$$

式中：$A_{L(R)i}$——左(右)校正半径上12点(或8点)中任意一点的读数值，g；

$V_{eL(R)}$——仪表指示对左(右)校正半径上$U_{试}$质量的响应值，g。

4.3.8 所用平衡机标定系数K值计算，按公式(4)进行：

$$K=\frac{U_{试}}{V_{eL(R)}} \tag{4}$$

4.3.9 检定转子实际剩余不平衡量按公式(5)进行：

$$U_{rL(R)}=V_{rL(R)}\cdot K \tag{5}$$

式中：$U_{rL(R)}$——检定转子左(右)校正面实际剩余不平衡质量，g；

$V_{rL(R)}$——左(右)校正平面相应剩余不平衡的测量值，即仪表指示变化幅值，见附录F图2，其值为$V_{rL(R)}=A_{L(R)i\max}-V_{eL(R)}$。

4.3.10 U_{rL}、U_{rR}均应不大于e值，其检定结果不平衡质量，应符合2.3要求。

4.4 角度位置偏差的检定

4.4.1 装好测角装置(见附录F)。

4.4.2 将测角装置的零位对准校正面"0"刻度线时，将测角装置仪表清零。

4.4.3 转动转子，将测角装置依次对准0°，30°，60°，90°，120°，150°，180，210°，240°，270°，300°，330°(或45°，90°，135°，180°，225°，270°，315°)，取其读数，并将结果填入记录表(见附录C)中。

4.4.4 另一校正面的角度测量，与上述4.4.1～4.4.3相同。

4.4.5 两校正面角度检定结果均应符合2.4要求。

5 检定结果处理与检定周期

5.1 经检定合格的检定转子出具合格证书，不合格的出具测试结果通知书。检定证书背面格式见附录G。

5.2 检定转子检定周期一般为1年，特殊情况时，可酌情缩短检定周期。

附录 A

检定转子质量级别及几何尺寸

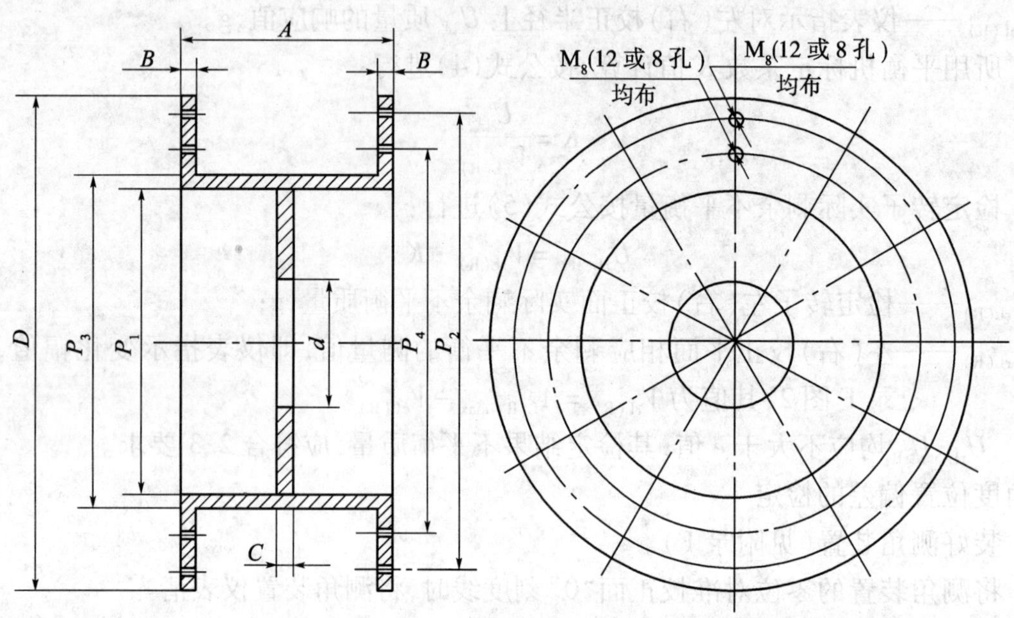

序号	m (kg)	d (mm)	D (mm)	P_1 (mm)	P_2 (mm)	P_3 (mm)	P_4 (mm)	A (mm)	B (mm)	C (mm)
1	10	100	340	230	330	240	280	165	6	7
2	20	100	380	240	356	260	300	165	8	10
3	30	100	520	435	508	450	450	165	8	9
4	40	100	530	430	558	450	500	180	10	10

注：1. P_2，A 值加工尺寸应符合 GB/T 1084—m 要求；

2. 形状位置偏差应符合 GB 1184—1996 要求；

3. m 值加工误差不得超过 ±1kg。

附录 B

检定转子试重规格与数量

1　试重质量准确度不大于0.5%。

2　试重的规格与数量如下表:

质量(g)	5	6	7	8	9	10	15	17	18
数量(个)	10	10	10	2	2	2	2	2	2
质量(g)	19	20	22	25	30	35	40	45	50
数量(个)	2	2	2	2	2	2	2	2	2
质量(g)	55	60	70	80					
数量(个)	2	2	2	2					

附录 C

车轮动平衡机检定转子角度位置检定记录表

相位刻线 (°)													
左	读数												
	误差												
右	读数												
	误差												

附录 D

车轮动平衡机检定转子不平衡量检定记录表

送检单位				检定单位				证书编号	
转子名称 及型号		制造厂		出厂日期 出厂编号		转子质量 (kg)		e 值(g)	
校准半径 (mm)		试重(g) $U_{试}$		检定温度 检定湿度		检定人员 检定日期		核验人员 核验日期	
试验平面	左				右				
试重位置 (°)									
读数示值(g) $A_{L(R)i}$									
$V_{eL(R)}$	(g)				(g)				
K									
$V_{rL(R)}$	(g)				(g)				
$U_{rL(R)}$	(g)				(g)				
结论									

注:若转子为 12 孔,代入公式应为 $V_{eL(R)}=\frac{1}{12}\sum_{i=1}^{12}A_{L(R)i}$;若转子为 8 孔,代入公式应为 $V_{eL(R)}=\frac{1}{8}\sum_{i=1}^{8}A_{L(R)i}$。

表中 $K=\frac{U_{试}}{V_{eL(R)}}$;$V_{rL(R)}=A_{L(R)i\max}-V_{eL(R)}$;$U_{rL(R)}=V_{rL(R)}\cdot K$。

附录 E

对应于各平衡品质等级的最大许用不平衡量(参照 GB 9239—1988)

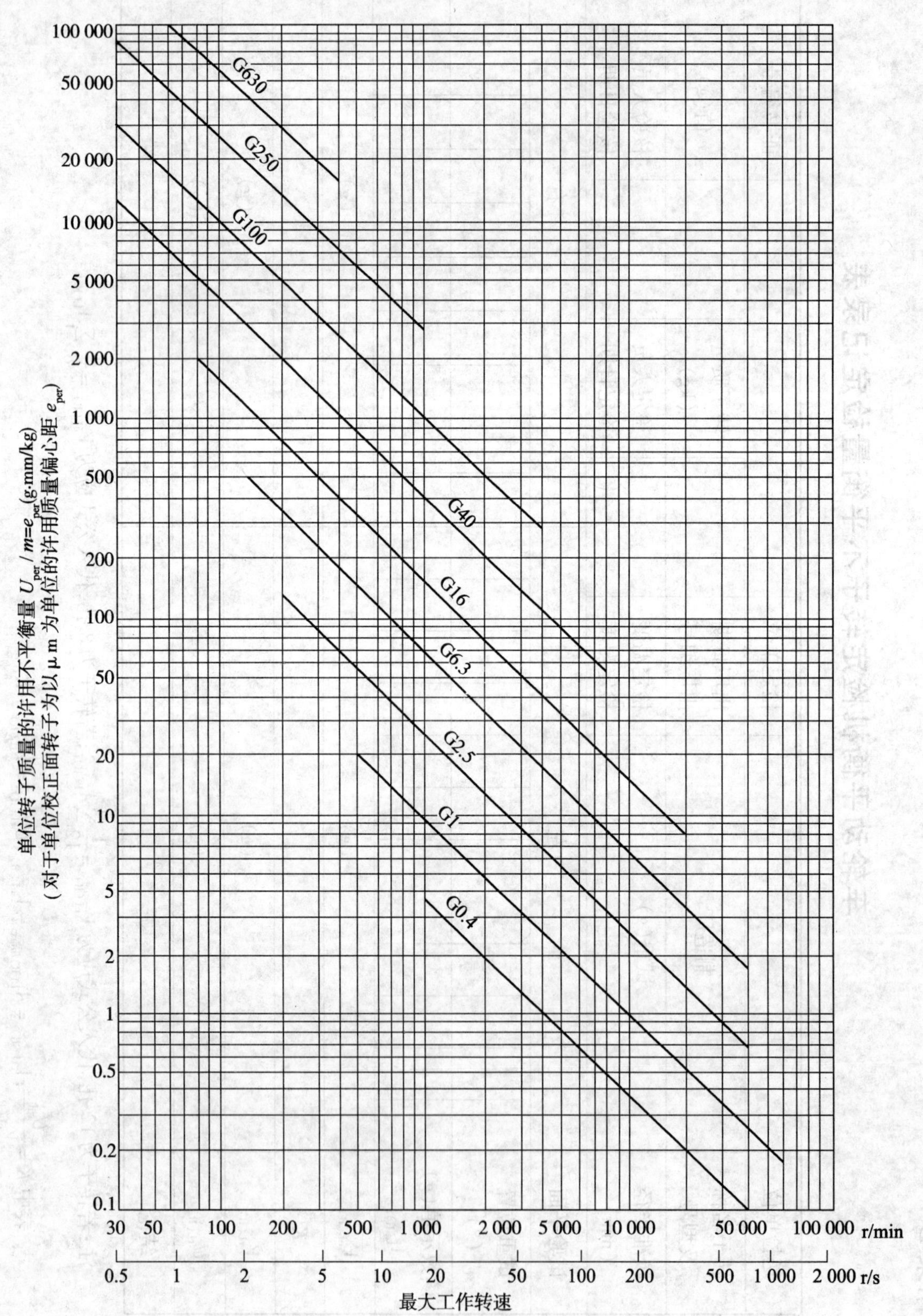

附录 F

测 量 原 理 图

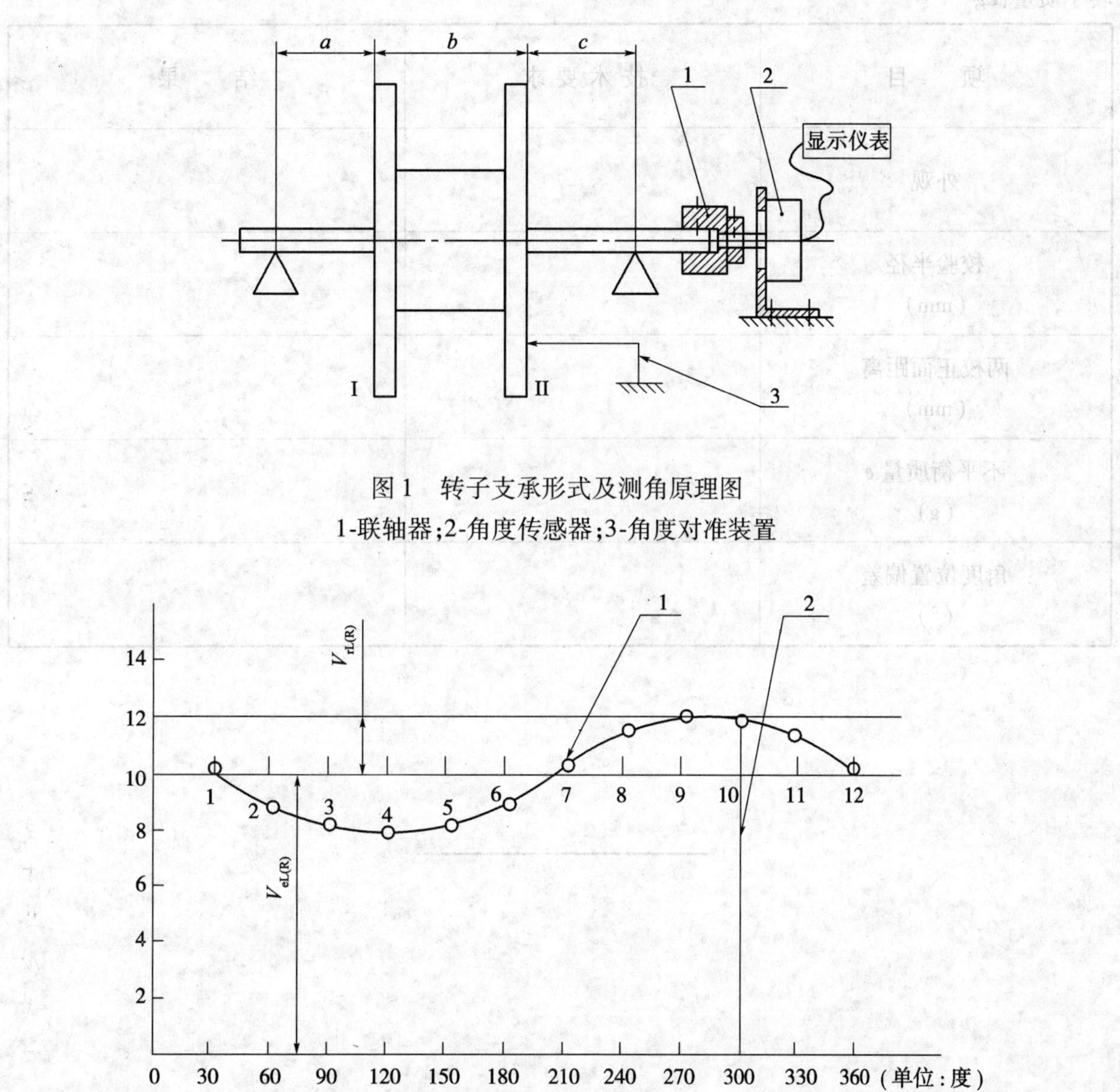

图 1　转子支承形式及测角原理图

1-联轴器;2-角度传感器;3-角度对准装置

图 2　用移动试验质量法确定某一平面剩余不平衡量图

1-试加质量的位置顺序;2-剩余不平衡量的相应角

附录 G

检定证书背面格式

转子质量:kg

项　　目	技 术 要 求	结　　果
外观		
校验半径 (mm)		
两校正面距离 (mm)		
不平衡质量 e (g)		
角度位置偏差 (°)		

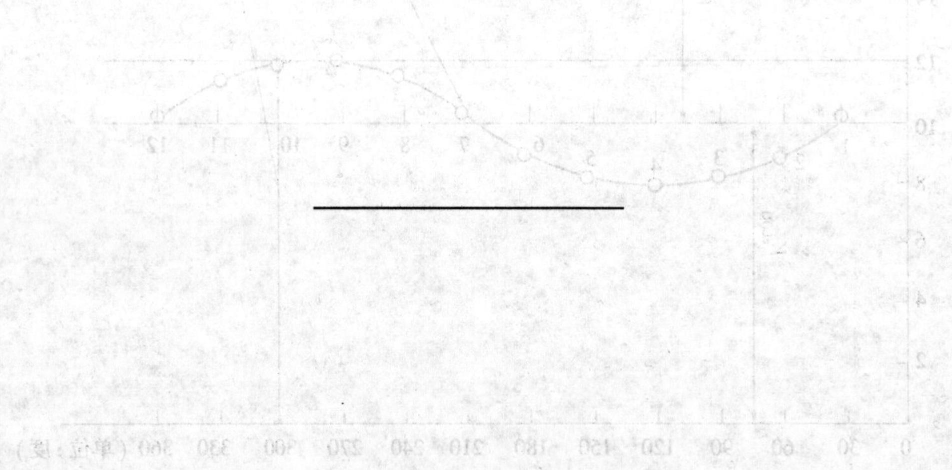

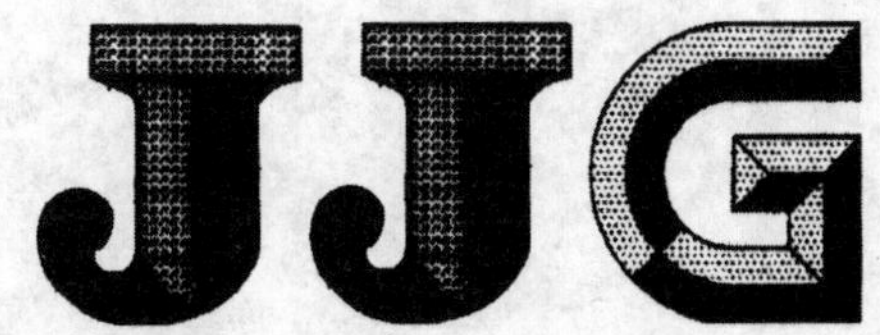

中华人民共和国交通部部门计量检定规程

JJG(交通) 020—1999

转向力角仪、制动踏板力计检定仪

Steering Force Stering Angle Brake Pedal Force Tester's Aligner

1999-03-01 发布　　1999-06-01 实施

中华人民共和国交通部 发布

中华人民共和国交通部部门计量检定规程

JJG(交通)020—1999

转向力角仪、制动踏板力计检定仪

Steering Force Stering Angle Brake Pedal Force Tester's Aligner

1999-03-01 发布　　　　1999-05-01 实施

中华人民共和国交通部 发布

转向力角仪、制动踏板力计检定仪检定规程

本规程适用于新制造、使用中和修理后的转向力角仪、制动踏板力计检定仪(以下简称检定仪)的检定(校准)。

1 概述

检定仪是专门用于对转向力角仪及制动踏板力计进行检定的计量器具。该检定仪主要由力值传感器、角位移传感器、加力机构及显示仪表组成。转向力、制动踏板力是通过加力机构,经力值传感器转换为电信号,并由显示仪表显示出力值。转向角测量是通过角位移传感器转换为电信号,并由显示仪表显示出角值。

2 技术要求

2.1 外观

2.1.1 检定仪应有清晰的铭牌,其中应注明型号、制造厂名、出厂日期、出厂编号。

2.1.2 数显式仪表,应显示清晰准确,示值保留时间不少于8s,应无缺笔画的现象。

2.1.3 指针式仪表,表盘清晰,指针运转平稳,无松动和弯曲现象,无影响读数的缺陷。

2.1.4 机械、电气部分完整无损,工作可靠,加力平稳,操作方便。

2.2 转向力、踏板力

2.2.1 零点漂移:不应超过1d。

2.2.2 转向力示值误差:不应超过 ± 0.6%(*FS*)。

2.2.3 踏板力示值误差:不应超过 ±1%。

2.2.4 测力臂长度允许误差:不应超过 ±0.05%。

2.3 转向角

测量示值误差:不应超过 ±1°。

3 检定条件

3.1 检定环境

3.1.1 温度:(20 ± 5)℃。

3.1.2 相对湿度:≤85%。

3.1.3 检定应在周围无影响测量的机械振动、电磁干扰等情况的环境下进行。

3.2 检定用仪器设备

3.2.1 测力装置,准确度:不应超过 ±0.10%。

3.2.2 转向角仪检定(标准)装置,准确度:不应超过 ±0.1°。

3.2.3 游标卡尺准确度:±0.02mm;测量范围:0 ~500mm。

4 检定项目及检定方法

4.1 外观检查

通过目测、手感进行检查,其结果应符合 2.1 要求。

4.2 零点漂移的检定

将检定仪传感器仪表电源开关打开,按下"复零"键后预热 30min,其传感器仪表示值应符合 2.2.1 要求。

4.3 转向力、踏板力示值误差的检定

4.3.1 设备安装:将检定仪力值传感器及仪表置于测力装置上,并确保传感器受力中心与测力装置施力中心相一致。

4.3.2 选择检定点:选择检定仪的测定范围上限值的 10%,20%,40%,60%,80% 作为检定点。

4.3.3 按检定点,在检定仪传感器上施加相应的拉力或压力,分别记录下测力装置示值与检定仪仪表示值,每点测量 3 次,并按公式(1),(2)分别计算出转向力及制动踏板力的示值误差。

$$\delta_i = \frac{\overline{F}_i - F_{ti}}{F_{\max}} \times 100\% \tag{1}$$

式中:δ_i——检定仪转向力第 i 点的示值误差,%;

$\overline{F}_i$——检定仪转向力第 i 点示值的算术平均值,N;

F_{ti}——测力装置第 i 点的示值,N;

$F_{\max}$——检定仪转向力值满量程示值,N。

$$\delta_j = \frac{\bar{f}_f - F_{kj}}{F_{kj}} \times 100\% \tag{2}$$

式中:δ_j——检定仪踏板力第 j 点的示值误差,%;

$\bar{f}_f$——检定仪踏板力第 j 点示值的算术平均值,N;

F_{kj}——测力装置第 j 点的示值,N。

其结果应分别符合 2.2.2、2.2.3 要求。

4.4 测力臂长度检定

用游标卡尺从测力臂受力切点到受力中心进行测量,测量 3 次,其切向测力臂长度示值误差由公式(3)计算:

$$r = \pm \frac{\Delta}{L} \times 100\% \tag{3}$$

式中:r——测力臂长度示值误差,%;

Δ——实际测量偏差($\Delta = L - \overline{L}'$),mm;

L——测力臂标称长度,mm;

$\overline{L}'$——测力臂实际长度算术平均值,mm。

其结果应符合 2.2.4 要求。

4.5 转向角示值误差检定

4.5.1 如附录A图所示,将转向角仪检定(标准)装置的角位移传感器与检定仪上的角值传感器连接。选择±10°,±30°,±45°,±360°,±720°,±1 080°作为检定点。

4.5.2 按检定点,正反方向对检定仪转角进行检定,分别记录下检定仪及转角仪检定(标准)装置示值,每点测量3次。其示值误差按公式(4)计算:

$$\Delta_i = \bar{\alpha}_i - \beta_i \tag{4}$$

式中:Δ_i——各检定点正(反)方向示值误差,(°);

$\bar{\alpha}_i$——各检定点正(反)方向检定仪算术平均值,(°);

β_i——各检定点正(反)方向转向角仪检定装置示值,(°);

其结果应符合2.3要求。

将检定过程中的测试数据记录在附录B中。

5 检定结果处理和检定周期

5.1 经检定合格的检定仪出具检定证书。检定不合格的出具检定结果通知书。检定证书背面格式见附录C。

5.2 检定仪的检定周期一般为1年,根据具体使用情况,检定周期可适当缩短。

附录 A

转向角检定安装示意图

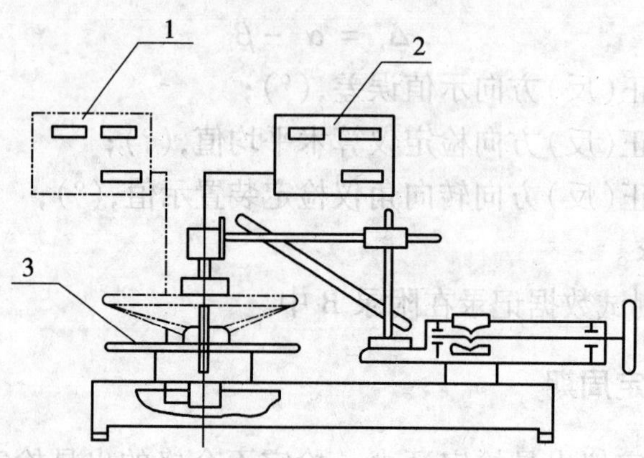

1-转向角检定仪显示仪表;2-检定装置角值显示仪表;3-基准面

说明:对卧式检定仪的转角检定时,可参照附录 A 安装示意图安装,其他形式检定仪转角的检定,可根据不同情况灵活进行。

附录 B

转向力角仪、制动踏板力计检定仪检定记录

型号规格		制造厂		出厂编号		送检单位		检定人员		检定温度	
证书编号		检定日期		出厂日期		检定单位		校验人员		检定湿度	

外观						
零点漂移	负荷	测量次数	技术要求	拉力	压力	结果
	空载	1	≤1d			
		2				
		3				

力值及臂长示值误差

加载方式	序号	检定点 N	压力 示值 N				示值误差 %	检定点 N	压力 示值 N				示值误差%
			1	2	3	平均			1	2	3	平均	
加载	1												
	2												
	3												
	4												
	5												
减载	1												
	2												
	3												
	4												
	5												

测力臂长度 mm	测力臂标称长	实测值(1)	实测值(2)	实测值(3)	示值误差%

转向角示值误差

序号	检定点 (°)	正转 示值(°)				误差(°)	反转 示值(°)				误差 (°)
		1	2	3	平均		1	2	3	平均	
1											
2											
3											
4											
5											
6											

附录 C

检定证书背面格式

外观____________________

零点漂移____________________

转向力示值误差____________________

踏板力示值误差____________________

转向角示值误差____________________

测力臂长度误差____________________

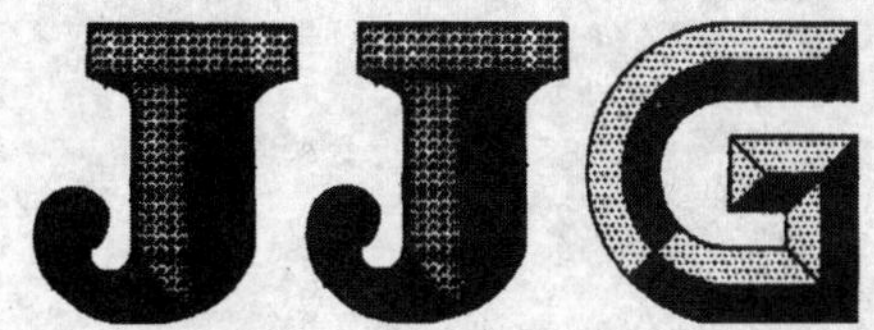

中华人民共和国交通部部门计量检定规程

JJG(交通)021—1999

汽车底盘测功机组合检定仪

Automotive Chassis Dynamometer's Combine Aligner

1999-03-01 发布　　　　1999-06-01 实施

中 华 人 民 共 和 国 交 通 部 发布

中华人民共和国交通部部门计量检定规程

JJG(交通)021—1999

汽车底盘测功机组合检定仪

Automotive Chassis Dynamometer's Combine Aligner

1999-03-01发布　　　　1999-06-01实施

中华人民共和国交通部　发布

汽车底盘测功机组合检定仪检定规程

本规程适用于新制造、使用中和修理后的各种类型的滚筒式汽车底盘测功机组合检定仪(以下简称检定仪)的检定。

1 概述

检定仪是用于检定汽车底盘测功机功率示值、驱动力示值以及速度(转速)示值准确度的专用计量检定设备。其装置主要由专用测力杠杆、速度校准仪以及测力仪等部分组成。其工作原理见图1。

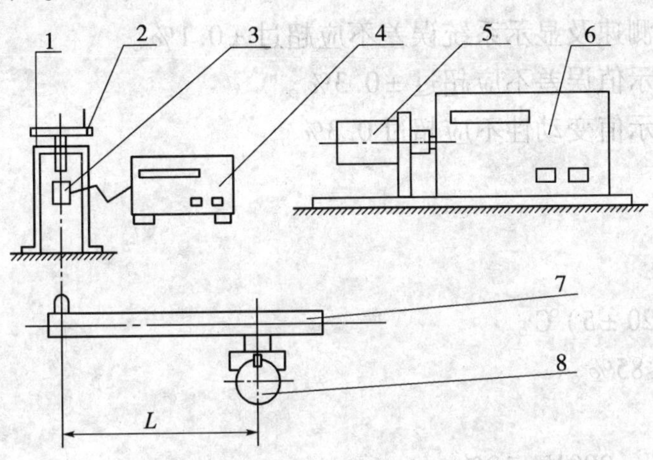

图1 组合检定仪检定原理图

1-筒形支架;2-手轮;3-力值传感器;4-力值检定仪;5-测功机速度传感器;6-速度台校准仪;7-专用测力杠杆;8-主滚筒联轴器

其工作原理是:

①驱动力(扭矩)检定:将专用测力杠杆固定在底盘测功机规定的位置,调整好测力杠杆水平与平衡,安置好测力支架和测力仪,转动支架手轮,使测力仪对杠杆施加拉力,模拟滚筒表面的驱动力(扭矩)检定底盘测功机驱动力(扭矩)示值的准确性;

②车速检定:将底盘测功机的速度传感器安装在速度测速仪的转轴上,调整测速仪转速值,检定底盘测功机车速的示值准确性;

③功率的检定:在对驱动力进行加载的同时,输入标准速度值,根据 $P=F\cdot V$ 得出功率的标准值与测功机的功率示值比较,检定底盘测功机的功率示值的准确性。

2 技术要求

2.1 外观

2.1.1 检定仪中的测量仪应有清晰的标牌,标有型号、制造厂名、出厂日期、出厂编号以及测量范围。

2.1.2 检定仪中的测量仪显示应清晰,无影响读数的缺陷;仪器上的开关、按钮等工作应灵活可靠。

2.1.3 检定仪上的各种传感器及连线插头、附件应齐全。

2.1.4 专用测力杠杆及辅助装置等牢固可靠,涂漆色泽美观均匀。

2.2 专用测力杠杆测力臂误差

专用测力杠杆测力臂误差不应超过标称值的 ±0.2%。

2.3 力值检定仪示值误差

2.3.1 力值检定仪零值误差不应超过 ±1d(d 为检定仪的分度值)。

2.3.2 力值检定仪示值误差不应超过 ±1.0%。

2.3.3 力值检定仪重复性不应超过 1.0%。

2.4 速度校准仪示值误差

2.4.1 速度校准仪测速及显示系统误差不应超过 ±0.1%。

2.4.2 速度校准仪示值误差不应超过 ±0.3%。

2.4.3 速度校准仪示值变动性不应超过 0.3%。

3 检定条件

3.1 环境条件

3.1.1 环境温度:(20 ±5)℃。

3.1.2 相对湿度:≤85%。

3.1.3 电源电压:

a)交流电源电压 200V ±10%;

b)直流供电电池应满足被检仪器正常工作。

3.1.4 检定应在清洁、无影响正常工作的振动、无腐蚀气体和电磁干扰的室内进行。

3.2 检定用仪器设备

3.2.1 力值测量装置精确度优于 0.3%。

3.2.2 标准频率源、高精度电子计数器的准确度和稳定性均应优于被检校准仪一个数量级。

3.2.3 转速仪的准确度和标准转速源的稳定度应优于被检校准仪的 3 倍。

3.2.4 专用杠杆测量装置: ±0.03%(长度基准)。

3.2.5 百分表:I 级。

3.2.6 直角尺:I 级。

3.2.7 磁性表座。

3.2.8 游标卡尺:分度值 0.05mm。

4 检定项目及检定方法

4.1 外观检查

通过目测、手感检查,其结果应符合 2.1 要求。

4.2 专用测力杠杆测力臂有效长度误差检定

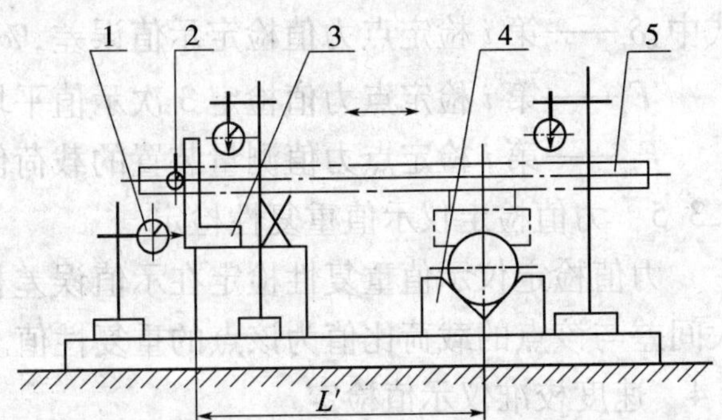

图2　专用测力杠杆测力臂有效长度误差检定原理图

1-百分表;2-心轴;3-直角尺;4-专用测量装置;5-专用测力杠杆

4.2.1　检定原理见图2。

4.2.2　被检专用测力杠杆应在检定条件下放置不少于4h,保证其温度与检定环境的温度相同并稳定,根据测力杠杆力臂的标称尺寸,采用相应规格的游标卡尺来保证专用杠杆测量装置的长度基准(L')符合3.2.4的要求。

4.2.3　按图2安装杠杆并调整与测量装置的相应基准平行,其不平行度不大于1mm,选择相应尺寸的量块,结合直角尺调整百分表零位,用直角尺重复3次紧靠心轴,分别读取百分表示值,按公式(1)计算出测力杠杆力臂长度误差。其结果应符合2.2的要求。

$$\Delta L = \left(\frac{L' \pm \bar{S}_{百} + \Delta}{L} - 1\right) \times 100\% \tag{1}$$

式中:ΔL——专用测力杠杆力臂长度误差,%;

$S_{百}$——百分表3次示值的平均值,mm;

L'——专用测量装置的长度基准,mm;

L——专用测量杠杆标称长度值,mm;

Δ——所选量块的标称尺寸,mm。

4.3　力值检定仪示值误差检定

4.3.1　力值检定仪在检定条件下放置足够长时间,保证其温度和检定条件的温度相同并稳定,放置时间不少于4h。

4.3.2　力值检定仪的力值传感器安装于力值测量装置上,保证其传感器主轴线和力值测量装置的加载轴线重合。检定前应对力值检定仪通电预热,预热时间应符合制造厂规定。

注:制造厂没有规定预热时间的力值检定仪一般预热不少于30min～1h。

4.3.3　力值检定仪零值误差检定

将力值检定仪调整成工作状态,并将显示值调至零点。施加3次额定预负荷,每次卸荷后,检查仪器回零情况,重新调整零点,读取最后1次预负荷前后力值检定仪的零点读数值。其结果应符合2.3.1要求。

4.3.4　力值检定仪示值误差检定

a)力值检定仪的检定点应不少于5点,尽量均匀分布,通常选择额定负荷的20%,40%,60%,80%和100%等5点。

b)按检定点逐级加载至满量程并保持1min,然后逐级减至零点,重复3次,分别读取各点的示值,按公式(2)计算出示值误差。其结果均应符合2.3.2要求。

$$\delta_i = \left(\frac{\overline{F}_i}{F_{oi}} - 1\right) \times 100\% \tag{2}$$

式中：δ_i——第 i 检定点力值检定示值误差,%；

$\overline{F}_i$——第 i 检定点力值检定 3 次示值平均值,N;

F_{oi}——第 i 检定点力值测量装置的载荷值,N。

4.3.5　力值检定仪示值重复性检定

力值检定仪示值重复性检定在示值误差检定的同时进行,相同载荷的 3 次示值的最大间差与该点的载荷比值为该点的重复性值。各测量点的重复性均应符合 2.3.3 要求。

4.4　速度校准仪示值检定

4.4.1　速度校准仪测速及显示系统误差检定

a)速度校准仪测速及显示系统检定原理见图 3。

b)主动式校准仪检定原理见图 2。

c)将标准信号源和被检校准仪预热 30min 后,从 10km/h 开始至满量程之间应均匀分布,并且检定点不少于 8 点,对脉冲频率小于 1kHz 的检定点采用测周法测试,其余检定均采用测频法测试。由标准信号源输入被检仪器相应周期信号或频率信号值,直接读取并记录 10 次显示值,误差 δ_f 按公式(3)、(4)计算。其结果应符合 2.4.1 要求。

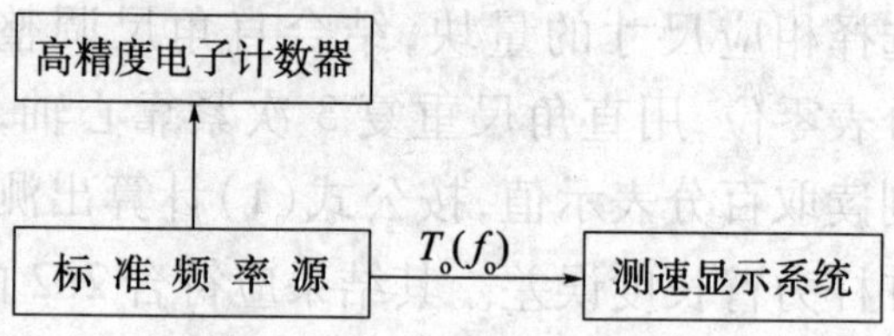

图 3　速度校准仪测速及显示系统检定原理图

$$\delta_{fi} = \left(\frac{ZT_{oi}\overline{V}_i \times 10^3}{3.6\pi D} - 1\right) \times 100\% \tag{3}$$

或

$$\delta_{fj} = \left(\frac{Z\overline{V}_i \times 10^3}{3.6\pi D f_{oj}} - 1\right) \times 100\% \tag{4}$$

式中：δ_{fi}(或 δ_{fj})——第 i(或 j)检测点测速及显示系统误差,%；

T_{oi}——第 i 检定点标准信号源输出的标准周期值,s;

f_{oj}——第 i 检定点标准信号源输出的标准频率值,Hz;

$\overline{V}_i$(或 $\overline{V}_j$)——第 i 或 j 检定点速度校准连续读取 10 次示值的平均值,km/h;

D——速度校准仪所适应测功机滚筒的直径值(或接触式传感器的实际直径值),mm;

Z——速度校准仪所配速度传感器倍增权数。

4.4.2　速度校准仪示值误差检定

a)速度校准仪示值误差检定原理见图 4。

b)将速度校准仪(标准转速源)和转速仪预热 30min 后,按使用说明书中注明的方法正确安装好速度传感器,选择 40km/h,60km/h,80km/h 和 100km/h 为必检点,其余检定点视情况而定。对其他直径的线速度示值误差有疑问,可进行抽检。

c)将速度校准仪(或标准转速源)按检定点逐级变速,在同一检定点上分别连续读取

6次速度校准仪和转速仪示值,按公式(5)计算出速度校准仪的示值误差,将6次示值误差的平均值作为该点误差值。其各检定点示值误差均应符合2.4.3要求。

$$\delta_{ij} = \left(\frac{V_{ij} \times 10^5}{6\pi D n_{ij}} - 1\right) \times 100\% \qquad (5)$$

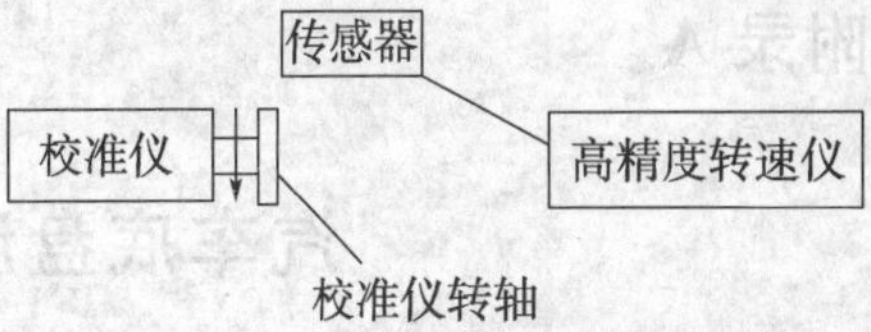

图4 速度校准仪示值误差检定原理图

式中:δ_{ij}——第i检定点第j次速度校准仪示值误差,%;

V_{ij}——第i检定点第j次速度校准仪的显示值,km/h;

n_{ij}——第i检定点第j次转速仪的示值,r/min;

D——速度校准仪所适应测功机的滚筒直径值(或接触式传感器的实际直径值),mm。

4.4.3 速度校准仪综合示值变动性检定

综合示值变动性检定在综合示值误差检定的同时进行,同一检定连续6次示值误差变化的最大差值为该检定点的综合示值变动性,各检定点的综合示值变动性均应符合。2.4.3要求。

将检定过程中的测试数据记录在附录A中。

5 检定结果处理和检定周期

5.1 经检定合格的检定仪出具检定证书;检定不合格的出具检定结果通知书,并注明不合格项目。检定证书背面格式见附录B。

5.2 检定仪的检定周期一般为1年。

附录 A

汽车底盘测功机组合检定仪检定记录

型号规格		生产厂		出厂日期		出厂编号	
送检单位		测量范围		检定日期		检定温度、湿度	
标准器型号		检定员		核验员		证书编号	

力值检定仪系统	标称值(N)	力值加载实测值 N				力值减载实测值 N				示值误差%		重复性
		1	2	3	平均值	1	2	3	平均值	加载	减载	%

力值检定仪系统	零值误差	加载前零值	加载后零值	零值差

专用测力杠杆 mm	杠杆力臂标称尺寸	实测值 1	实测值 2	实测值 3	误差(%)

速度检定系统	测速及显示系统误差	检定点(km/h)	1	2	3	4	5	6	7	8	9	10	$\overline{V}$	δ_f

速度检定系统	示值综合误差	检定点(km/h)	1			2			3			4			5			6			$\overline{\delta}$	示值变动性(%)
			n_0	V	δ	n_0	V	δ	n_0	V	δ	n_0	V	δ	n_0	V	δ	n_0	V	δ		

附录 B

检定证书背面格式

1. 外观________________________________
2. 专用杠杆测力臂误差____________________
3. 力值检定仪
   零值误差______________________________
   示值误差______________________________
   重复性________________________________
4. 速度校准仪
   测速及显示系统误差____________________
   示值误差______________________________
   示值变动性____________________________

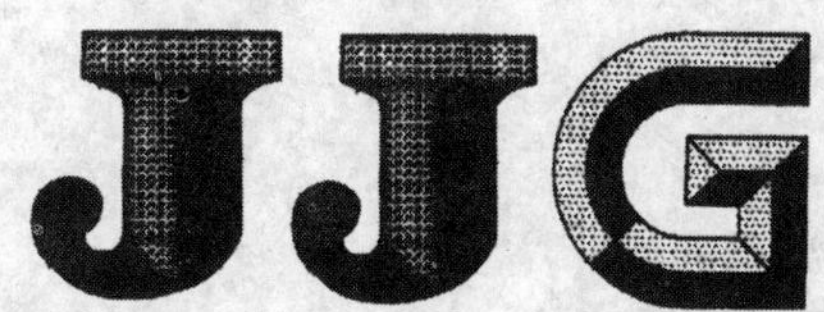

中华人民共和国交通部部门计量检定规程

JJG(交通)046—2004

不 透 光 烟 度 计

Opacimeters

2004-06-03 发布　　2004-09-01 实施

中 华 人 民 共 和 国 交 通 部 发布

中华人民共和国交通部部门计量检定规程

JJG（交通）046—2004

不透光烟度计

Opacimeters

2004-06-08 发布　　2004-09-01 实施

中华人民共和国交通部　发布

不透光烟度计检定规程

1 范围

本规程适用于不透光烟度计(以下简称仪器)的首次检定、后续检定和使用中检验。

2 引用文献

本规程引用下列文献:《JT/T 506—2004 不透光烟度计》。

使用本规程时,应注意使用上述引用文献的现行有效版本。

3 概述

不透光烟度计是用来测量压燃式发动机或装有压燃式发动机汽车排放可见污染物的仪器。它是使一定光通量的入射光透过一段特定长度的被测烟柱,用光接受器上所接受到的透射光的强弱评定排放可见污染物的程度。

不透光烟度计由光源、光接收器、测量室、取样管和取样探头等组成。取样式不透光烟度计安装使用简图如图1所示。

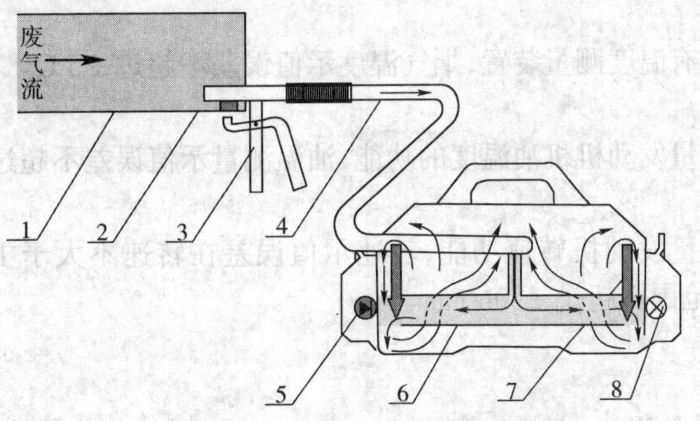

图1 取样式不透光烟度计安装使用简图

1-排气管;2-取样探头;3-夹具;4-取样管;5-光接收器;6-测量室;7-清洁空气;8-光源

4 计量性能要求

4.1 不透光度 N 及光吸收系数 k[1]

4.1.1 测量范围

不透光度:(0~100)%;

光吸收系数:$(0\sim\infty)\mathrm{m}^{-1}$。

4.1.2 分辨力

不透光度:0.1%;

光吸收系数:$0.01\mathrm{m}^{-1}$。

4.1.3 零位漂移

[1]本条目涉及到的参数值均为绝对量。

不透光度：在 1h 中，仪器的零位漂移不超过 ±1.0%；

光吸收系数：在 1h 中，仪器的零位漂移不超过 ±0.025m^{-1}。

4.1.4 示值误差

不透光度：±2.0%；

光吸收系数：光吸收系数值与用公式(1)计算的 k 示值之间的差值，不得大于0.05m^{-1}。

$$k = -\frac{1}{L_s}\ln\left(1-\frac{N_s}{100}\right) \tag{1}$$

式中：k——光吸收系数，m^{-1}；

L_s——基准光通道有效长度，m；

N_s——不透光度示值，%。

4.1.5 零位恢复性

连续通入光吸收系数大约为 1.7m^{-1}的烟气 1h 或连续进行 12 次柴油车自由加速排放测量后，不透光度的零位值变化不超过 ±1.0%，光吸收系数零位值变化不超过 0.025m^{-1}。

4.2 仪器测量电路响应时间

仪器测量电路响应时间，即插入标准滤光片使光接受器全被遮住时，显示仪表指针或数显值从满量程的 10%到满量程的 90%时所需的时间应为(1.0±0.1)s。

4.3 测量室温度

测量室内应装有温度测量装置，烟气温度示值误差不超过 ±5℃。

4.4 发动机油温

仪器应具有测量发动机机油温度的功能，油温测量示值误差不超过 ±5℃。

4.5 发动机转速

仪器应具有测量发动机转速功能，转速示值误差在转速不大于 1000r/min 时不超过 ±20r/min，在其他范围不超过 ±50r/min。

5 通用技术要求

5.1 不透光烟度计外观

5.1.1 仪器的显示仪表应具有四种计算参数：不透光度 N、光吸收系数 k、发动机转速 n 和机油温度 T。N 和 k 两种计量参数的量程，均以光通过充满洁净空气的测量区时为 0，以光通过测量区被全遮挡时为满量程。

5.1.2 仪表显示应清晰，不得有影响读数的缺陷。

5.1.3 仪器外表面涂层应色泽均匀，表面涂层不得有明显的凹陷、崩缺、剥落、擦伤、划痕、气泡、流挂、裂纹等现象，各部分应清洁。

5.1.4 仪器应在机箱上明显位置装有标牌，标牌应包含下列内容：产品名称及型号；制造厂名和商标；产品编号；生产日期；制造计量器具许可证编号及标志；产品标准编号及标准备案号；测量范围；额定电源电压及频率；光通道有效长度。

5.1.5 各种调节旋钮、按钮应转动灵活、平稳、锁定可靠，不应有影响使用的缺陷。

5.2 在配置计算机控制系统的机动车辆检测站中的不透光烟度计

对配置在计算机控制系统的机动车辆检测站中的不透光烟度计，计算机显示值或其打印值应与仪器示值一致。

6 计量器具控制

6.1 检定条件

6.1.1 检定环境条件

6.1.1.1 温度：0～40℃。

6.1.1.2 相对湿度：不大于95%。

6.1.1.3 电源：AC220×（1±10%）V，50×（1±2%）Hz。

6.1.1.4 大气压力：70.0～106.0kPa。

6.1.2 检定用仪器、装置

6.1.2.1 标准中性滤光片

在555nm波长时的滤光片不透光度值分别约为71%、50%、34%、27%、20%（对于双光程不透光烟度计来说，应约为84%、71%、58%、52%、45%），其不透光度的误差应不大于0.3%，几何尺寸应按被检仪器规定；数量各1片。

6.1.2.2 通用计数器

时间测量范围（10ns～10^5ns），内部晶振频率准确度10^{-5}～10^{-6}。

6.1.2.3 软线热电偶

测量范围：10～150℃；

等给：I级

6.1.2.4 数显温度计

数显温度计为铂电阻传感器，测量范围：10～150℃；

分辨力：0.1℃。

6.1.2.5 转速表

等级：0.1级；

范围：0～8000r/min；

精度：在小于2000r/min时，准确度为±5r/min，其他范围准确度为±10r/min。

6.2 检定项目

检定项目见表1。

表1 检定项目一览表

检定项目	首次检定	后续检定	使用中检验
外观	+	+	+
不透光度	+	+	+
光吸收系数	+	+	+
烟度计测量电路的响应时间	+	+	+
测量室温度	+	−	−
发动机油温	+	−	−
发动机转速	+	+	+
注："+"表示应检定，"−"表示可不检定。			

6.3 检定方法

6.3.1 外观检查

通过目测和手感，按5.1规定的各项内容进行检查，并记录检查结果。

6.3.2 不透光度 N 和光吸收系数 k 示值的检定

6.3.2.1 零位漂移的检定

按仪器使用说明书规定开机预热，仪器稳定后，记录零位值，每过20min观察零位值，连续三次。1h内，四次零位值之间的最大间差(包括首次)即为检定值。不透光度和光吸收系数的零位值分别记录、计算，应满足4.1.3的要求。

6.3.2.2 示值误差的检定

按仪器使用说明书规定开机预热，仪器稳定后复零。用五片不透光度分别约为71%、50%、34%、27%、20%(对于双光程式烟度计，应约为84%、71%、58%、52%、45%)的标准中性滤光片，分别插入仪器规定的校准滤光片插入位置，读取仪器相应不透光度 N 的示值。重复三次，分别取三次示值平均值作为检定值。按公式(2)计算示值误并，应满足4.1.1的要求。

$$\Delta_{Ni} = N_i - A_i \tag{2}$$

式中：Δ_{Ni}——第 i 测量点时，不透光度示值误差，%；

N_i——第 i 测量点时，仪器相应不透光度三次示值的平均值，%；

A_i——第 i 测量点时，标准中性滤光片相对应的不透光度值，%。

按公式(3)计算：仪器的 k 示值与光吸收系数计算值之间的差值，应满足4.1.4的要求。

$$\Delta_{ki} = \left| k_i - \left[-\frac{1}{0.430} \cdot \ln\left(1 - \frac{N_i}{100}\right) \right] \right| \tag{3}$$

式中：Δ_{ki}——第 i 测量点时，光吸收系数 k 示值误差(取绝对量)，m^{-1}；

k_i——第 i 测量点时，烟度计光吸收系数 k 三次示值的平均值，m^{-1}。

注：对双光程式烟度计，应注意校准滤光片插入时，必须使其透射面与光通道光轴保持不垂直度3°~5°。

6.3.2.3 零位恢复性检定

按仪器使用说明书规定开机预热，仪器稳定后复零。连续通入光吸收系数大约为 $1.7m^{-1}$ 的烟气1h或对柴油车进行12次连续测量(柴油车自由加速，每次需达到额定转速，且每次自由加速之间的怠速时间应较短)，观察烟度计的零位值的变化不得超过4.1.5的要求(12次连续测量过程中不得调零)。

6.3.3 仪器测量电路的响应时间的检定

将被检烟度计的不透光度 N 输出信号通过专用比较电路接入通用计数器。专用比较电路的作用在于按被检烟度计的输出信号选择相应的10%满量程和90%满量程时开启和停止通用计数器的计数。在烟度计规定位置插入全遮光片时，记录从10%满量程到90%满量程间通用计数器的示数。按公式(4)计算测量电路响应时间：

$$t = (n_{90} - n_{10})/f \tag{4}$$

式中：$n_{(90-10)}$——被检烟度计的不透光度 N 相应的10%满量程到90%满量程间通用计

数器的示数；

f——通用计数器计数时的基准频率。

也可以按被检烟度计提供的通讯协议，编制计算机程序（按每 20ms 间隔取测量点），将烟度计输出信号直接在计算机上显示、记录和打印测量结果。

烟度计测量电路的响应时间应满足 4.2 的要求。

6.3.4 测量室温度的检定

在测量室的进气口附近用软线热电偶对被测烟气温度显示值进行检定。通过改变柴油车速度，使其测量室温度约 100℃和约 150℃时，用软线热电偶测量实际温度，按公式(5)计算示值误差，应满足 4.3 的要求。

$$\Delta_{Ti} = Y_{Ti} - Y_{OTi} \tag{5}$$

式中：Δ_{Ti}——第 i 测量点时烟度计显示温度的示值误差，℃；

Y_{Ti}——第 i 测量点时烟度计显示温度，℃；

Y_{OTi}——第 i 测量点时的软线热电偶测量的实际温度值，℃。

6.3.5 发动机油温测量的检定

油温测量示值误差用油恒温槽和数显温度计（铂电阻传感器）进行检定。将烟度计油温测量传感器和数显温度计的铂电阻传感器一起放在油恒温槽中，通过油恒温槽的加温在 70℃、90℃二个点检定。烟度计油温测量示值误差按公式(6)进行计算。应满足 4.4 的要求。

$$\Delta_{ti} = Y_{ti} - Y_{Oti} \tag{6}$$

式中：Δ_{ti}——第 i 测量点时烟度计的油温测量示值误差，℃

Y_{ti}——第 i 测量点时烟度计油温测量传感器显示值，℃

Y_{Oti}——第 i 测量点时数显温度计（铂电阻传感器）温度显示值，℃。

6.3.6 发动机转速测量检定

将被检烟度计转速测量传感器，按其要求固定在柴油车的规定位置。在柴油车发动机的外露轴上贴反光靶，用转速表对准反光靶。启动发动机，分别在怠速和额定转速下，读取转速表和被检烟度计的转速示值。按公式(7)计算烟度计各次转速测量的示值误差。应满足 4.5 的要求。

$$\Delta_{ni} = n_i - n_{oi} \tag{7}$$

式中：Δ_{ni}——第 i 测量点时烟度计转速测量示值误差，r/min；

n_i——第 i 测量点时烟度计转速测量传感器显示值，r/min；

n_{oi}——第 i 测量点时转速表显示值，r/min。

6.4 检定结果处理

经检定合格的烟度计发给检定结果报告和检定合格证书；不合格的烟度计发检测结果通知书，并列出不合格项目名称及数据。

6.5 检定周期

烟度计检定周期一般不超过一年。

附录 A

不透光烟度计检定记录

<table>
<tr><td>仪器型号</td><td></td><td>生产单位</td><td></td><td>制造日期</td><td></td><td>出厂编号</td><td></td></tr>
<tr><td>光通道长度</td><td></td><td colspan="2">不透光度量程/分辨力</td><td></td><td colspan="2">光吸收系数量程/分辨力</td><td></td></tr>
<tr><td>送检单位</td><td></td><td>检定日期</td><td></td><td>检定温度</td><td></td><td>检定湿度</td><td></td></tr>
<tr><td>校准器</td><td></td><td>检定员</td><td></td><td>检验员</td><td></td><td>证书号</td><td></td></tr>
<tr><td rowspan="5">外观</td><td colspan="6">清晰的铭牌，标明名称、型号、生产单位等，并应标准光通道有效长度</td><td></td></tr>
<tr><td colspan="6">仪器外表面涂层应色泽均匀，无明显剥落、擦伤、凹陷、起泡、裂纹</td><td></td></tr>
<tr><td colspan="6">仪表显示应清晰，无缺损现象</td><td></td></tr>
<tr><td colspan="6">各种调节旋钮、按钮应转动灵活、平稳、锁定可靠</td><td></td></tr>
<tr><td colspan="6">配有计算机控制的仪表示值与计算机示值（或打印值）应满足要求</td><td></td></tr>
<tr><td rowspan="3">零位漂移</td><td colspan="2">仪器示值</td><td>0</td><td>20min</td><td>40min</td><td>60min</td><td>最大漂移</td></tr>
<tr><td colspan="2">不透光度 N</td><td></td><td></td><td></td><td></td><td></td></tr>
<tr><td colspan="2">光吸收系数 k</td><td></td><td></td><td></td><td></td><td></td></tr>
<tr><td rowspan="13">示值误差及一致性检定</td><td rowspan="2"></td><td rowspan="2">标准不透光度值</td><td colspan="5">仪表示值</td></tr>
<tr><td>1</td><td>2</td><td>3</td><td>平均值</td><td>示值误差</td></tr>
<tr><td rowspan="5">不透光度</td><td></td><td></td><td></td><td></td><td></td><td></td></tr>
<tr><td></td><td></td><td></td><td></td><td></td><td></td></tr>
<tr><td></td><td></td><td></td><td></td><td></td><td></td></tr>
<tr><td></td><td></td><td></td><td></td><td></td><td></td></tr>
<tr><td></td><td></td><td></td><td></td><td></td><td></td></tr>
<tr><td></td><td>光吸收系数 k 示值</td><td>不透光度 N 示值</td><td colspan="3">由 N 换算得相应光吸收系数 k 值</td><td>不一致性差</td></tr>
<tr><td rowspan="5">光吸收系数</td><td></td><td></td><td colspan="3"></td><td></td></tr>
<tr><td></td><td></td><td colspan="3"></td><td></td></tr>
<tr><td></td><td></td><td colspan="3"></td><td></td></tr>
<tr><td></td><td></td><td colspan="3"></td><td></td></tr>
<tr><td></td><td></td><td colspan="3"></td><td></td></tr>
</table>

<table>
<tr><td rowspan="2">烟度计稳定性检定</td><td>1</td><td>2</td><td>3</td><td>4</td><td>5</td><td>6</td><td>7</td><td>8</td><td>9</td><td>10</td><td>11</td><td>12</td><td>最大差</td></tr>
<tr><td></td><td></td><td></td><td></td><td></td><td></td><td></td><td></td><td></td><td></td><td></td><td></td><td></td></tr>
</table>

<table>
<tr><td>检定内容</td><td>示值</td><td>标准值</td><td>示值</td><td>标准值</td><td>最大示值误差</td></tr>
<tr><td>测量电路响应时间</td><td></td><td></td><td></td><td></td><td></td></tr>
<tr><td>烟室温度显示值</td><td></td><td></td><td></td><td></td><td></td></tr>
<tr><td>油温测量</td><td></td><td></td><td></td><td></td><td></td></tr>
<tr><td>转速测量</td><td></td><td></td><td></td><td></td><td></td></tr>
<tr><td>检定结果</td><td colspan="5"></td></tr>
</table>

附录 B

不透光烟度计检定证书背面格式

项　　目	技术要求	实测数据
不透光度	示值误差：±2.0%	
	零位漂移：在 1h 中，不超过 ±1.0%	
光吸收系数	示值误差：小于 $0.05m^{-1}$	
	零位漂移：在 1h 中，不超过 $\pm 0.025m^{-1}$	
烟度计测量电路的响应时间	(1.0±0.1)s	
测量室温度	示值误差不超过 ±5℃	
发动机油温	示值误差不超过 ±5℃	
发动机转速	示值误差在转速不大于 1000r/min 时不超过 ±20r/min	
	示值误差在其他范围不超过 ±50r/min	
备注		

中华人民共和国交通部部门计量检定规程

JJG(交通)047—2004

汽车排气分析仪

Analyzer for Vehicle Emission Pollutants

2004-06-03 发布　　2004-09-01 实施

中华人民共和国交通部 发布

中华人民共和国交通部部门计量检定规程

JJG(交通)047—2004

汽车排气分析仪

Analyzer for Vehicle Emission Pollutants

2004-06-03发布　　2004-09-01实施

中华人民共和国交通部　发布

汽车排气分析仪检定规程

1 范围

本规程适用于汽车排气分析仪(以下简称分析仪)的首次检定、后续检定和使用中检验。

2 引用文献

本规程引用下列文献:

《GB/T 5181—2001 汽车排放术语和定义》

《GB/T 1227—1986 精密压力表》

《JT/T 386—2004 汽车排气分析仪》

《ISO 3930:2000(E)汽车排气污染物检测仪》

使用本规程时,应注意使用上述引用文献的现行有效版本。

3 术语

GB/T 5181—2001 及下列术语适用于本规程。

3.1 响应时间 response time

分析仪导入某种规定成分的气体时,从气体进入排气取样系统的入口起到分析仪的示值由初始值上升至稳定值的95%为止的时间间隔。

3.2 最大允许误差的模 modulus of maximum permissible errors

最大允许误差的绝对值。

4 概述

分析仪是检测汽车尾气排放中污染物含量的专用仪器。该分析仪采用不分光红外线吸收原理(NDIR)检测排气中一氧化碳(CO)、碳氢化合物(HC)及二氧化碳(CO_2)的成分,采用电化学电池原理检测排气中氧(O_2)及一氧化氮(NO)的成分。分析仪由排气取样系统、样准器入口、排气分析系统和排气口组成。其分析仪结构示意图如图1所示。

5 计量性能要求

5.1 最大允许误差

最大允许误差符合表1规定。

表1 最大允许误差

准确度等级	误差	CO	HC	CO_2	O_2	NO
0	绝对误差	±0.03%vol	±10ppm vol	±0.5%vol	±0.1%vol	±25ppm vol
	相对误差	±5%	±5%	±5%	±5%	±4%
I	绝对误差	±0.06%vol	±12ppm vol	±0.5%vol	±0.1%vol	±25ppm vol
	相对误差	±5%	±5%	±5%	±5%	±4%

表 1(续)

准确度等级	误　差	CO	HC	CO_2	O_2	NO
Ⅱ	绝对误差	±0.2%vol	±30ppm vol	±1%vol	±0.2%vol	±25ppm vol
	相对误差	±10%	±10%	±10%	±10%	±10%
注:满足绝对误差或相对误差任何一项即为合格。						

图 1　分析仪结构示意图

1-取样探头;2、5-滤清器;3-取样导管;4-排气取样系统;6、11-泵;7-换向阀;8-排气分析系统;9-流量计;10-显示系统;12-水分离器;13-滤网

5.2　响应时间

5.2.1　CO、HC 和 CO_2 通道:15s。

5.2.2　O_2 通道:不大于 60s。

5.3　稳定性

经预热后,分析仪 4h 内的零位漂移和量距漂移应不超过其最大允许误差。

5.4　重复性

分析仪的示值重复性应不大于其最大允许误差的模的 1/3。

6　通用技术要求

6.1　外观及常规要求

6.1.1　分析仪应附有制造厂的使用说明书,应标明制造单位名称、分析仪型号、出厂编号及制造日期。

6.1.2　显示仪表不应有笔画短缺、显示不清晰的缺陷。

6.1.3　仪器外表面涂层应色泽均匀、无明显的剥落、擦伤、凹陷、起泡、裂纹。

6.1.4　分析仪的操作按钮应灵活可靠。取样探头、取样导管不得有破裂、漏气、堵塞现象。

6.1.5　取样探头插入尾气管部分至少 400mm,并紧固保持位置不变。取样导管长度为 4m～6m。

6.2　对样气低流量警告指示要求

检测中，当样气的流量低到使分析仪的示值误差超过最大允许误差的模的1/2或使分析仪的响应时间大于5.3的规定时，分析仪应有低流量警告指示。对0级和Ⅰ级分析仪，出现该指示时分析仪应自动锁定，终止检测。

6.3 对排气取样系统的气密性要求

因泄漏环境空气将进入排气取样系统，样气因被稀释而造成的误差，应不大于最大允许误差的模的1/2。对0级和Ⅰ级分析仪，进行泄漏检查时如出现气密性超差，分析仪应自动锁定，终止检测，同时分析仪应有警告提示，请检查气路气密性。制造厂的操作说明中应有明确的测定最大泄漏量的程序。

6.4 对HC气体残留物要求

检测开始前，分析仪通过取样探头对环境空气取样时，HC示值应不大于20ppm vol。如果HC示值大于20ppm vol，分析仪应自动锁定，终止检测，同时分析仪应有警告提示，显示当前值，清洗至低于20ppm vol，再重新检测。

7 计量器具控制

7.1 检定条件

7.1.1 环境条件

7.1.1.1 环境温度：5℃～40℃；

7.1.1.2 相对湿度：不大于90%

7.1.1.3 大气压力：0级和Ⅰ级分析仪，86～106kPa；Ⅱ级分析仪，标准大气压，误差为+2.5kPa；

7.1.1.4 电源：电压，187～242V；频率，50Hz±1Hz；

7.1.1.5 检定应在无污染、振动、噪声和电磁干扰等不影响工作的环境中进行。

7.1.2 检定设备和校准气

7.1.2.1 以下为检定设备：

a) 大气压力计：气压检测范围应为80～110kPa，精确度等级为GB/T 1227—1986规定的0.4级；

b) 计时器：计时器10～1000s检测准确度应为±0.1%。

7.1.2.2 校准气见附录B。

7.2 检定项目

检定项目见表2。

表2 检定项目

序号	检定项目	检定类别		
		首次检定	后续检定	使用中检验
1	外观检查	+	+	–
2	响应时间	+	+	–
3	最大示值误差	+	+	+
4	稳定性	+	+	–

表 2(续)

序号	检定项目	检定类别		
		首次检定	后续检定	使用中检验
5	重复性	+	+	+
6	低流量警告指示	+	+	+
7	HC 气体残留物	+	+	+
8	排气取样系统气密性	+	+	+
注:“+”为可检定项目,“-”为可不检项目。				

7.3　检定方法

7.3.1　外观检查

用目视和手动按 6.1 的规定进行。

7.3.2　最大示值误差检定

7.3.2.1　接通电源,按制造厂家的规定预热分析仪。

7.3.2.2　调整分析仪的零位,使仪器进入检测状态。

7.3.2.3　向分析仪通入附录 B 的 B.4.1 的校准气进行校准,每种气体试验三次,对每一量程应测定三点,每测一点重复三次,取算术平均值,然后按下式计算误差,该值应符合 5.1 规定。

$$\Delta a = C_a - C_s \tag{1}$$

$$\Delta b = (C_a - C_s)/C_s \times 100\% \tag{2}$$

式中:Δa——绝对误差;

Δb——相对误差;

C_a——实际读数算术平均值;

C_s——校准气标准值。

7.3.3　响应时间检定

7.3.3.1　将探头通入环境空气稳定后,将探头切换入符合附录 B 的 B.4.2 的校准气并读取分析仪示值由零变至标准值 95%时所需的时间。

7.3.3.2　氧通道响应时间应通过氮气来测定,其响应时间为分析仪示值由空气值 21%vol 回复为 0.1%vol 时所需时间。

该值符合 5.2 的规定。

7.3.4　稳定性检定

7.3.4.1　分析仪预热后通入环境空气,调零,记录零位示值 Z_0。

7.3.4.2　对于 0 级和 I 级分析仪,向分析仪通入符合附录 B 的 B.4.2 规定的校准气;对于 II 级分析仪,向分析仪通入附录 B 的 B.4.3 规定的校准气。待示值稳定后,记录示值 M_0。

7.3.4.3　然后分析仪继续通入环境空气,每隔 1h 记录一次零位示值 Z_i,再通入符合附录 B 的 B.4.2 和 B.4.3 规定的各校准气,记录示值 M_i,4h 后结束本试验。

7.3.4.4　其零位漂移误差和量距漂移误差按公式(3)、(4)、(5)计算,该值应符合 5.3 的要求。

$$\Delta Z_i = Z_i - Z_0 \tag{3}$$

$$\Delta S_i = (M_i - Z_i) - (M_0 - Z_0) \tag{4}$$

$$\delta S_i = \frac{(M_i - Z_i) - (M_0 - Z_0)}{(M_0 - Z_0)} \times 100\% \tag{5}$$

式中：ΔZ_i——第 i 小时的零位漂移误差；

Z_i——第 i 小时的零位示值；

Z_0——试验开始时的零位示值；

ΔS_i——第 i 小时的量距漂移绝对误差；

M_i——第 i 小时通入校准气时分析仪的示值；

M_0——试验开始时，通入校准气时分析仪的示值；

δS_i——第 i 小时的量距漂移相对误差。

7.3.5 重复性检定

7.3.5.1 当分析仪调零后，对于0级和Ⅰ级分析仪，向分析仪通入附录B的B.4.2规定的校准气；对于Ⅱ级分析仪，向分析仪通入附录B的B.4.3规定的校准气。待读数示值稳定后，记录第 i 次检测值 C_i，然后按以上方法在不清零的情况下再重复操作五次，记录六次算术平均值 $\bar{C}$。

7.3.5.2 计算绝对标准偏差 S 和相对标准偏差 C_v 应符合5.4要求。

$$S = \sqrt{\frac{1}{n-1}\sum_{i=1}^{n}(C_i - \overline{C})^2} \tag{6}$$

$$C_V = \frac{S}{C} \times 100\% \tag{7}$$

式中：n——检测次数，$n = 6$；

$\overline{C}$——n 次检测算术平均值。

7.3.6 样气低流量警告指示检定

开始时校准气以大于分析仪所需气体流量通入，检测期间使气体流量逐渐减少，0或Ⅰ级分析仪应能自动终止检测，Ⅱ级分析仪应有低流量警告显示。

7.3.7 排气取样系统的气密性

该项目可根据分析仪制造厂操作说明书所述方法进行，当分析仪泄漏量超过6.3规定的允许值时，0级或Ⅰ级分析仪应会自动终止检测。

7.3.8 HC气体的残留物

7.3.8.1 分析仪经预热后，对车辆的排气进行取样，取样时间不少于5min，车辆的排气至少含有0.5%vol的CO和800ppm vol的HC。

7.3.8.2 取样后立即将取样探头放置在环境空气中，按分析仪使用说明的操作方法进行HC残留物检查。HC示值尚未回落到20ppm vol时，检查分析仪是否能自动锁定，终止检测，并观察分析仪的HC示值最终是否能回落到20ppm vol以下。

7.3.8.3 HC的示值回落到20ppm vol以下后，向分析仪通入附录B的B.4.5规定的校准气，并记录示值，应符合6.4要求。

7.4 检定结果处理

经检定合格的分析仪发给检定证书，不合格的出具检定结果通知书，并注明合格项目。

7.5 检定周期

检定周期一般为一年。

附录 A

汽车排气分析仪检定记录

汽车排气分析仪检定记录见表 A.1。

表 A.1 汽车排气分析仪检定记录表

仪器型号		生产单位		制造日期		出厂编号	
精确度级别		大气压力		环境温度		相对湿度	
PEF		检定日期		检定员		证书号	

<table>
<tr><td rowspan="6">外观</td><td>清晰的铭牌，标明名称、型号、生产单位、制造日期；</td><td></td></tr>
<tr><td>显示仪表不应有笔画短缺，显示不清的缺陷；</td><td></td></tr>
<tr><td>仪器外表面涂层应色泽均匀、无明显的剥落、擦伤、凹陷、起泡、裂纹；</td><td></td></tr>
<tr><td>仪器操作按钮应灵活可靠；</td><td></td></tr>
<tr><td>取样探头、取样导管不得有破裂、漏气、堵塞现象；</td><td></td></tr>
<tr><td>取样探头插入尾气管部分至少 400mm，并紧固保持位置不变。取样导管长度为 4m ~ 6m。</td><td></td></tr>
</table>

<table>
<tr><td rowspan="17">最大示值误差</td><td rowspan="2">测定点</td><td rowspan="2" colspan="2">校准气标准值</td><td colspan="4">仪表示值</td><td colspan="2">示值误差</td></tr>
<tr><td>第 1 次</td><td>第 2 次</td><td>第 3 次</td><td>算术平均值</td><td>绝对误差</td><td>相对误差</td></tr>
<tr><td rowspan="5">1</td><td>CO</td><td></td><td></td><td></td><td></td><td></td><td></td><td></td></tr>
<tr><td>HC</td><td></td><td></td><td></td><td></td><td></td><td></td><td></td></tr>
<tr><td>CO_2</td><td></td><td></td><td></td><td></td><td></td><td></td><td></td></tr>
<tr><td>O_2</td><td></td><td></td><td></td><td></td><td></td><td></td><td></td></tr>
<tr><td>NO</td><td></td><td></td><td></td><td></td><td></td><td></td><td></td></tr>
<tr><td rowspan="5">2</td><td>CO</td><td></td><td></td><td></td><td></td><td></td><td></td><td></td></tr>
<tr><td>HC</td><td></td><td></td><td></td><td></td><td></td><td></td><td></td></tr>
<tr><td>CO_2</td><td></td><td></td><td></td><td></td><td></td><td></td><td></td></tr>
<tr><td>O_2</td><td></td><td></td><td></td><td></td><td></td><td></td><td></td></tr>
<tr><td>NO</td><td></td><td></td><td></td><td></td><td></td><td></td><td></td></tr>
<tr><td rowspan="5">3</td><td>CO</td><td></td><td></td><td></td><td></td><td></td><td></td><td></td></tr>
<tr><td>HC</td><td></td><td></td><td></td><td></td><td></td><td></td><td></td></tr>
<tr><td>CO_2</td><td></td><td></td><td></td><td></td><td></td><td></td><td></td></tr>
<tr><td>O_2</td><td></td><td></td><td></td><td></td><td></td><td></td><td></td></tr>
<tr><td>NO</td><td></td><td></td><td></td><td></td><td></td><td></td><td></td></tr>
</table>

表 A.1(续)

响应时间	校准气标准值		秒表示值			算术平均值
			第 1 次	第 2 次	第 3 次	
	CO					
	HC					
	CO_2					
	O_2					

稳定性	仪器示值	校准气标准值		仪表示值					绝对漂移	相对漂移
				0h	1h	2h	3h	4h		
	零位漂移	CO								——
		HC								
		CO_2								
		O_2								
		NO								
	量距漂移	CO								
		HC								
		CO_2								
		O_2								
		NO								

重复性	校准气标准值		仪表示值							绝对误差	相对误差
			第 1 次	第 2 次	第 3 次	第 4 次	第 5 次	第 6 次	平均值		
	CO										
	HC										
	CO_2										
	O_2										
	NO										

低流量警告指示		
	0 级和 I 级分析仪是否能自动终止检测	
	II 级分析仪是否有低流量警告指示	

HC 气体残留物				
	取样时间大于 5min，HC 和 CO 值			
	示值未回落到 20ppm vol，仪器能否自动锁定、终止检测			
	示值是否回落到 20ppm vol 以下			
	标准气标准值	仪表示值	绝对误差	相对误差
	CO			
	HC			

排气取样系统气密性	是否符合技术要求	
检定结果	是否合格	

附录 B

校准气及其标准值

B.1 校准气应具有国家质量监督检验检疫局批准的标准物质证书，校准气应采用气体钢瓶包装或用动态混合法来制备。

B.2 校准气每种气体成分体积分数容许偏差不超过推荐值的 15%。

B.3 校准气成分的不确定度应不超过 1%，对于含量不大于 2000ppm vol 的丙烷及 NO 校准气，不确定度允许不大于 2%。

B.4 校准气的推荐值。

B.4.1 最大允许误差和预热时间试验用校准气的成分应符合表 B.1 的规定。

表 B.1 最大允许误差和预热时间试验用校准气的成分

校准气	试验点		
	1	2	3
CO(%vol)	0.5	1	3.5
C_3H_8(ppm vol)	200	600	2000
CO_2(%vol)	6	10	14
O_2(%vol)	0.5	10	20.9
NO(ppm vol)	100	500	1000

B.4.2 时间稳定性试验（0 级和 I 级分析仪）、重复性试验（0 级和 I 级分析仪）、响应时间试验和样气低流量警告指示试验用校准气的成分应符合表 B.2 的规定。

表 B.2 时间稳定性试验（0 级和 I 级分析仪）、重复性试验（0 级和 I 级分析仪）、响应时间试验和样气低流量警告指示试验用校准气

校准气	CO	C_3H_8	CO_2	O_2	NO
成分	0.5%vol	2000ppm vol	14%vol	0.5%vol	100ppm vol

B.4.3 时间稳定性试验（II 级分析仪）、重复性试验（II 级分析仪）用校准气的成分应符合表 B.3 的规定。

表 B.3 时间稳定性试验（II 级分析仪）、重复性试验（II 级分析仪）用校准气

校准气	CO	C_3H_8	CO_2	O_2	NO
成分	3.5%vol	2000ppm vol	14%vol	0.5%vol	1000ppm vol

B.4.4 排气取样系统的气密性试验用校准气的成分应符合表 B.4 的规定。

表 B.4 排气取样系统的气密性试验用校准气

校准气	CO	C_3H_8	CO_2	NO
成分	3.5%vol	2000ppm vol	14%vol	1000ppm vol

B.4.5 HC 气体的残留物试验用校准气的成分应符合表 B.5 的规定。

表 B.5 HC 气体的残留物试验用校准气

校准气	CO	C_3H_8
成分	3.5%vol	2000ppm vol

附录 C

检定证书(背面)格式

检 定 项 目	技 术 要 求	检 定 结 果
外观检查		
响应时间		
最大示值误差		
稳定性		
重复性		
低流量警告指示		
HC 气体残留物		
排气取样系统气密性		

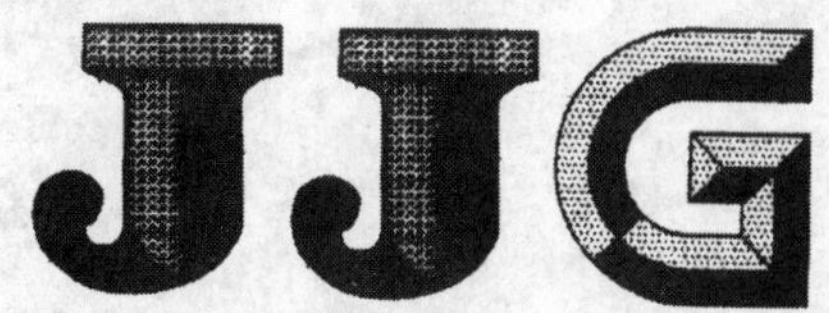

中华人民共和国交通部部门计量检定规程

JJG(交通)060—2005

多功能汽车制动性能检测台

Multi-function Automobile Brake Tester

2005-03-10发布　　2005-06-15实施

中华人民共和国交通部 发布

中华人民共和国交通部部门计量检定规程

JJG(交通)061—2005

多功能汽车制动性能检测台

Multi-function Automobile Brake Tester

2005-03-10发布　　2005-06-15实施

中华人民共和国交通部　发布

多功能汽车制动性能检测台检定规程

1 范围

本规程适用于多功能汽车制动性能检测台的首次检定、后续检定和使用中检验。

2 概述

多功能汽车制动性能检测台是基于模拟道路试验的惯性式检测原理，用附加转矩法增减台架系统的转动动能，使其等同于受检汽车道路行驶的动能，检测常规制动系和装有制动防抱死装置制动系的性能。它主要由承载的滚筒装置、带动滚筒旋转的电机、惯量模拟装置、制动力测量系统、电机控制系统、轮承载质量测量系统、扭矩测量系统以及显示仪表等部分组成。

3 计量性能要求

3.1 轮承载质量

3.1.1 零点漂移：30min 内应不超过 0.1%（F·S）。

3.1.2 示值误差应不超过 ±0.2%（F·S）。

3.1.3 重复性误差应不超过 ±1%。

3.2 速度示值误差

速度示值误差应不超过 ±0.1km/h。

3.3 轮制动力示值误差

轮制动力示值误差应不超过 ±3%。

4 通用技术要求

4.1 多功能汽车制动性能检测台仪表应有清晰的铭牌和标识。

4.2 仪表显示应清晰，不能有影响读数的缺陷，示值保留时间不少于 8s。

4.3 机械和电气装置应完整无损，工作可靠。

5 计量器具控制

5.1 检定条件

5.1.1 环境条件

5.1.1.1 温度：10℃～30℃。

5.1.1.2 相对湿度：不大于 85%。

5.1.1.3 检定应在污染、振动、噪声和电磁干扰等因素不影响测量工作的环境条件中进行。

5.1.2 检定用仪器

检定用仪器设备见表 1。

表1　检定用仪器设备

序　号	名　称	规　格	准确度等级
1	砝码	0.5,1,2,5,10,20kg	6级，M_{22}
2	多功能汽车制动性能检测台速度、扭矩专用检定装置（简称专用检定装置）	速度误差不大于0.5%、扭矩误差不大于1%	

5.2　检定项目和检定方法

5.2.1　通用技术要求检查

通过目测检查，应符合第4章要求。

5.2.2　轮承载质量

5.2.2.1　零点漂移

按仪器要求开机稳定后，调整零位，每隔10min观察一次，在附录A相应的表格中记录示值，连续三次，每次零点漂移值均应满足3.1.1的要求。

5.2.2.2　示值误差

检定方法为：

a）选择测定范围上限值的10%、20%、35%、50%选取检定点，对新制造的设备应增加100%测试点。

b）在多功能汽车制动性能检测台上依次施加校准点相应质量的砝码，在附录A相应的表格中记录各校准点仪表示值。重复测量三次。各校准点的示值误差按式（1）计算：

$$\sigma_i = F_i - F_{ki} \tag{1}$$

式中：σ_i——轮承载质量示值误差，kg；

F_{ki}——轮承载质量测试点标称值，kg；

F_i——轮承载质量示值三次测量的算术平均值，kg。

c）其结果应符合3.1.2的规定。

5.2.2.3　重复性误差

重复性误差的检定在示值误差检定时进行。在同一载荷下，各测试点的三次示值间的最大差值与该点载荷值之比为该测试点重复性误差，其结果应符合3.1.3的规定。

5.2.3　支承滚筒速度与轮速滚筒示值误差

5.2.3.1　将专用检定装置安装到测试用的汽车上。

5.2.3.2　选取30、50、70、90km/h作为检定点。

5.2.3.3　分别读取专用检定装置和支承滚筒速度、轮速滚筒速度并记录在附录A相应的表格中。

5.2.3.4　速度示值误差按下式计算：

$$\eta_i = V_i - V_j \tag{2}$$

式中：η_i——速度示值误差；

V_i——支承滚筒或轮速滚筒速度示值，km/h；

V_j——专用检定装置速度示值，km/h。

5.2.3.5　其结果应符合3.2的规定。

5.2.4 轮制动力示值误差

5.2.4.1 在5.2.3试验的同时读取专用检定装置制动力的示值和检验台制动力示值。并记录在附录A相应的表格中。

5.2.4.2 按下式计算轮制动力示值误差:

$$k = \frac{T - N}{N} \times 100\% \tag{3}$$

式中:k——轮制动力示值误差;

T——轮制动力示值,N;

N——专用检定装置轮制动力示值,N。

5.2.4.3 其结果应符合3.3的规定。

5.3 检定结果处理与检定周期

5.3.1 经检定合格的多功能汽车制动性能检测台出具检定证书,检定证书背面格式见附录B。检定不合格的出具检定结果通知书,并注明不合格项目名称及数据。

5.3.2 检定周期一般不超过一年。

附录 A

多功能汽车制动性能检测台检定记录

表 A.1　通用技术要求　　　　　　　　证书编号：

设备名称			设备型号		
生产企业			出厂编号	生产日期	
受检单位			检定日期		
检 定 员			核 验 员		
环境条件		温度(℃)		相对湿度(%)	
外观及性能	仪表的铭牌和标识				
	显式仪表				
	机械和电器装置				

表 A.2　轮承载质量零点漂移

序号	左前轮(kg)	右前轮(kg)	左后轮(kg)	右后轮(kg)
1				
2				
3				

表 A.3　轮承载质量示值误差和重复性误差

检定点(kg)		示　值　(kg)				示值误差 (kg)	重复性误差 (%)
		1	2	3	平均值		
左前轮							
右前轮							
左后轮							
右后轮							

表 A.4　支承滚筒速度

单位：km/h

检定点		专用检定装置示值	试验台示值	示值误差
左前轮				
右前轮				
左后轮				
右后轮				

表 A.5　轮速滚筒速度

单位：km/h

检定点		专用检定装置示值	试验台示值	示值误差
左前轮				
右前轮				
左后轮				
右后轮				

表 A.6 制 动 力

检定点(km/h)		专用检定装置示值(N)	试验台示值(N)	示值误差(%)
左前轮				
右前轮				
左后轮				
右后轮				

附录 B

检定证书背面格式

项　　目	检定结果
外　　观	
轮承载质量	
支承滚筒	
轮速滚筒	
制动力	

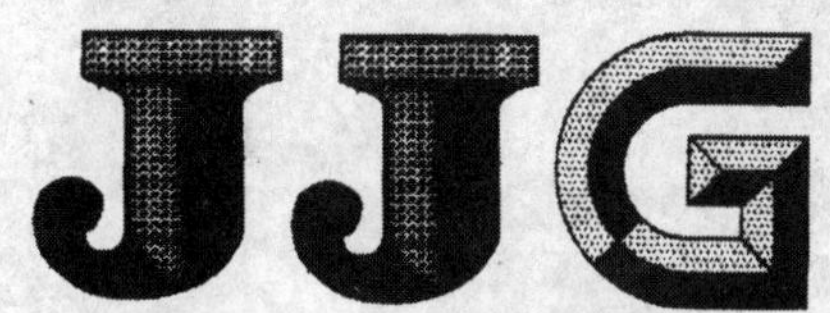

中华人民共和国交通部部门计量检定规程

JJG（交通）061—2005

车轮定位检测仪

Verification Regulation of Wheel Alignment Tester

2005-03-10 发布　　　　2005-06-15 实施

中华人民共和国交通部 发布

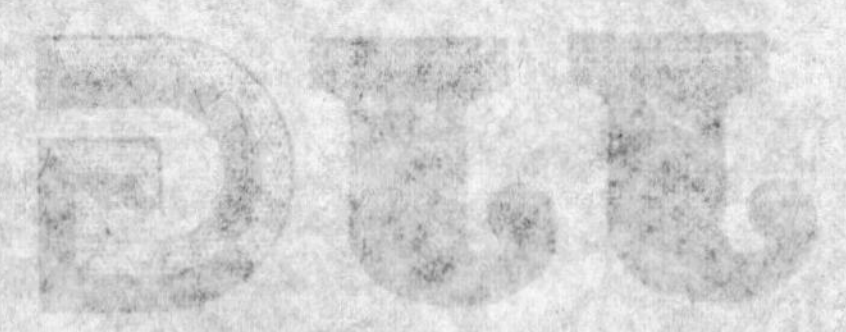

中华人民共和国交通部部门计量检定规程

JJG（交通）064—2005

车轮定位检测仪

Verification Regulation of Wheel Alignment Tester

2005-03-10 发布　　2005-06-15 实施

中华人民共和国交通部 发布

车轮定位检测仪检定规程

1 范围

本规程适用于将测量装置装卡在汽车四个轮辋上来测量车轮定位参数的车轮定位检测仪(以下简称定位仪)的首次检定、后续检定和使用中的检验。

2 概述

定位仪是检测汽车车轮定位参数的专用计量器具,用于测量汽车车轮外倾角和车轮前束角以及主销内倾角和主销后倾角,主要由测试传感器、卡盘、转盘和计算机控制系统等部分组成。其工作原理是:将测试传感器固定在汽车的四个轮辋上,直接测量出车轮外倾角和车轮前束角,通过转向盘的转动间接计算出主销内倾角和主销后倾角。

3 计量性能要求

3.1 零位漂移:显示装置各显示值 30min 内漂移 ±4′。

3.2 车轮前束角:示值误差 ±4′;重复性误差不大于 4′。

3.3 车轮外倾角:示值误差 ±4′;重复性误差不大于 4′。

3.4 主销后倾角:示值误差 ±4′;重复性误差不大于 4′。

3.5 主销内倾角:示值误差 ±4′;重复性误差不大于 4′。

4 通用技术要求

4.1 定位仪应有清晰的铭牌标志,其中注明型号、量程、制造厂名、出厂日期、出厂编号等。

4.2 定位仪夹具应能夹持牢固,操作方便,且有安全保护装置;定位仪传感器卡具固定应牢靠,必须带有防脱落装置。

4.3 定位仪转盘运转灵活平稳,没有明显的阻滞现象。

4.4 定位仪显示应清晰,显示结果应稳定,示值稳定性 10s 内为 ±2′。打印装置的打印结果应与显示结果一致。

5 计量器具控制

5.1 检定条件

5.1.1 环境条件

5.1.1.1 温度:(20±10)℃。

5.1.1.2 相对湿度:不大于 85%。

5.1.1.3 电源电压:(220±20)V,(50±1)Hz。

5.1.1.4 检定应在污染、振动、噪声和磁场干扰等不影响工作的环境中进行。

5.1.2 检定用装置

5.1.2.1 定位仪专用检定装置由左、右前轮模拟器和左、右后轮模拟器组成,如图 1 所示。

5.1.2.2 定位仪专用检定装置功能

左前轮和右前轮模拟器能够同时模拟车轮前束角、车轮外倾角和主销后倾角、主销内倾角。

左后轮和右后轮模拟器能够同时模拟车轮前束角、车轮外倾角。

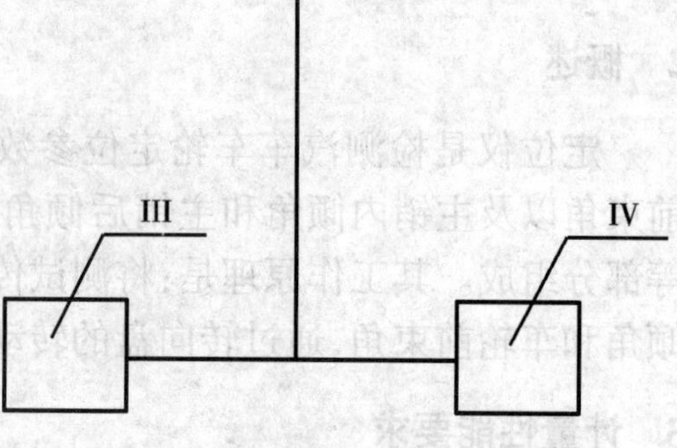

图1　车轮定位仪检定装置示意图

I-左前轮模拟器；II-右前轮模拟器；III-左后轮模拟器；IV-右后轮模拟器

5.1.2.3　定位仪专用检定装置测量要求

定位仪专用检定装置测量要求见表1。

5.2　检定项目和检定方法

5.2.1　外观检查

通过目测、手感进行检查，其结果应符合第4章的要求。

5.2.2　零点漂移

将定位仪的测量传感器安装到专用检定装置上，各个调节旋钮置于零位，打开设备开关并进入检定程序。保持系统没有任何操作，每隔10min读取零点示值一次，重复三次，测量示值记录在附录A相应的表格中，其结果应符合3.1的要求。

表1　检定用仪器设备测量范围及准确度

项　　目	测量范围	准确度
车轮前束角	－3°～3°	1′
车轮外倾角	－10°～10°	1′
主销后倾角	－15°～15°	1′
主销内倾角	－20°～20°	1′

5.2.3　车轮前束角示值误差及重复性误差检定

5.2.3.1　车轮前束角示值误差的检定

选取－3°，－2°，－1°，1°，2°，3°作为检定点。专用检定装置各角度调节旋钮处于零位时，按图1中I、II、IV、III的顺序及每个检定点，调整专用装置上车轮前束角调节旋钮，在附录A中分别记录各检定点及相对应的定位仪示值，每点测量三次。按式(1)计算车轮前束角示值误差，其结果应符合3.2的要求。

$$\alpha = \bar{B} - B_i \tag{1}$$

式中：α——车轮前束示值误差(′)；

$\bar{B}$——检定点三次显示值的算术平均值(′)；

B_i——第 i 次检定车轮前束角标称值(′)。

5.2.3.2　重复性误差的检定

重复性误差的检定在5.2.3.1示值误差检定的同时进行，以各测量点三次示值之间的最大偏差的绝对值作为重复性误差。各检定点的重复性误差均应符合3.2的要求。

5.2.4　车轮外倾角示值误差及重复性误差检定

5.2.4.1　车轮外倾角示值误差的检定

选取－10°，－7°，－3°，3°，7°，10°作为检定点。专用检定装置各角度调节旋钮处于零位时,按图 1 中 I、II、IV、III 的顺序及每个检定点,调整专用装置上车轮外倾角调节旋钮,在附录 A 中分别记录各检定点及相对应的定位仪示值,每点测量三次。按式(2)计算车轮外倾角示值误差,其结果应符合 3.3 的要求。

$$\delta = \bar{D} - D_i \tag{2}$$

式中:δ——车轮外倾角示值误差(′);

$\bar{D}$——检定点三次显示值的算术平均值(′);

D_i——第 i 次检定车轮外倾角标称值(′)。

5.2.4.2 重复性误差的检定

重复性误差的检定在 5.2.4.1 示值误差检定的同时进行,以各测量点三次示值之间的最大偏差的绝对值作为重复性误差。各检定点的重复性误差均应符合 3.3 的要求。

5.2.5 主销后倾角示值误差及重复性误差检定

5.2.5.1 主销后倾角示值误差的检定

选取 -15°,-10°,-3°,3°,10°,15°作为检定点。专用检定装置各角度调节旋钮处于零位时,按图 1 中 I、II 的顺序及每个检定点,调整专用装置上主销后倾角调节旋钮,在附录 A 中分别记录各检定点及相对应的定位仪示值。每点测量三次,并按式(3)计算主销后倾角示值误差。其结果应符合 3.4 的要求。

$$\varepsilon = \bar{F} - F_i \tag{3}$$

式中:ε——主销后倾角示值误差(′);

$\bar{F}$——检定点三次显示值的算术平均值(′);

F_i——第 i 次检定主销后倾角标称值(′)。

5.2.5.2 重复性误差的检定

重复性误差的检定在 5.2.5.1 示值误差检定的同时进行,以各测量点三次示值之间的最大偏差的绝对值作为重复性误差。各检定点的重复性误差均应符合 3.4 的要求。

5.2.6 主销内倾角示值误差及重复性误差检定

5.2.6.1 主销内倾角示值误差的检定

选取 -20°,-12°,-4°,4°,12°,20°作为检定点。专用检定装置各角度调节旋钮处于零位时,按图 1 中 I、II 的顺序及每个检定点,调整专用装置上主销内倾角调节旋钮,在附录 A 中分别记录各检定点及相对应的定位仪示值。每点测量三次,并按式(4)计算主销内倾角示值误差。其结果应符合 3.5 的要求。

$$\phi = \bar{G} - G_i \tag{4}$$

式中:ϕ——主销内倾角示值误差(′);

$\bar{G}$——检定点三次显示值的算术平均值(′);

G_i——第 i 次检定主销内倾角标称值(′)。

5.2.6.2 重复性误差的检定

重复性误差的检定在 5.2.6.1 示值误差检定的同时进行,以各测量点三次示值之间的最大偏差的绝对值作为重复性误差。各检定点的重复性误差均应符合 3.5 的要求。

5.2.7 主销后倾角、主销内倾角组合后示值误差及重复性误差检定

5.2.7.1 主销后倾角、主销内倾角组合后示值误差的检定

按表2选取检定点。专用检定装置各角度调节旋钮处于零位时，按图1中Ⅰ、Ⅱ的顺序和表2中规定的检定点，调整专用装置上主销后倾角、主销内倾角调节旋钮，在附录A中分别记录各检定点及相对应的定位仪示值。每点测量三次，并按式(3)、式(4)计算主销后倾角和主销内倾角的示值误差。其结果应分别符合3.4和3.5的要求。

表2　主销后倾角、主销内倾角组合后示值误差的检定

序　号	1	2	3	4	5
主销后倾角	－12°	－7°	－1°	7°	12°
主销内倾角	－15°	－8°	－1°	8°	15°

5.2.7.2　重复性误差的检定

重复性误差的检定在5.2.7.1示值误差检定的同时进行，以各测量点三次示值之间的最大偏差的绝对值作为重复性误差。各检定点的重复性误差均应符合3.4和3.5的要求。

5.3　检定结果处理与检定周期

5.3.1　车轮定位检测仪检定记录见附录A，检定证书背面格式见附录B。

5.3.2　经检定合格的定位仪出具检定证书，不合格的出具检定不合格通知书，并注明不合格项目名称及数据。

5.3.3　定位仪检定周期为一年。

附录 A

车轮定位检测仪检定记录

表 A.1 基本情况　　证书编号：

仪器名称		仪器型号			
生产企业		出厂编号		生产日期	
受检单位		检定日期			
检 验 员		核 验 员			
环境条件	温度(℃)	相对湿度(%)		电源	

表 A.2 零点漂移检定记录

检验项目		示 值 (′)		
		第 1 次	第 2 次	第 3 次
车轮前束角	I			
	II			
	III			
	IV			
车轮外倾角	I			
	II			
	III			
	IV			
主销后倾角	I			
	II			
主销内倾角	I			
	II			

表 A.3 车轮前束角检定记录

检定点		示值				示值误差	重复性误差
		第 1 次	第 2 次	第 3 次	平均值		
-3°	Ⅰ(′)						
	Ⅱ(′)						
	Ⅳ(′)						
	Ⅲ(′)						
-2°	Ⅰ(′)						
	Ⅱ(′)						
	Ⅳ(′)						
	Ⅲ(′)						
-1°	Ⅰ(′)						
	Ⅱ(′)						
	Ⅳ(′)						
	Ⅲ(′)						
1°	Ⅰ(′)						
	Ⅱ(′)						
	Ⅳ(′)						
	Ⅲ(′)						
2°	Ⅰ(′)						
	Ⅱ(′)						
	Ⅳ(′)						
	Ⅲ(′)						
3°	Ⅰ(′)						
	Ⅱ(′)						
	Ⅳ(′)						
	Ⅲ(′)						

表 A.4 车轮外倾角检定记录

<table>
<tr><th colspan="2" rowspan="2">检定点</th><th colspan="4">示 值</th><th rowspan="2">示值误差</th><th rowspan="2">重复性误差</th></tr>
<tr><th>第 1 次</th><th>第 2 次</th><th>第 3 次</th><th>平均值</th></tr>
<tr><td rowspan="4">-10°</td><td>Ⅰ(′)</td><td></td><td></td><td></td><td></td><td></td><td></td></tr>
<tr><td>Ⅱ(′)</td><td></td><td></td><td></td><td></td><td></td><td></td></tr>
<tr><td>Ⅳ(′)</td><td></td><td></td><td></td><td></td><td></td><td></td></tr>
<tr><td>Ⅲ(′)</td><td></td><td></td><td></td><td></td><td></td><td></td></tr>
<tr><td rowspan="4">-7°</td><td>Ⅰ(′)</td><td></td><td></td><td></td><td></td><td></td><td></td></tr>
<tr><td>Ⅱ(′)</td><td></td><td></td><td></td><td></td><td></td><td></td></tr>
<tr><td>Ⅳ(′)</td><td></td><td></td><td></td><td></td><td></td><td></td></tr>
<tr><td>Ⅲ(′)</td><td></td><td></td><td></td><td></td><td></td><td></td></tr>
<tr><td rowspan="4">-3°</td><td>Ⅰ(′)</td><td></td><td></td><td></td><td></td><td></td><td></td></tr>
<tr><td>Ⅱ(′)</td><td></td><td></td><td></td><td></td><td></td><td></td></tr>
<tr><td>Ⅳ(′)</td><td></td><td></td><td></td><td></td><td></td><td></td></tr>
<tr><td>Ⅲ(′)</td><td></td><td></td><td></td><td></td><td></td><td></td></tr>
<tr><td rowspan="4">3°</td><td>Ⅰ(′)</td><td></td><td></td><td></td><td></td><td></td><td></td></tr>
<tr><td>Ⅱ(′)</td><td></td><td></td><td></td><td></td><td></td><td></td></tr>
<tr><td>Ⅳ(′)</td><td></td><td></td><td></td><td></td><td></td><td></td></tr>
<tr><td>Ⅲ(′)</td><td></td><td></td><td></td><td></td><td></td><td></td></tr>
<tr><td rowspan="4">7°</td><td>Ⅰ(′)</td><td></td><td></td><td></td><td></td><td></td><td></td></tr>
<tr><td>Ⅱ(′)</td><td></td><td></td><td></td><td></td><td></td><td></td></tr>
<tr><td>Ⅳ(′)</td><td></td><td></td><td></td><td></td><td></td><td></td></tr>
<tr><td>Ⅲ(′)</td><td></td><td></td><td></td><td></td><td></td><td></td></tr>
<tr><td rowspan="4">10°</td><td>Ⅰ(′)</td><td></td><td></td><td></td><td></td><td></td><td></td></tr>
<tr><td>Ⅱ(′)</td><td></td><td></td><td></td><td></td><td></td><td></td></tr>
<tr><td>Ⅳ(′)</td><td></td><td></td><td></td><td></td><td></td><td></td></tr>
<tr><td>Ⅲ(′)</td><td></td><td></td><td></td><td></td><td></td><td></td></tr>
</table>

表 A.5 主销后倾角检定记录

检定点		示值				示值误差	重复性误差
		第 1 次	第 2 次	第 3 次	平均值		
-15°	Ⅰ(′)						
	Ⅱ(′)						
-10°	Ⅰ(′)						
	Ⅱ(′)						
-3°	Ⅰ(′)						
	Ⅱ(′)						
3°	Ⅰ(′)						
	Ⅱ(′)						
10°	Ⅰ(′)						
	Ⅱ(′)						
15°	Ⅰ(′)						
	Ⅱ(′)						

表 A.6 主销内倾角检定记录

检定点		示值				示值误差	重复性误差
		第 1 次	第 2 次	第 3 次	平均值		
-20°	Ⅰ(′)						
	Ⅱ(′)						
-12°	Ⅰ(′)						
	Ⅱ(′)						
-4°	Ⅰ(′)						
	Ⅱ(′)						
4°	Ⅰ(′)						
	Ⅱ(′)						
12°	Ⅰ(′)						
	Ⅱ(′)						
20°	Ⅰ(′)						
	Ⅱ(′)						

表 A.7　主销后倾角、主销内倾角组合检定记录

检定点		车轮位置	主销后倾角(′)						主销内倾角(′)					
			示　值				示值误差	重复性误差	示　值				示值误差	重复性误差
主销后倾角	主销内倾角		第1次	第2次	第3次	平均值			第1次	第2次	第3次	平均值		
－12°	－15°	左												
		右												
－7°	－8°	左												
		右												
－1°	－1°	左												
		右												
7°	8°	左												
		右												
12°	15°	左												
		右												

附录 B

检定证书背面格式

项　　目	检定结果
外　　观	
零点漂移	
车轮前束角	
车轮外倾角	
主销后倾角	
主销内倾角	
主销后倾角、主销内倾角组合	

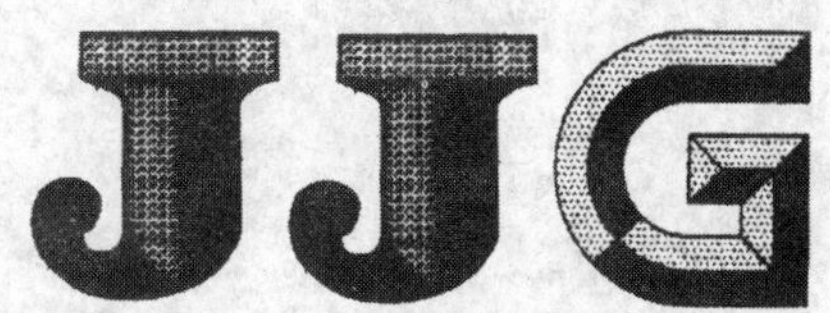

中华人民共和国交通部部门计量检定规程

JJG(交通) 062—2005

汽车悬架装置检测仪

Automotive Suspension Measuring Instrument

2005-03-10 发布 2005-06-15 实施

中华人民共和国交通部 发布

汽车悬架装置检测仪检定规程

1 范围

本规程适用于谐振式汽车悬架装置检测仪（以下简称检测仪）首次检定、后续检定和使用中检验。

2 概述

检测仪是通过机械激振使汽车悬架系统产生谐振的方法来测定汽车悬架装置性能的检测装置。通过传感器输出信号，经处理后，显示出汽车悬架装置的吸收率、共振频率及车轮的静载荷等数据。其中，汽车悬架装置的吸收率是指被测汽车最小的动态车轮垂直接地力与静态车轮垂直接地力之比，以百分数表示（%）。

3 计量性能要求

3.1 空载变动和零点漂移的要求

3.1.1 空载变动应不大于0.15%额定承载质量。

3.1.2 检测仪30min的零点漂移应不大于0.15%额定承载质量。

3.2 示值误差

示值误差应符合表1的要求。

表1 示值误差

承载质量（kg）	吸收率重复性（%）	吸收率偏置误差（%）	左右台吸收率误差（%）	承载质量示值误差（%）	左、右台承载质量示值间差（%）
150≤承载质量<400	2	3	3	±5	2
承载质量≥400				±3	

3.3 鉴别力阈

鉴别力阈应不大于1.5d（d为实际分度值）。

3.4 起始激振频率

起始激振频率f应大于15Hz。

4 通用技术要求

4.1 检测仪应有清晰的铭牌和标志。

4.2 各种开关、按钮、旋钮、仪表都应有明显和清晰的文字或符号，且操作灵活可靠。

4.3 各种仪表显示应清晰，没有影响读数的缺陷。数值显示应在5s内稳定，示值保持时间不少于8s。

4.4 配有打印装置的，其打印值与仪表显示值应一致。

5 计量器具控制

5.1 检定条件

5.1.1 环境条件

5.1.1.1 环境温度:(20±10)℃。

5.1.1.2 相对湿度:不大于85%。

5.1.1.3 电源:三相四线制,(380±40)V,(50±1)Hz。

5.1.1.4 检定应在污染、振动、噪声和电磁干扰等不影响工作的环境中进行。

5.1.2 检定用仪器设备

5.1.2.1 检定用仪器设备见表2。

表2 检定用仪器设备

检定用仪器设备	主要技术要求	备注
砝码	准确度 6_1 级(M_{22})	0.1kg,0.2kg×2,0.5kg×2,1kg×2,2kg×2,5kg以及与额定承载质量相当的一组砝码
传感器	准确度为 C_3 级,二次仪表不低于3000分度	量程不小于额定承载质量;反力架和千斤顶等测量用工具
转速仪	准确度±1%	1000r/min以上
钢直尺	分度值1mm	量程不小于200mm

5.1.2.2 可用砝码法或传感器法进行检定,砝码检定法为仲裁检定。

5.2 检定项目与检定方法

5.2.1 通用技术要求检查

通过目测及手感检查,应符合第4章的要求。

5.2.2 空载变动和零点漂移的检定

5.2.2.1 按检测仪要求开机10min后,调整零位。

5.2.2.2 用加载方法破坏其平衡状态,重复三次,每次卸载后最大的偏离零位值应符合3.1.1要求。

5.2.2.3 重新调整好零位,每隔10min读取一次,连续三次。每次零位漂移值应符合3.1.2要求。

5.2.3 承载质量示值误差和示值间差的检定

选取额定承载质量的20%、40%、60%、80%、100%共五个值,逐步加载,重复三次。左、右台应分别测试。各测试点的示值误差应符合3.2的要求。左、右台在相同承载质量时的示值间差应符合3.2的要求。

5.2.4 鉴别力阈的检定

在20%、50%额定承载质量测试点时,逐步增加砝码质量,观察示值改变,检定结果应符合3.3要求。

5.2.5 吸收率重复性误差和吸收率偏置误差的检定

5.2.5.1 根据检测仪额定承载质量和承载台面对称中心线间距选择试验车,该试验车应装备完整,符合该车装备调整技术条件。

5.2.5.2 将试验车沿与检测仪横轴线相垂直的方向驶上承载台面,解除驻车制动,使变速器处于空档。各次试验时,使车轮中心面分别位于承载台面对称中心线及对称中心线左

（右）侧 100mm 处。启动检测仪，分别测量上述三个位置时的吸收率，在每一位置重复测六次。

5.2.5.3 各测试位置吸收率重复性均应符合 3.2 要求。

5.2.5.4 吸收率偏置误差应符合 3.2 要求。

5.2.6 左右台吸收率误差的检定

5.2.6.1 在 5.2.5.2 完成后，将试验车掉头，反方向驶上承载台面，解除驻车制动，使变速器处于空档。使车轮中心面位于承载台面对称中心线，启动检测仪测试，重复测六次。其吸收率平均值与 5.2.5.2 所测得的车轮中心面位于承载台面对称中心线时的吸收率均值的相对误差为左右台吸收率误差。

5.2.6.2 左右台吸收率误差应符合 3.2 要求。

5.2.7 起始激振频率检定

接通电源，用转速仪测量检测仪左（右）驱动电机的飞轮稳定转速，计算出的起始激振频率 f 应符合 3.4 要求。

5.3 数据处理

5.3.1 承载质量示值误差的计算

承载质量示值误差按式（1）计算。

$$\delta_i = \frac{D_i - m_i}{m_i} \times 100\% \tag{1}$$

式中：δ_i——第 i 测试点的示值误差，%，$i = 1、2、3、4、5$；

D_i——第 i 测试点重复三次示值算术平均值，kg；

m_i——第 i 测试点的检定质量，kg。

$$D_i = \frac{1}{3}\sum_{j=1}^{3} D_{ij} \tag{2}$$

式中：D_{ij}——第 i 测试点的第 j 次示值，$j = 1、2、3$。

5.3.2 左右台承载质量示值间差的计算

左右台承载质量示值间差按式（3）计算。

$$\delta_{pi} = |\delta_{Li} - \delta_{Ri}| \tag{3}$$

式中：δ_{pi}——第 i 测试点左右台承载质量示值间差，%，$i = 1、2、3、4、5$；

δ_{Li}——第 i 测试点左承载台板示值误差，%；

δ_{Ri}——第 i 测试点右承载台板示值误差，%。

5.3.3 吸收率重复性误差和吸收率偏置误差的计算

5.3.3.1 计算吸收率重复性

重复性 S_a 按式（4）计算。

$$S_a = \sqrt{\frac{1}{5}\sum_{i=1}^{6}(X_{ai} - \bar{X}_a)^2} \tag{4}$$

$$\bar{X}_a = \frac{1}{6}\sum_{i=1}^{6} X_{ai} \tag{5}$$

式中：$\bar{X}_a$——车轮位于承载台面对称中心线时的吸收率平均值；

X_{ai}——车轮位于承载台面对称中心线时的吸收率测量值，$i = 1、2、3、4、5、6$

5.3.3.2 计算吸收率偏置误差

吸收率偏置误差 S_e 按式(6)计算。

$$S_e = \sqrt{\frac{1}{5}\sum_{i=1}^{6}(X_{oi} - \bar{X}_a)^2} \tag{6}$$

式中：X_{oi}——车轮左(右)偏置 100mm 时吸收率测量值，i = 1、2、3、4、5、6；

$\bar{X}_a$——车轮位于台面中心位置时吸收率测量平均值。

5.3.3.3 左右台吸收率误差的计算

按式(7)分别计算左右台吸收率误差。

$$\delta_x = \frac{X_{a大} - X_{a小}}{X_{a大}} \times 100\% \tag{7}$$

式中：δ_x——左右台吸收率误差，%；

$X_{a大}$——左或右台吸收率平均值中的较大值，%；

$X_{a小}$——左或右台吸收率平均值中的较小值，%。

5.3.4 起始激振频率的计算

用转速仪测得的检测仪左(右)驱动电机的飞轮稳定转速为 n(r/min)，按式(8)计算起始激振频率 f(Hz)。

$$f = \frac{n}{60} \tag{8}$$

5.4 检定结果处理和检定周期

5.4.1 检定记录格式见附录 A，检定证书背面格式见附录 B。

5.4.2 经检定合格的检测仪出具检定证书。检定不合格的出具检定结果通知书，并注明不合格项目名称及数据。

5.4.3 检测仪的检定周期一般不超过一年。

附录 A

汽车悬架装置检测仪检定记录

证书编号：

<table>
<tr><td>仪器名称</td><td colspan="3"></td><td colspan="2">仪器型号</td><td colspan="3"></td></tr>
<tr><td>生产企业</td><td colspan="3"></td><td colspan="2">出厂编号</td><td></td><td>生产日期</td><td></td></tr>
<tr><td>受检单位</td><td colspan="3"></td><td colspan="2">检定日期</td><td colspan="3"></td></tr>
<tr><td>检 定 员</td><td colspan="3"></td><td colspan="2">核 验 员</td><td colspan="3"></td></tr>
<tr><td rowspan="2">环境条件</td><td colspan="3">温度(℃)</td><td colspan="2">相对湿度(%)</td><td colspan="3">电源</td></tr>
<tr><td colspan="3"></td><td colspan="2"></td><td colspan="3"></td></tr>
<tr><td>通用技术要求</td><td colspan="8"></td></tr>
<tr><td rowspan="2">空载变动(kg)</td><td colspan="3">1</td><td colspan="3">2</td><td colspan="2">3</td></tr>
<tr><td colspan="3"></td><td colspan="3"></td><td colspan="2"></td></tr>
<tr><td rowspan="2">零位漂移(kg)</td><td colspan="3">1</td><td colspan="3">2</td><td colspan="2">3</td></tr>
<tr><td colspan="3"></td><td colspan="3"></td><td colspan="2"></td></tr>
<tr><td rowspan="12">承载质量示值误差检定</td><td colspan="2" rowspan="2">检定点实际值(kg)</td><td colspan="6">仪器示值(kg)</td></tr>
<tr><td colspan="2">1</td><td colspan="2">2</td><td colspan="2">3</td></tr>
<tr><td rowspan="5">左轮板</td><td>1</td><td></td><td></td><td></td><td></td><td></td><td></td></tr>
<tr><td>2</td><td></td><td></td><td></td><td></td><td></td><td></td></tr>
<tr><td>3</td><td></td><td></td><td></td><td></td><td></td><td></td></tr>
<tr><td>4</td><td></td><td></td><td></td><td></td><td></td><td></td></tr>
<tr><td>5</td><td></td><td></td><td></td><td></td><td></td><td></td></tr>
<tr><td rowspan="5">右轮板</td><td>1</td><td></td><td></td><td></td><td></td><td></td><td></td></tr>
<tr><td>2</td><td></td><td></td><td></td><td></td><td></td><td></td></tr>
<tr><td>3</td><td></td><td></td><td></td><td></td><td></td><td></td></tr>
<tr><td>4</td><td></td><td></td><td></td><td></td><td></td><td></td></tr>
<tr><td>5</td><td></td><td></td><td></td><td></td><td></td><td></td></tr>
</table>

续上表

<table>
<tr><td rowspan="6">鉴别力阈（kg）</td><td colspan="7">20%额定载荷</td></tr>
<tr><td colspan="4">改变 1d 增加的质量值</td><td colspan="3">改变 1d 减少的质量值</td></tr>
<tr><td colspan="4"></td><td colspan="3"></td></tr>
<tr><td colspan="7">50%额定载荷</td></tr>
<tr><td colspan="4">改变 1d 增加的质量值</td><td colspan="3">改变 1d 减少的质量值</td></tr>
<tr><td colspan="4"></td><td colspan="3"></td></tr>
<tr><td rowspan="9">吸收率重复性和吸收率偏量误差检定（%）</td><td colspan="7">仪器示值</td></tr>
<tr><td rowspan="2">测量次数</td><td colspan="3">左轮位置</td><td colspan="3">右轮位置</td></tr>
<tr><td>台面中心线</td><td>左偏 100mm</td><td>右偏 100mm</td><td>台面中心线</td><td>左偏 100mm</td><td>右偏 100mm</td></tr>
<tr><td>1</td><td></td><td></td><td></td><td></td><td></td><td></td></tr>
<tr><td>2</td><td></td><td></td><td></td><td></td><td></td><td></td></tr>
<tr><td>3</td><td></td><td></td><td></td><td></td><td></td><td></td></tr>
<tr><td>4</td><td></td><td></td><td></td><td></td><td></td><td></td></tr>
<tr><td>5</td><td></td><td></td><td></td><td></td><td></td><td></td></tr>
<tr><td>6</td><td></td><td></td><td></td><td></td><td></td><td></td></tr>
<tr><td rowspan="6">左右台吸收率误差检定（%）</td><td>1</td><td></td><td rowspan="6"></td><td rowspan="6"></td><td></td><td rowspan="6"></td><td rowspan="6"></td></tr>
<tr><td>2</td><td></td><td></td></tr>
<tr><td>3</td><td></td><td></td></tr>
<tr><td>4</td><td></td><td></td></tr>
<tr><td>5</td><td></td><td></td></tr>
<tr><td>6</td><td></td><td></td></tr>
<tr><td colspan="3">起始激振频(Hz)</td><td colspan="5"></td></tr>
</table>

附录 B

检定证书背面格式

序　号	检 定 项 目	检 定 结 果
1	通用技术要求	
2	空载变动性(kg)	
3	零点漂移(kg)	
4	承载质量示值误差(%)	
5	左、右台承载质量示值间差(%)	
6	鉴别力阈(kg)	
7	吸收率重复性误差(%)	
8	吸收率偏置误差(%)	
9	左右台吸收率误差(%)	
10	起始激振频(Hz)	

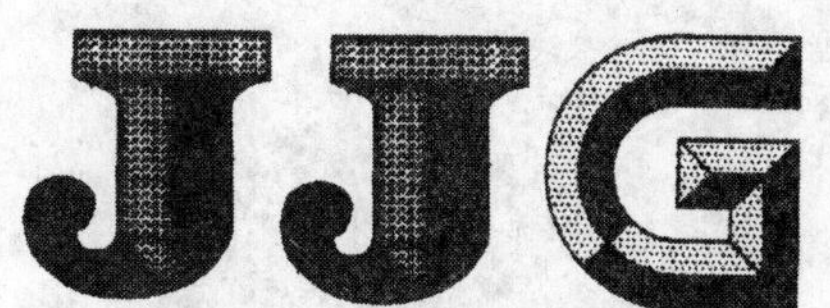

中华人民共和国交通部部门计量检定规程

JJG(交通) 063—2005

汽 车 底 盘 测 功 机

Automotive Chassis Dynamometer

2005-03-10 发布

2005-06-15 实施

中 华 人 民 共 和 国 交 通 部 发布

汽车底盘测功机检定规程

1　范围

本规程适用于汽车底盘测功机（以下简称测功机）的首次检定、后续检定和使用中检验。

2　概述

测功机是用于测量汽车驱动轮输出功率、扭矩和速度的专用计量设备。底盘测功机的主要组成部分包括：滚筒机构、功率吸收装置、惯量模拟装置、举升及滚筒制动装置、控制与测量系统、必要时可配备反拖装置。

3　计量性能要求

3.1　滚筒机构

3.1.1　滚筒直径的磨损量不应超过标称外径的1%。

3.1.2　滚筒表面的径向圆跳动不应超过标称直径的0.3%。

3.1.3　每组主、从滚筒内侧母线的平行度为1mm/m。

3.2　测量系统

测功机应配备测力和测速装置，且测量系统的示值误差应符合表1中的要求：

表1　测力装置和测速装置计量性能要求

<table>
<tr><th colspan="3">要　求</th><th>扭矩
（或驱动力）</th><th>功　率</th><th>车　速</th><th>距　离</th><th>时　间</th></tr>
<tr><td colspan="3">零值误差</td><td>±1d</td><td>±1d</td><td>±1d</td><td>±1d</td><td>±1d</td></tr>
<tr><td rowspan="4">测量示值误差</td><td rowspan="2">升程</td><td>≥20%（F·S）</td><td>±2%</td><td>±2.5%</td><td rowspan="4">±1%（F·S）</td><td rowspan="4">±1%</td><td rowspan="4">±0.25%</td></tr>
<tr><td><20%（F·S）</td><td>±3%</td><td>±3.5%</td></tr>
<tr><td rowspan="2">回程</td><td>≥20%（F·S）</td><td>±2%</td><td>±2.5%</td></tr>
<tr><td><20%（F·S）</td><td>±3%</td><td>±3.5%</td></tr>
<tr><td colspan="8">注：d为分度值</td></tr>
</table>

3.3　控制系统

3.3.1　恒速控制误差：±0.2km/h。

3.3.2　恒扭矩控制误差：±1%（F·S）。

3.3.3　控制系统的重复性误差：±3%。

4　通用技术要求

4.1　应有清晰的铭牌，标有型号、制造厂名、出厂日期、出厂编号、额定载额。

4.2　各种开关、按钮、旋钮、仪表都应有明显清晰的文字或符号标示，操作灵活可靠。

4.3　各种仪表显示应没有影响读数的缺陷。

4.4 滚筒表面无影响车轮完好的缺陷。

5 计量器具控制

5.1 检定环境条件

5.1.1 检定应在污染、噪声、振动和电磁干扰等因素不影响测量工作的环境中进行。

5.1.2 环境温度：(20 ± 10)℃。

5.1.3 相对湿度：不大于 85%。

5.1.4 电源电压：(220 ± 20)V，(50 ± 1)Hz；
(380 ± 38)V，(50 ± 1)Hz。

5.2 检定用仪器设备

检定用仪器设备应符合表 2 要求。

表 2 测功机检定用仪器设备

检定项目	检定用量具、装置	主要技术参数
滚筒机构	长量爪游标卡尺	0 ~ 500mm，分度值 0.02mm
	百分表	0 ~ 10mm，Ⅰ级
	刀口尺*	500mm，Ⅱ级
	塞尺*	0.1mm ~ 2mm，Ⅱ级
	钢卷尺*	0 ~ 5m，Ⅰ级
功率 扭矩(驱动力) 速度(转速)	力值检定仪	测量误差 ± 1.0%
	专用测力杠杆	力臂长度误差为标称值的 ± 0.2%
	速度校准仪	(10 ~ 200)km/h，测量误差 ± 0.3%
	砝码	6 级(M_2)
时间	电子秒表	分度值 0.1s
距离	电子计数仪	测量误差 ± 0.3%
检定用汽车驱动轴(轮)质量应符合被检底盘测功机的允许轴载质量要求。 * 表示可选用。		

5.3 检定项目和检定方法

5.3.1 外观及性能的检定

通过目测，手感检查。外观及性能应符合第 4 章要求。

5.3.2 滚筒机构的检定

5.3.2.1 滚筒直径磨损量检定

在主滚筒不少于六处的圆周面上用长量爪游标卡尺测量其直径。按滚筒标称直径与测量直径的最小之差除以标称直径的方法计算磨损量，允许使用刀口尺和塞尺在主滚筒母线上测量。两种方法的结果均应符合 3.1.1 的要求。

5.3.2.2 滚筒表面径向圆跳动检定

用磁性表座固定百分表，主滚筒上均匀分布的五个截面上测量其径向圆跳动量，均应符合3.1.2的要求。

5.3.2.3 副滚筒内侧母线平行度检定

如图1所示安装百分表,并用百分表在主、从滚筒内侧母线测量其两端平行度。应符合3.1.3的要求。

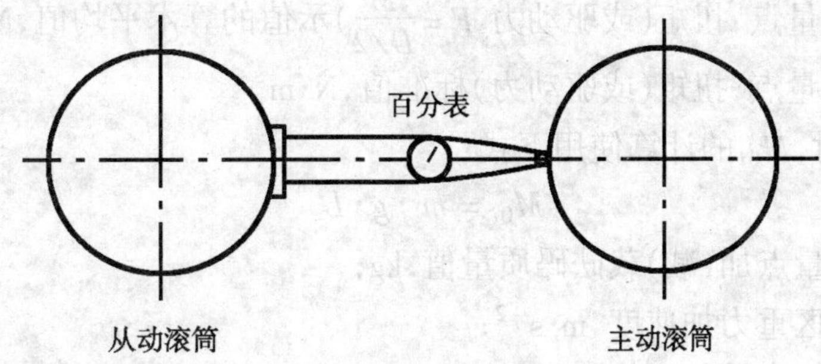

图1 百分表的安装

5.3.3 功率示值误差检定

5.3.3.1 将专用测力杠杆安装固定在主滚筒的标定位置上,调整好测力杠杆的静平衡和水平(允许采用测功机所配置的扭矩标定(校准)用测力杠杆,但应对测力杠杆力臂长度值进行测量,其测量误差不得超过±0.3%)。按满量程的10%、20%、40%、60%、80%、100%,六点作为检定点。

5.3.3.2 将速度信号采集传感器的反光标志帖于主滚筒表面边缘位置上,输入滚筒直径 D 于速度校准仪中(自动进行角速度与线速度换算),用汽车驱动轮驱动滚筒,当测功机速度示值逐渐加至30、40、60km/h时,由速度校准仪测量出滚筒转速 V_i。

5.3.3.3 将扭力 F_i、转速 V_i 和测功机仪表显示功率 P_i 代入式(2)计算功率示值误差:

$$F_i = f_i \frac{L \times 2}{D} \tag{1}$$

式中:F_i——第 i 测量点检定仪显示滚筒表面力值,N;

f_i——第 i 测量点力值传感器所受驱动力,N;

L——测力杠杆力臂长度,mm;

D——测功机主滚筒直径,mm。

$$\delta_{Pi} = \left[\frac{P_i}{\bar{F}_i \cdot V_i} - 1\right] \times 100\% \tag{2}$$

式中:δ_{Pi}——第 i 测量点的功率示值误差,%;

$\bar{F}_i$——第 i 测量点的驱动力3次检定仪示值的算术平均值,N;

V_i——第 i 测量点速度校准仪的速度示值,km/h;

P_i——第 i 测量点测功机仪表功率示值,kW。

其结果应符合表1相关指标要求。

5.3.4 扭力或驱动力示值误差的检定

扭力或驱动力检定,与检定功率时的驱动力测量方法相同,直接在测功机专用测力杠杆上加(减)载砝码检定,检定点与检定仪的选择相同。其扭力或驱动力示值误差按式(3)计算:

$$\delta_{Mi} = \left(\frac{\bar{M}_i}{M_i} - 1\right) \times 100\% \tag{3}$$

式中：δ_{Mi}——第 i 测量点，扭矩（或驱动力 $F = \frac{M}{D/2}$）示值误差，%；

$\bar{M}_i$——第 i 测量点，扭矩（或驱动力 $F = \frac{M}{D/2}$）示值的算术平均值，N·m；

M_{0i}——第 i 测量点，扭矩（或驱动力）标准值，N·m。

用砝码法检定时，M_{0i}的计算使用下式：

$$M_{0i} = m_i \cdot g \cdot L$$

式中：m_i——第 i 测量点加（减）载砝码质量值，kg；

g——检定地区重力加速度，$m \cdot s^{-2}$；

L——测力杠杆力臂长度值，mm。

5.3.5 速度示值误差的检定

检定点的选择与功率测量相同，每测量点重复测量三次。待汽车在每一测量点速度稳定 5s 后，用速度校准仪测量滚筒转速，转速可由速度校准仪自动换算为线速度，按式（4）计算速度示值误差：

$$\delta_{vi} = \left(\frac{V_{0i}}{V_i} - 1\right) \times 100\% \tag{4}$$

式中：V_{0i}——测功机速度示值；

V_i——速度校准仪测量出的滚筒转速。

5.3.6 零值误差的检定

示值误差检定结束时，仪表各示值回零的偏离即零值误差，应符合表 1 相关指标要求。

5.3.7 距离示值误差检定

对具有距离计数的底盘测功机，根据测量点和滚筒半径计算出滚筒相应旋转的圈数 n，用计数仪测量距离示值为 5、10、50、100m 时滚筒的转动圈数。按式（5）计算距离示值误差：

$$\delta_{si} = \left(\frac{S_i}{\pi \times D \times n_i} - 1\right) \times 100\% \tag{5}$$

式中：δ_{si}——第 i 测量点的距离示值误差，%；

S_i——第 i 测量点的测功机的距离示值，m；

D——滚筒直径，mm；

n_i——第 i 测量点的滚筒转动圈数。

各点示值误差均应符合表 1 相关指标要求。

5.3.8 时间示值的检定

用电子秒表分别测定 5、10、30、50、100s 时的时间示值，重复测量五次，取其算术平均值作为各测量点的检定值。各点示值误差均应符合表 1 相关指标要求。

5.3.9 控制系统示值误差的检定

5.3.9.1 恒速控制示值误差的检定

将控制方式设定为恒速控制方式，选择测量点为 30、40、50、60km/h，每一测量点测量三次。将试验用汽车驱动轮置于测功机滚筒上，启动汽车，逐步加速至各测量点，待汽车在每点速度下稳定 10s 后，取实测车速与速度校准仪标准值之差的最大绝对值作为恒速控制误差，应符合 3.3.1 的要求。

5.3.9.2 恒扭矩控制误差的检定

将汽车驱动轮置于测功机滚筒上，控制方式设定为恒扭矩。选择测量点为额定测量扭矩的 10%、20%、40%、60%。起动汽车，逐步加速至各测量点，汽车在每一测量点稳定 10s 后，按公式(6)计算扭矩控制误差：

$$\delta_{CNi} = \left(\frac{M_{0i} - |M_i|_{max}}{M_H}\right) \times 100\% \tag{6}$$

式中：δ_{CNi}——第 i 测量点恒扭矩控制误差，%；

M_{0i}——第 i 测量点扭矩力值检定仪标准示值，N·m；

$|M_i|_{max}$——第 i 测量点测功机示值与标准示值之差的最大绝对值，N·m；

M_H——测功机额定吸收扭矩，N·m；

其结果应符合 3.3.2 要求。

5.3.9.3 恒速控制重复性误差的检定

将控制方式设定在恒速控制方式，选择测量点 30、60、90km/h，每一测量点重复测量三次。试验汽车驱动轮置于测功机滚筒上，起动汽车，逐步加速至各测量点，其重复性误差按式(7)计算：

$$\delta_{Rvi} = \left(\frac{M_{vi\max} - M_{vi\min}}{M_{vi\min}}\right) \times 100\% \tag{7}$$

式中：δ_{Rvi}——第 i 测量点的重复性误差，%；

$M_{vi\max}$——第 i 测量点测功机三次中最大值，km/h；

$M_{vi\min}$——第 i 测量点测功机三次中最小值，km/h。

其结果应符合 3.3.3 要求。

5.3.9.4 恒扭矩控制重复性误差的检定

将控制方式设定在恒扭矩控制方式，选择测量点为额定测量扭矩的 10%、20%、60%，每一测量点重复测量三次。试验汽车驱动轮置于测功机滚筒上，起动汽车，逐步加载至各测量点，其重复性误差按式(8)计算：

$$\delta_{RNi} = \left(\frac{M_{Ni\max} - M_{Ni\min}}{M_{Ni\min}}\right) \times 100\% \tag{8}$$

式中：δ_{RNi}——第 i 测量点的重复性误差，%；

$M_{Ni\max}$——第 i 测量点测功机三次中最大值，N·m；

$M_{Ni\min}$——第 i 测量点测功机三次中最小值，N·m。

其结果应符合 3.3.3 要求。

5.4 检定结果处理和检定周期

5.4.1 检定记录格式见附录 A，检定证书背面格式见附录 B

5.4.2 经检定合格的测功机出具检定证书。不合格的出具测试结果通知书，并注明不合格项目。

5.4.3 测功机检定周期为一年。

附录 A

汽车底盘测功机检定记录

证书编号：

仪器名称		仪器型号			
生产企业		出厂编号		生产日期	
受检单位		检定日期			
检 定 员		核 验 员			

环境条件	温度（℃）	相对湿度（%）	电源电压（V）

主滚筒磨损量（直径）	1	2	3	平均值	误差（%）	最大磨损量

径向圆跳动	1	2	3	平均值	误差（%）	最大跳动量

内侧母线平衡度	

速度	速度校准仪示值（km/h）	测功机实测值（km/h）	零值误差（d）	示值误差（%）

扭矩或驱动力（N）	检定仪示值（N）或砝码质量（g）	F_1		F_2		F_3		$\bar{F}$		零值误差（d）	示值误差（%）
		增	减	增	减	增	减	增	减		

功率（kW）	速度（km/h）	实测功率	增	减	零值误差（d）	示值误差（%）

测力杠杆力臂长（mm）	标称长度	实测值（1）	实测值（2）	实测值（3）	平均值	误差（%）

续上表

<table>
<tr><td rowspan="10">其他参数</td><td rowspan="5">距离（m）</td><td colspan="2">测量点</td><td colspan="2">实测转速</td><td colspan="2">实测距离</td><td colspan="2">示值误差（%）</td></tr>
<tr><td colspan="2">5m</td><td colspan="2"></td><td colspan="2"></td><td colspan="2"></td></tr>
<tr><td colspan="2">10m</td><td colspan="2"></td><td colspan="2"></td><td colspan="2"></td></tr>
<tr><td colspan="2">50m</td><td colspan="2"></td><td colspan="2"></td><td colspan="2"></td></tr>
<tr><td colspan="2">100m</td><td colspan="2"></td><td colspan="2"></td><td colspan="2"></td></tr>
<tr><td rowspan="6">时间（s）</td><td>测量点</td><td>X_1</td><td>X_2</td><td>X_3</td><td>X_4</td><td>X_5</td><td>$\bar{X}$</td><td>示值误差（%）</td></tr>
<tr><td>5</td><td></td><td></td><td></td><td></td><td></td><td></td><td></td></tr>
<tr><td>10</td><td></td><td></td><td></td><td></td><td></td><td></td><td></td></tr>
<tr><td>30</td><td></td><td></td><td></td><td></td><td></td><td></td><td></td></tr>
<tr><td>50</td><td></td><td></td><td></td><td></td><td></td><td></td><td></td></tr>
<tr><td>100</td><td></td><td></td><td></td><td></td><td></td><td></td><td></td></tr>
</table>

附录 B

检定证书背面格式

<table>
<tr><th colspan="2">项　　目</th><th>检 定 结 果</th></tr>
<tr><td rowspan="2">扭矩(或驱动力)</td><td>零值误差</td><td></td></tr>
<tr><td>示值误差</td><td></td></tr>
<tr><td rowspan="2">转速(或速度)</td><td>零值误差</td><td></td></tr>
<tr><td>示值误差</td><td></td></tr>
<tr><td rowspan="2">功率</td><td>零值误差</td><td></td></tr>
<tr><td>示值误差</td><td></td></tr>
<tr><td colspan="2">距离示值误差</td><td></td></tr>
</table>